You create your own reality.

每 天 的 生 活 ， 都 是 靈 魂 的 精 心 創 造

Jane Roberts' Books
The "Unknown" Reality, Volume One (A Seth Book) by Jane Roberts
Notes by Robert F. Butts

ISBN 978-1-878424-25-9
Published by Amber-Allen Publishing, Inc., P.O. Box 6657, San Rafael, California 94903 USA

賽斯書 5

未知的實相（卷一）

The "Unknown" Reality, Volume One

作者——Jane Roberts
譯者——王季慶
補譯者——陳秋萍
總編輯——李佳穎
特約編輯——陳秋萍・陳美玲
校對——謝惠鈴・謝淑芬
美術設計——唐壽南
發行人——許添盛
出版發行——賽斯文化事業有限公司
地址——新北市新店區中央七街26號3樓
電話——22196629・22190829
傳真——22193778
郵撥——50044421
版權部——陳秋萍
行銷業務部——李家瑩
網路行銷部——管心
課程事業部——楊雅淳
法律顧問——北辰著作權事務所
印刷——鴻柏印刷事業股份有限公司
總經銷——吳氏圖書股份有限公司
地址——新北市中和區中正路788-1號5樓
電話——32340036　傳真——32340037
2011 年 12 月 16 日 初版一刷
售價新台幣 390 元（缺頁或破損的書，請寄回更換）

ISBN 978-986-6436-27-7
賽斯文化網站 http://www.sethtaiwan.com
賽斯身心靈診所專線 22180875

賽斯書

The Unknown Reality, Volume One

未知的實相 卷一

Jane Roberts 著
王季慶 譯

關於賽斯文化

發行人 許添盛醫師

我是個腳踏實地的理想主義者。賽斯文化，是為了推廣身心靈健康理念而成立具公益性質的文化事業，希望透過理性與感性層面，召喚出人類心靈的「愛、智慧、內在感官及創造力」，讓每位接觸我們的讀者，具體感受「每天的生活，都是靈魂的精心創造——You create your own reality.」我們計畫出版符合新時代賽斯精神之書籍、有聲書、影音商品及生活用品，並將經營利潤致力於賽斯思想及身心靈健康觀念的推廣，期待與大家攜手共創身心靈健康新文明。

未知的實相（卷一）

目錄

The "Unknown" Reality, Volume One

在你存在當下的多重次元實相

〈賽斯書〉

策劃緣起

許添盛

欣見賽斯文化將出版賽斯書全集。

二〇〇九年七月，賽斯早期課的學生瑞克（Rick Stack）來台舉辦靈魂出體工作坊，與我在花蓮賽斯村有一場東西方的交流對話。那時，許多賽斯家族朋友們見我在講座上莫名流下激動的淚水，老實說，我自己也頗感意外。不過各位想想，在台灣、大陸、香港、馬來西亞、美加的華人地區默默努力推廣賽斯思想一二十年的我，和在美國、歐洲推廣賽斯思想不遺餘力的瑞克，有朝「相逢」在台灣花蓮賽斯村，你說，這場面能不令我感慨萬千嗎？

其後邀請瑞克夫婦到我新店山上的家小聚，我才又靈光乍現，脫口而出：「一切都是我！」那年，初遇賽斯，心弦震動，彷彿風雲全為之變色，隨後找上中文賽斯書的譯者王季慶，死纏爛打的自願擔任她的翻譯助理，將一本又一本的賽斯書譯成中文，也找上當年的方智出版社合作。由於出版社擔心書的銷路，所以最早的版權費還是王季慶自掏腰包呢！終於促成中文賽斯書的出版。

王季慶是隱士型的人，不想出鋒頭，更不願找麻煩，但因為我對賽斯書的熱愛，於是在她內湖家中成立台灣最早的一個賽斯讀書會，隨後伴同陳建志南下台中、高雄成立賽斯讀書會分支。

因著我的堅持，雖然不願意，王季慶依然支持我由讀書會走向成立「中華新時代協會」。剛開始就只有讀賽斯書，後來才有人陸續帶進奧修、克氏、光的課程、靈氣等，而我始終如一，獨鍾賽斯。當年的我尚年輕資淺，於是王季慶擔任理事長在先，二屆之後才由我接任，開始大力推廣賽斯思想，以及經我整理賽斯書精髓並融合醫學專業（家醫科與精神科）的身心靈健康觀念。

這樣說來王季慶應該不會反對——我是一切的「元兇」，所有華人地區賽斯書的出現及推廣，我即是那背後最強大的推動力。當然，王季慶是我早期最大的愛護者及支持者。在我生命中最孤單、最無助、最關鍵的十五年練功期，她的呵護陪伴我成長茁壯。

我告訴瑞克這段往事，他似乎有所領會，自二〇〇七年起，「花蓮賽斯村」、「賽斯文化」、「賽斯身心靈診所」、「新時代賽斯教育基金會」、「賽斯花園」，陸續在我的熱情推動下成立，這些年來隨我打天下的工作同仁們，也都功不可沒。

其時，我並不知道美國賽斯書版權主要是由瑞克夫婦處理的——於是這麼一來，想當然耳，瑞克夫婦當然信任由我們賽斯文化兼具專業與熱誠的編輯團隊來出版，加上新時代賽斯教育基金會同步大力推廣賽斯思想，真是再完美不過了。

這就是賽斯文化出版全系列賽斯書的源由。事後看起來理所當然，當時卻也是創造實相的成功典範，正如我常說的：「結果先確定，方法自然來，輕鬆不費力，信任加感恩，但要有耐心！」

〈推薦人的話〉

無從預知的目的地

許添盛

應「各位親愛的台中總會賽斯家族，大家晚安，現在是二〇一一年×月×日，請翻開《未知的實相》××頁，首先……」這是每個月一次，我在台中總會為學員上《未知的實相》導讀課的開場白。我也記不清楚了，應該是上到第五年或第六年了吧！可是，到現在還沒上完呢！

《未知的實相》是賽斯書當中相當有深度的，意思是——多數翻開此書的人幾乎都看不懂，於是就有了我奔波於全台灣及至全世界的賽斯書導讀課。當有人告訴我，「許醫師，過去幾乎完全看不懂賽斯書，可是自從聽了你的導讀課，或有聲書，一、二年後，現在終於慢慢可以看懂賽斯書了！」心中常常有著莫名的喜悅。

不過，你知道嗎？這樣的喜悅背後，其實有著不為人知的甘苦。一堂又一堂的導讀課，幾千幾萬公里的奔波，十數年如一日的堅持，及無數講台下賽斯家族的聆聽，終於達到了我最想成就的目標，引領大眾進入賽斯無盡智慧的堂奧，讓這世界又多了一份信心及希望。

《未知的實相》是一部曠世巨著，提及了許多前所未有的理論與觀點，比如對等人物的概念及可能實相的自己，在在都是由一個開悟的、浩瀚的智慧體，引導我們認識自身內「未知的自己」。尤其是賽斯對九大意識家族的描寫，及這九大意識家族是如何展現自身的潛能與通力合作，促成了歷史以來人類社會文明的種種面貌及興衰，更是令人嘆為觀止。

尤其是蘇馬利家族「遊戲性創造」的特質，正是引導所有飽受輪迴之苦的眾生避免「入戲太深」的一帖良藥。於是也印證了全球賽斯家族三大人生觀的第一條：「我是來地球出差、旅遊、學習、考察兼玩耍的實習神明！」

如賽斯在本書末提及的：「此書的任何既定部分都同時訴諸意識的好幾個層面。這作品的線都是彼此交織的，所以，你意識的種種部分都被派出——可以說——到思想與想像的分別旅程，然而，這些旅行支線也是相關的。它們交織，不僅透過我在本書裡提到的心靈組織，並且也因為在每個讀者意識內的偉大統合性……在讀它時，每個人都開始了走過自己意識與經驗的心靈朝聖之旅……」

那麼，讓我祝福每位賽斯家族都能踏上這「未知實相」的旅程，而且，沒有一個人能預知那目的地。

〔推薦人簡介〕許添盛，曾任台北市立仁愛醫院家庭醫學科專科醫師、台北市立療養院成人精神科醫師、台北縣立醫院身心科主任，現任賽斯身心靈診所院長、賽斯文化發行人、新時代賽斯教育基金會董事長。許醫師鑽研新時代思想十數年，尤偏愛賽斯；同時從事身心靈整體健康研究，對於癌症的治療及預防復發有獨到心得。成立「身心靈整體健康成長團體」、「美麗人生癌症病患成長團體」及「賽斯學院」，並定期受邀至全國各縣市、香港及美國等地演講。著有《絕處逢生》、《我不只是我》、《許醫師諮商現場》、《不正常也是一種正常》等十餘種書及有聲書。

〈詩〉

夏日即冬日

珍・羅伯茲

今日即明日，而現在即過去，
萬事皆空而事事皆恆久。
既無開始，也無結束，
既無可墮落之深，也無可攀升之高。
只有這一剎那，搖曳之光，
遍照空無，但哦！如此光明！
因我們即在太空顫動不定的火花，
燃盡永恆於一剎之恩寵。
因為今日即明日，而現在即過去。
萬事皆空而事事皆恆久。

羅註：這是一九六三年四月，當珍二十三歲時寫的一首詩的第二段和最後一段。縱使在這不成熟的作品裡，她的神祕天性已肯定其天生本有的知識。

〈前言〉

同時的時間，無限的可能

羅勃・柏茲

一九七五年四月十六日，我開始寫這些註釋的初稿。雖然它們掛在我的名下，但是多虧我的妻子——珍・羅伯茲，以及她在出神狀態代為發言的非肉身存有——賽斯的大力協助，我才得以完成。事實上，賦予這些註釋完美結尾的是珍和賽斯；而且是按照那個順序——珍提供一些很棒的資料，談她和賽斯之間的關係，而賽斯自己則提供一封新的信給來信的讀者。不過，對於日期、每一節的編號、註腳的資料，還有我將在本書討論的一些其他資料，珍的興趣不大。

賽斯在一九七四年二月四日的第六七九節開始口述《未知的實相：賽斯書》，而在一九七五年四月二十三日的第七四四節完成。一開始，我們預期是另一本令人深感興趣的賽斯書，《靈魂永生》及《個人實相的本質》之續篇。我們認為新作品可能會是很長的一本，卻幾乎沒想到它會需要分成上下兩冊。

堅定地決定這麼做的時間是，當珍在Prentice-Hall的編輯譚・摩斯曼和一位陪他同來的同業拜訪我們的時候。那時候明顯可見，不出一兩週賽斯就會講完我們已經開始稱為《未知的實相》這本書。在場的每個人都已經覺察到，要是只有一卷，這本新書的厚度會超過我們希望的大小。

當時，珍和我真的很高興，聽到正式的宣布。這擴增的格式本身非但不同於常規，也意味著分成兩卷出版，我就有了放註釋和參考資料，珍的ＥＳＰ班和《未知的實相》製作時間前後其他「正規課」的內容摘錄，一些珍的詩作，還有附錄所需的空間，因為我覺得這一切可以賦予本書更多的意識次元（而且，當然，有了這樣的決定，我才能開始寫這些註釋啊）。

賽斯如往常一樣一節節的口述此書，但卻取消了任何章節的形式。不過他的確把資料組合成六段，並且加上標題。如他在第七四三節裡告訴我們：「這本書沒有章節，為的是更進一步的瓦解掉你們對一本書應該是怎麼樣的概念。不過，仍然有不同類的組織存在著，而且本書的任何一段都同時要求讀者好幾個層面意識之參與。」賽斯並沒有給每一節一個標題，因此在（每一冊）目錄所列的每一節之後，珍打算寫上幾句話，至少指出在那節裡論及的一些主題。

《未知的實相》要出版一卷、兩卷還是更多卷，在製作當時，賽斯自己倒沒有說什麼。一直到最後一節，也就是七四四節，他才提到它是一個單位。那時他在回答我問的一個問題時說了：「賽斯資料是無止無盡的，我是為了你們才加以組織。如果你想要把它分成兩次，也沒關係。你會發現有幾個可以這麼做的點……」不過，我們最後的看法是，最顯而易見的點也就是最好的點：每卷分成三部分。在本書的跋，我稍微詳述這個自然的分割點。

因為各部分本身的長度不一，所以有一陣子我思索著要不要試試分成四和二，但是珍說「一卷三部對讀者來說已經夠多了」。我們的確認為大部分的人會覺得《未知的實相》分成兩卷再加上索引比較方便，不管長度是否一樣。英文版的第二卷將在第一卷首刷之後一年左右出版，最初的這段等待時間一過，大家就能一直兩卷一起讀了。

我確定賽斯自稱的那個「能量人格元素」，是帶著好玩的心情看待我們想找出他的作品該怎樣出版最好的種種摸索，因為一節又一節的資料開始堆積如山了。我想，基本上他不在乎長度或時間概念，珍和我自己持續傳述和記錄資料內容的意願，才是決定本書長度的真正關鍵。那麼，這樣說來，當時這兩卷的創作過程是無止無盡的，至少在珍和我純粹基於身體因素而喊停之前是如此沒錯（當然，那些過程依然沒有終點，因為全部都是創造）。

我們現在認為《未知的實相》可能持續兩人的後半生，真的。就其他更大的幾個方面來看，它可能持續幾世紀。因為我們都知道，就一般的意識心而言，在這個「時間」裡，這套書可能有第三卷（珍自己在第六部第七三〇節就臆測過），以及第四卷和第五卷……

現在我想簡短談一下註釋、摘錄和其他這類事情的處理。珍開始傳述這個作品之後不久，我為本書寫的註釋會比《靈魂永生》和《個人實相的本質》的註釋長的情況就很明顯了。這樣做，是賽斯呈現他的資料所用的方式使然。珍和我喜歡這個想法，是因為這表示有別於前兩本書，但同時我也擔心註釋會太顯眼（即使賽斯在一九七四年六月的一節私人課上跟我說：「註釋會自己照顧自己，別擔心。」但我還是一樣有這種感覺）。

我們一決定分成兩卷出版，珍、譚和我都同意，我們不想要把所有的補充資料移到每一卷的最後，這種情況常常都會這麼處理。不但讀者會一直不斷查詢特定的項目，而且我們還覺得較短的註釋更是會與其貼近的位置離得太遠。我們想要用這些註釋來直接補強每一節，但又不會妨礙閱讀，所以我想出一個折衷辦法，採用某種條理分明但又不會太僵硬的呈現方式。

在《靈魂永生》和《個人實相的本質》當中，一般的註釋放在休息時間，但我也在每一節的內文中，使用連續編號標出通常是腳註的起源點；然後我把真正的註釋集結在每一節最後，以便快速參閱。為了一致，這些註釋在兩卷都用比較小的字體印刷。唯有在提到同一本書的特定附錄時，腳註才會擺在「原位」。所以大部分來說，這些方式讓每一節的本文不會被休息時間打斷。

處理附錄的點子用在《靈界的訊息》和《靈魂永生》的效果也很好。在《未知的實相》這本書裡，一則附錄裡的個別摘錄或個別的課，不管可能加什麼註釋，本身通常都相當完整。這些部分隨時都可讀，但我比較喜歡讀者在腳註第一次提到時就先讀一遍，就像他或她得按照順序查閱這兩卷裡頭其他所有的參考資料一樣。

為免離題太遠，我設計註釋和附錄的方式，具有某種程度的互相加強之效，就像每一節本身那樣。在第一卷，我三番兩次提到幾節課，比方說第六八一節，因為賽斯在那幾節傳過來一些應該加以強調的重要觀念。

隨著《未知的實相》進展到第二卷，我自然會更常利用註釋吸引讀者注意更早的課。當上述幾節出現在第一卷，就把那一卷想成是分開的實體，作為參考之用，方式與《靈魂永生》、《意識的探險》或珍其他的書一樣。同時，為了幫《未知的實相》的兩個部分建構某些心理橋梁，我偶爾也會特意把其中一卷的內容抽出來放到另一卷，或是至少加入那類的參考資料。

在註釋裡，我試著準確說出我的意思，不多也不少，並且留意沒有意識到的言外之意。不過，情況有可能變得很複雜，有時在準備這兩冊時，我發現自己想不通到底要怎樣才能清楚呈現某些參考依據，不會讓讀者被日期、各節編號或其他事物弄得一頭霧水。雖然我認為我的呈現方法有某種次序，但有時候還是得花功夫讀，我只能請讀者耐心配合。我相信這樣的例子不會太多。

在每一節當中我不時加註時間，讓讀者知道珍傳述某一段花了多長的時間（不久我就會進一步探討製作《未知的實相》涉及的時間元素）。基於顯而易見的原因，我刪除賽斯對他的資料下標點符號的指示，只在他的序一開頭，或有時在某一節留下幾個例子而已。但賽斯下這種指令的行為一點都不過火，每隔一陣子珍或我就會重新調整他的句子結構，以免語意不清，或是刪除重複的句子，因為這一切全部是口述作品，和書寫作品相反，後者可以當場就輕鬆修正。除了上述的變更之外，這兩冊從頭到尾都是接收到的資料是什麼就呈現什麼。只要某一節有刪除之處，比如私人的資料，都有標示；偶爾會摘要敘述這類資料。

在我們製作書的時間裡，幾乎都是私下舉行，也就是說沒有目擊者，那時賽斯的說話速度夠和緩，所以我可以用自創的速記方式逐字寫下他的話。雖然這個方式往往很辛苦，但我發現它比消極地使用錄音機來得詳盡而且有意義；我也有時間在我們進行時插入我自己的意見。接著，我稍後會為每節的內容打字。跟著我的筆記，比跟著錄音帶打字來得更快、更舒服。就像我在《個人實相的本質》就寫道，我相信珍傳述賽斯的資料居然變更如此之少的這種能力，「說明了與這些課有關的一些重要事情」（參見我在該書第一章第六一〇節最後寫的註）。關於我對賽斯本人的客觀觀察，我會讓在各節加的註釋逐步建立任何我能夠建構的綜合畫面。

就像其他的賽斯書一樣，《未知的實相》不只包含了賽斯課，也還有珍和我對它們的想法，以及我們有關其製作環境的註記。

接下來的四個段落包含與我們的出版時間表有關的資訊，我會盡可能簡單陳述。起初我並未計畫在這些註釋裡處理上述資料，但是珍和我談過之後，我們最後還是同意應該把資料放在這裡。有幾個不同的書名、各節編號和日期要記，所以可能有必要再讀一遍。

我在這一卷的跋也寫道，第二卷的第六部納入我們搬到紐約州艾爾麥拉「坡屋」的始末，時間就在一九七五年四月賽斯完成那一部，以及他口述《未知的實相》的全部工作告一段落的一個月前。但是，在一九七四年十月，早在我們都還沒有搬進艾爾麥拉市中心的兩間公寓之前，珍就開始寫《心靈政治》（*Psychic Politics: Aspect Psychology Book*）了；這本書是《意識的探險》的續集，Prentice-Hall出版社今年秋天（一九七六年）就要出版，《未知的實相》第一卷的跋也有提到這本書，而第二卷也出現了我在它最前面加的幾個節註。

我們打算先出版《未知的實相》第一卷，再出版《心靈政治》，但我還來不及做完這兩本賽斯書的註釋（我覺得兩卷的註釋有必要同時進行），珍就已經完成她的書，所以我們改變主意，決定先出版《心靈政治》。我們搬到坡屋這件事占掉我處理手稿的工作時間相當可觀，所以就準確無誤的出版年表而言，當時《心靈政治》顯然是跳過《未知的實相》搶先出版。

在《心靈政治》裡，珍也提到先出現在《未知的實相》的幾大段資料，所以後者的一些相關的註釋我做了調整，說明它們較早前的討論。不過，就本質而言，珍最新的書和賽斯最新的書並沒有衝突。兩者相輔相成，我只是想要強調從頭到尾我們的目標就是要出版珍的書（包括那些和賽斯一起製作的書），而每一個作品都是一個完整的實體，但是在其中又包含了這系列當中其他書的必要參考資料。

我們想要用那些參考資料來幫助讀者按照時間次序排列每一本書，不要管哪一本可能先出版。因為時間越久，出版時間就越不重要。比方說，當我寫到《心靈政治》「今年秋天（一九七六年）就要出版」，我當然知道，等到賽斯的作品第一冊在一九七七年春天付印時，《心靈政治》那時已經上市幾個月了。不過，在我看來，在這本第一卷裡頭提供這點資訊，其實是最正確的作法。

有人可能從數字當中得到很多樂趣。譬如，可以用數字來探索同一主題的不同觀點，在這種情況下，主題是時間，其中探討了它的特性。《未知的實相》兩卷一共收錄六十五節。珍幫賽斯傳述這六十五節的時間是十四個半月多一點。這段消逝的時間當然包含她完全不做書的口述那好幾週在內，但是出於好奇，我想算出她真的花在製作整本書的時數大約是多少。

我從中挑出平均的四十節，只用作口述的那些部分，依據的是兩件事：只算珍在出神時所花的時間，以及她的出神時間加上相關的休息時間。我得到的數字分別是一小時三十九分和兩小時兩分，然後我再各乘以六十五，結果發現總和低到難以置信的地步。這些數字充分證明在特定狀況下，（至少是珍的）創造力可能出現的速度有多快，因為她完成兩卷《未知的實相》的出神時間總共是九十小時三十五分，出神加上休息的時間總共是一百三十一小時三十分（把這兩個總和粗略換算，則兩卷分別用去四十五小時和六十五小時）。不要忘記，這些數字是平均值，而剩下的二十五節算出的結果也會很相似，因為它們既不會太短也不會過長。所以不管真正消耗那些時數的更大背景為何，對於完成《未知的實相》的創造成果涉及的兩組總時數，都非常驚人，值得注意。要比較的話，就把「一週」想成有一百六十八小時。

每隔一陣子我就會想要用同樣的方式，平均一下珍口述《靈魂永生》和《個人實相的本質》的時間，但都沒去做。不過，我有點不解而要特別提到的是，她花在賽斯書的工作時間太短了，實在沒有人能夠視若無睹或認為理所當然，或許也可能是，無法從一般線性時間的角度來了解那些因素。也許只有我對此感興趣，因為連珍對自己投入在賽斯資料的時間都沒有表達多大的好奇，她只管傳述資料而已。但是考慮到她的能力，我想她的製作速度是緊扣賽斯觀念的一種處理方法或轉譯，那個觀念就是，基本上一切同時存在，其實沒有時間，而比方說賽斯書最終的形式早就在「那裡」，只待收聽（在本卷的第二部，第六九二節的註釋❷包含一種方式的資料，藉由那種方式，我們可以從物質實相往賽斯講的同時性概念更靠近，但那個方式不再適用於這裡沒有討論到的資料）。

打從珍於一九七〇年開始出版賽斯資料以來，她收到好幾百衝著她的作品打來的電話和寫來的信件。那些電話和書信（包括我們還沒回的信在內）我們都非常感謝，但我不記得其中有任何一通電話或一封信件提到這個奇妙的時間元素。

我認為珍在出神時的短短四十五小時內，真的能夠傳述一整本書稿嗎？這肯定是假設的問題，但我確定就賽斯的資料公諸於世而言，她是做得到的，她只需要必備的體力而已。即使現在，她為賽斯代言時，也能夠輕輕鬆鬆領先我的手寫速率好幾個小時。來自賽斯的資料就會在那裡，製作的作品會不同於用更長的時間傳述的「相同」作品。譬如，賽斯就不會從我們眼前每天的活動取材，做出一些類比，但是在這種情況下，我想他要不就是調用我們過去的類似事件，或用不同的方式塑造他的資料，但結果還是一樣。

我認為偶爾在本書中提醒讀者賽斯的某些基本概念是很重要的，舉例來說，我會繼續談到時間——但卻是賽斯的時間——的問題，把它和賽斯所說的一種「耐久性」（durability）一同來談，這種耐久性同時是「自發」及「同時」的，如賽斯不只一次解釋給我們聽的。這個「耐久性」是透過「價值完成」之不斷擴展而達成的。我在卷二的第七二四節之後的部分評論也適用於此：「如賽斯在一九六四年一月八日的第十四節中相當幽默地說：『……你們根本不知道對一個必須花時間去瞭解的人解釋時間有多麼難。』然而，賽斯的『同時性時間』並非絕對的，因為就如他在那節裡也告訴我們的：『雖然我不受你們層面的時間所影響，我卻受在我的層面上某些類似時間的東西所影響……對我而言，時間可以被操縱，可以悠閒地去用及檢視。對我而言，你們的時間是一種工具，是我可以用來進入你們的覺察的幾個途徑之一。因此，它對我仍然是某種實相。否則的話，我就根本無法以任何方式利用它。』」

我想，只要我們是有形的生物，就永遠無法抓住賽斯「同時性時間」的觀念，然而，它卻對無形的機制提供了線索——我們就能比較瞭解珍眼中的賽斯。把概念變成文字這件事（盡珍所能做到的），有助於讓我們抓住賽斯所講的：我們可以對時間做出某種直覺的、非語言的觸及或了悟，那多少超越了我們對所謂「時間」的素質或本質之陳腐概念，這陳腐概念在我們西方社會是如此的理所當然，以至於甚至去質疑其彷彿單方向的流動也是徒然的。

下面我要引用賽斯的兩段話，然後再繼之以珍的一段較長的話。

賽斯的第一段摘錄是為了在兩卷《未知的實相》之間創造一個橋梁，藉由自其中一卷提出一些東西而將之放在另一卷裡。再次的，摘自卷二的第七四三節：「沒有一本名為《未知的實相》的書可以使得那個實相被完全認識。它仍然是星雲似的渾沌，因為它在意識上並未被了悟。我所能做的只不過是指出那些比較看不見的區域，幫助你們探索自己意識的不同面……我十分明白這本書引起的問題比它回答的更多，而那原是我的意圖……」

還有珍和我的意向。珍的書是她運用某些能力的紀錄，我們覺得那些能力很有創造力；她引起的問題讓我們看到更大的領域可以調查。通常我們不會把那些問題以及挑戰，想成有神祕的起源，不是出自我們西方社會的觀點。在本卷的第一部（第六七九節）賽斯討論珍早年的宗教背景，她「深沉的神祕本質」，我在附錄為那一部加了一些神祕體驗的資料。那份資料與這些前言的註釋是相關的，但應該要分開放。

然而，我們做的工作處理的是前半生我們在意識上不太注意的觀念（珍在一九六三年底開始製作賽斯資料當時，我四十四歲，她三十四歲。）

如我在某些註裡引用的，珍早年的詩清楚反映出，她對某些賽斯日後詳細闡釋的觀念之直覺瞭解。（即使她在意識上並沒有覺察到自己在做的事，情形依然如此。參見本書開頭她早期寫的詩〈夏日即冬日〉。）就我看來，她對賽斯資料所負的任務就是提供這些基本上藝術的概念給我們有意識的運用，以使它們在日常生活裡的運用，將我們個人與集體的實相變得更好；而我所謂「藝術的概念」是指人類所能表達並且爭論的，最深、最美而且實際——並且，沒錯，神祕——的真理與問題。

在賽斯書裡，我們一直故意避免去評論存在於賽斯的觀念及那些近東、中東或遠東的種種宗教、哲學及神祕理論之間的類似。當然，這種方式適合我們的本性，珍和我知道此種關連的存在——的確，如果它們不存在，我們才會覺得奇怪呢！別人常常跟我們談到這一點，而我們也讀了一些，好比說，談佛教、印度教、禪與道家的東西，更別說像印第安巫術、巫毒及西印度群島的巫術了。我們認為，顯然可以寫一本書來比較賽斯資料與其他思想體系——不論它們是否為宗教性質的，但因為珍和我都是個人主義者，所以選擇了不去集中在那些區域。而我在此所說的，也不是想要貶低其他對「基本的」實相之看法。

那麼，雖然在賽斯的哲學及許多其他有組織的思想系統之間是有相似處，但在我們看來也有重大的不同。珍和我傾向於認為，在我們世界裡發現的那種一致性「涵括」了宗教，而非被它們界定，而我們認為賽斯也強調此點。我們就這樣頑固的向前走，明白我們的觀點根植於世界的西方傳統裡，但也知道在我們四周存在著許許多多其他的哲學或體系，其中有些已存在數世紀之久，那是人類創造出來解釋實相的。然而，我們並不覺得非得深入瞭解，好比說，蘇菲教或婆羅門教之細節不可。但我們不喜歡印度教與佛教的涅槃概念，它們主張通常在一連串的生命之後個人意識之滅絕，並溶入於一無上的神靈。而且我們反對那種說法：「大自然」以線性時間的方式做了這樣的安排，使得個人必須在此生中對前世的行為償還因果的債。如果大自然不處罰任何事，為什麼要處罰任何人？涅槃和業報的實相並不是珍和我想要創造的。

反之，我們比較喜歡賽斯的觀念，以及我們自己的觀念，關於個人意識之不可侵犯，不論在肉體存在之前、之中或之後，也不論是涉及了任何一種的轉世理論。也許對我們這些活在西方的人而言，我們自然不會喜歡在肉體死亡時捨棄我們的個人性這種概念，即使在理性上我們能瞭解，比如，佛教的教義說我們能在最終、至樂的捨棄自身於一無上神靈裡找到「完美的」喜悅——雖然我幽默的說，就我個人而言，我還不知道那個捨棄自己的人怎麼知道他這樣做了沒有，如果他已被如此澈底地溶入了的話。

我比較同意賽斯在《靈魂永生》第二十二章第五九〇節裡告訴我們的：「你們不是命定要溶入於『一切萬有』。如你目前所瞭解的人格形貌將會被保留。『一切萬有』是個人性的創造者，而非毀滅它的手段。」每當我讀到傳統東方對無上神靈的觀念時，我就記起賽斯在《靈魂永生》附錄裡第五九六節說的：「在此，我用了『意識的擴展』這個詞，而非更常用的『宇宙意識』，因為後者暗示了在此時人類尚不可得的那種比例之經驗，與你們正常狀態對比之下，強烈的意識擴展在本質上也許顯得是宇宙性的，但它們僅只是對你們現在就可得到的意識可能性的一個暗示而已，更別說能開始接近一個真正的宇宙性知覺了。」

我假定上面那四段話很顯然可能引起許多非議，但其中的資料很接近於珍和我在這些日子裡對賽斯資料與其他哲學之關連性的看法。我尤其覺得高興的是，珍的工作及她對我們思想的貢獻是出自她的心靈，而未得助於實驗室、統計數字或測驗。那就是說，我們對真正考驗的想法是在觀察，以看出賽斯資料能對實際的日常生活有何幫助。我們在一九六五到六六年做的，其他種類更「正式」的測驗，詳細記錄在《靈界的訊息》第八章裡；我們現在很容易忘記那些早期測驗是相當的成功，而且可以在任何時候再來一次。當我們在做那些測驗時，我心裡覺得奇怪，為什麼在地球上所有的生物當中，只有人類這種動物覺得有需要去建造實驗室來「證實」他到底**是**什麼，他的能力——心電感應、新陳代謝或其他——又到底**是**什麼。這個題目本身就如此的龐大，以至於珍和我可以一直寫個沒完，因此，我只在這兒約略提一下。

根據他認為已知的東西，在他的實驗裡因此有很大的機會去獲得預先設定的答案；他的外在化設備幾乎無法產生其他的結果。（科學家不稱一個氧原子或任何一個其他元素為活的，更別說它們是具有意識的了。然而，某些原子聚合成的一個人形卻**稱他自己**是活的——而激烈的否定那些不幸存在於人類架構之外一模一樣的原子群同樣的地位。）但在賽斯過去十年裡所給的資料之中，他討論過人們對一般人類狀況之極度貧乏瞭解的某些理由，而我也確信將來還會談得更多。

我覺得極為欣慰，珍只用到她現有有形的身體及無形的心智，就能持續地顯示出人類不被認為具有的能力，我們不滿意社會——不論東方或西方——給我們的答案。如生命的意義、其深度與神祕、其無窮盡的可能性這類問題，每個讀者可以在賽斯的看法裡找到他自己的意義。

以下是錄自賽斯的第七五〇節，那是他完成了卷二的兩個月之後，在一九七五年六月二十五日舉行的，其中他不只簡略說出製作《未知的實相》的動機，並且還論及他的一個我認為應該經常強調的基本概念，這一次還涉及了知覺。「《未知的實相》寫來是要讓……個人對其他模式的實相略見一瞥。它是要用來作為一張地圖，把人領入並非另一個客觀的宇宙，而是進入意識的內在道路。這些內在道路或意識束（strands）帶進來一些要素，使得人變得可能去瞭解，任何一個客觀化宇宙之內涵真的可以被十分不同地知覺到。你就是你所知覺的東西之一部分，當你改變知覺的焦點時，便自動地改變了客觀的世界。並不只是當你知覺它為不同的東西時，不論你的經驗為何，它卻還保持原狀。知覺這個行為本身有助於形成被知覺之事，並且是其一部分。」

而珍對於她和賽斯的關係又有什麼感覺呢？她通靈的機制是怎樣？起初我們的想法是，她自己寫前言幫這些註釋作補充，但是最後她決定不必要這麼做，也不想要重複她已經在自己的書中涵蓋的大部分資料。反之，一九七六年三月，她寫了下面這篇文章，我認為她為自己替賽斯說話時體驗到的內在實相與外在實相，做了一個很棒的總結：

《未知的實相》本身當然是心智的未知實相衍生的一個產物，因為它完全是我在出神狀態以賽斯的身分製造出來的。一方面說來，這兩卷可說是一種內在的心靈「燃燒」形成的產物，也就是說，像賽斯的實相點著我的實相那樣，在我們的世界裡燃起的那個火花，或者是反過來。對我而言，這是一種加速的狀態。我會把它比作是一種更高的清醒狀態，而不是通常和出神連在一起的睡眠狀態，但是這是一種不一樣的清醒，人在其中會覺得平常的世界似乎才是那個正在睡覺的世界。我的注意力並未遲鈍，而是放在別處。

身為珍，我並沒有在這樣的出神狀態中被棄置。但是我以一種無法言傳的方式走出了我的珍——我，而通靈一結束，我便又立刻回來。所以當「我」一頭潛入那些經驗和身分的其他次元時，一定有另外一個留下珍在岸上耐心等候的「我」。幾乎是立刻發生的轉變一結束，「我」就變成賽斯，或賽斯就變成現在的我。而且在那種狀態中，感知的狀況是對有別於我們的意識領域的其他意識領域而言再自然不過的那些狀況。

這些通靈的時段從來沒有累倒我，我的精神反而常常比之前更好。通常我對時間沒什麼概念，身為賽斯時，我可能講了一個小時，但是「瞬間返回」一看時鐘，卻是驚訝地想，最多可能只過了十五分鐘而已。不過，出神並非停滯不變，而是有層次也有特徵。要解釋這些幾乎不可能，但是狀態並非一成不變，而是有高峰也有低谷，亦即顯示其本質的心理色彩和濃度。

出神狀態的特徵是，有一種能量源源不絕、情感完整無缺、主觀上自由無礙的感覺。有時候賽斯的聲音非常響亮、充滿力量，即使出神時，我都覺察得到，而且被它的能量席捲而去。在我擔任靈媒的最初幾年，賽斯的聲音和口音對我而言似乎很怪，不管是在上課時聽自己替他說話，還是聽錄音帶。但是在出神時，知道的事就是知道。回到我平常的狀態，我剛剛身為賽斯講過的話就像夢一般消失無蹤。雖然我讀過《未知的實相》，因為它已經完成，也在它的製作過程中看了一部分，但是，對我來說，似乎還是奇怪至極地覺得陌生。

我看起來不只是一般的不明瞭，好像一部分的我不肯有意識地思考我出神時創造的手稿而已，也許是為了不讓自己困惑。舉例來說，我喜歡劃清我種種主觀狀態的界線，這似乎是盡可能自然輕鬆處理異常狀況的一種既經濟又實用的方法。賽斯狀態的形式並未受到侵犯，珍的狀態也是。

當我是賽斯時，我只是他的實相之一小部分，也許只是我能捉住的那個部分，但我卻沐浴在那個人化的能量裡。當賽斯把注意力轉向人們，對他們說話或回答問題，那時我感覺到對他們的價值及每個人性的一種幾乎是多次元的欣賞。他瞭解每個人的價值並向其致敬，以一種與我們完全不同的方式看待人。我對「賽斯對別人的反應」的那種體驗，使得我懷疑有一種比我們所知道更生動的情感經驗存在。

然而，我確知賽斯代表了另外一種東西，一種不同的人性，而當那樣的生靈與我的主觀世界相交時，賽斯就「發生了」。

在許多方面，我們是一種孤獨的種族。我們彷彿永遠梭巡於自己天性的藩籬內。也許我們對身分感的概念有如繞著我們心智畫的一個神奇圈子，使得任何在外的東西顯得是黑暗又陌異而「非我」的。也許有遠比我們自己亮得多的其他心靈之火照亮那內在的景觀；還有意識的其他面向，我們與之相連，就如在一種我們幾乎不瞭解的存在之鏈裡，與動物相連一樣。

我們愛「向後」看我們的動物本源，認定所謂的進化已經結束，而我們在此歡呼——哈哈，我是萬物之靈。但也許我們只是在中間，不完全地感覺到自己之其他遙遠版本的存在，那將出現在一個遠得令我們無法理解的「未來」。也許以那種說法，我是賽斯的某個遠祖，活在我自己的生命裡，卻只是他生命裡的一個記號。但他堅持在過去裡也有新鮮的行動；所以如果事實是那樣的話，我就仍在尋找自己的途徑。

當我自己想到這麼遠的時候，一種奇特的加速攫住了我。我的身體變得非常鬆弛，但心智卻有一種很奇怪的運動感，就好像我試圖去瞭解的某些東西太快地掠過我，以致無法追隨；然而，我一直試著使自己旋轉得更快些，以便追上去。如果我的一個細胞想要理解我自己的主觀實相，它也許會有同樣的感覺。我想，我是活在賽斯的主觀「身體」內，就像我的一個細胞是活在我的肉體內一樣。只不過，我一直在摸索……並且感覺那些我自己的實相並不能真正瞭解的事件。

這也許只是當意識心試圖瞥見它自己源頭時的反應而已。也許我們在做這種嘗試時，象徵地說，就好比我們是暫棲在意識的平台上，同時向上也向下看。就像無重量的太空人，我們知道自己是誰，卻不太確定我們的位置，因為心理上，它在內在空間裡不斷的改變。我們暫時暈眩了，被一個自己與自己其他版本所組成的內在宇宙弄得目眩神迷，而感覺我們正旅遊過某種龐大的心靈，它播種「自己」就如太空播種星辰一樣。

最後，我們如何應付越來越多的讀者來信呢？（附帶一提，多年來收到的信件和卡片我們都有存檔。）最近的作法是寄給讀者三樣東西，一封珍和我的短箋，一封賽斯在一九七五年四月裡口述的信，及一張珍的書單。（我們呼應很多人的要求而準備了這樣一份清單，當然也一直不斷更新它。）然而，對喜歡珍和／或賽斯本人親自回應的來信者而言，這樣的格式信其實不是個令人滿意的答案。但是考慮到我們的特性，這些信僅僅意味著，我們在可用的時間內盡力可為的結果。近來珍自己處理大部分的信件，並設法在每一次回信時另外添個一兩行。透過這種方式，她回的信多過以往，但諷刺的是，信還是回不完，原因很簡單，就是收到的信越來越多。

以前有一次（一九七三年一月），賽斯為我們口述一封信，給那些寫信來的人，讀者可以在《個人實相的本質》第八章六三三節裡找到。我們感覺賽斯這兩封信反映出他資料的大半精髓，以及製作那些資料時我們的境況與心態。我們的確認為把賽斯的新信放在這裡，是結束這些註的一個理想方式（信中一如往常，賽斯稱珍為魯柏，稱我為約瑟）。

親愛的讀者：

魯柏看過你的信了，約瑟也一樣，我對其內容也是知道的。我們還沒有任何外在的組織，因而沒有祕書可以幫忙回信，也沒有中間人去寫花稍而預先包裝好的回信。

魯柏及約瑟是注重個人隱私的人。他們與宇宙也有種一對一的關係，這種特質是指他們抗拒形成任何組織，即使這種組織會有助於回信。所以我來口述這封信。雖然它會被寄給你們當中的許多人，卻是寫給你們每一個人的，而我只是覺得遺憾，我無法個別深入於你們的熱望、挑戰與問題裡。

你們有些人在喜悅中寫信來，有些則在憂傷中寫信來；有些人寫信來訴說你們已找到的答案，而有些人則寫信來要求答案。在任何情形裡，能量都隨著這封信送出去給你們了。那能量會喚起你們自己的能力，它會引你們到只有自己能有的洞見與解決之道，會讓你們與自己存在的基礎接觸，而終究來說，所有的狂喜與答案都是由之湧現的。我的目的並非為你解決問題，卻是令你與自己的力量接觸，我的目的並不是要藉由給你即使是最悲慘問題之「答案」，而介入於你與自己的自由之間。我的目的是要加強你自己的力量，因為終究來講，你存在的神奇就足以幫助你找到成就、瞭解、豐富與平靜。你們的問題是被自己的懷疑所引起的，這些懷疑的升起是因為你們已與自己存在的價值失去了聯繫。讓我在此加強那個價值，讓我加強我對你們天生具有「歡喜隨緣而超脫任何你們現有問題之能力」的信心。如果我逕自替你們解決問題的話，那麼就否定了你們自己的力量，而更進一步的加強了你們已有的無力感。不過，我知道你們可能會覺得累了，而有時候送你們一份能量可以令你們振奮一下，所以再說一次，隨著這封信，把我對你的存在歡喜之認可，以及你可以用來加強自己活力與力量的能量——送給你。

並非所有的信都是由郵差送達的，因此就你們寄給我的信而言，每個人應該都會得到來自我的、你們自己的那種內在回應。不過，我在許多方面是作為你們自己心靈的一個發言人，所以那內在的訊息會是來自你自己更大的存在；由那個多次元的實相層面，我向你致敬。

賽斯

〈序〉

每個人都是未知實相的一部分

賽斯

（珍在出神狀態中傳述賽斯序的情況記錄在第一部，一九七四年二月二十五日的第六八五節裡，那節中場休息時，賽斯在十點五十七分開始講下面的資料。）

現在：序：有一個「未知的」實相，我是它的一部分，而你們也一樣。

（停頓良久。）許久以前❶，我突然出現在你們的時空裡，自那時起，我跟許多人說過話，而這是我的第三本書❷，如果我是以一般的方式藉由肉體誕生在你們世界裡的話，這一切對任何人而言就沒有什麼好奇怪的了，反之，我卻開始透過珍．羅伯茲說話，以表達我自己。所有這一切當中都有一個目的，而那個目的的一部分就蘊涵在現在這本書裡。

每個個人都是未知的實相之一部分。可是，由於我的地位，我顯然比大多數人更是其一部分，我在心理上的覺知連接到你們有意識覺知的世界，及其他至少彷彿逃過了你們注意的世界。我透過她說話的那個女人，發現她處於一種不尋常的狀況，因為沒有任何理論——形上的、心理的或其他——可以適當解釋她的經驗。這使得她去發展自己的理論，而這本書是某些已在《意識的探險》❸裡提過的概念的一個延伸。為了寫那本書，魯柏汲取了能量的深源。

（十一點十一分。）可是，以你們的話來說，這未知的實相是未知到超過了最具彈性的意識所能企及的，而它只能被像我這樣一個潛伏在其中的人格所趨近。不過，一旦表達之後，它就能被理解。那麼，我的目的之一就是要使這未知的實相為你們有意識地知曉。

從歷史上來看，人一度認為只有一個世界。現在他知道並非如此了，但他仍執著於一個神，一個自己，及藉以表達這自己的一個身體的這些概念。

是有一個神，但在祂之內有很多個神；是有一個自己，但在他之內有很多個自己。在一個時間裡只有一個身體，但自己在其他的時間裡有其他的身體。所有的「時間」都同時存在。

（停頓良久。）以歷史性的說法，人類選擇了某一條發展的路線。在其中，他的意識專門化了，集中焦點在極為特殊的經驗上。但從心理及生理上來說，永遠與生俱有改變那個模式的「可能性」，一種會有效地把人類提升到另一種氣候的改變。

（十一點二十二分。）不過，這樣的一種發展首先需要擴展對自己的概念，並且對人類潛能有更大的瞭解。人類意識目前正在一個階段，在其間，如果人類想要達成他最大成就的話，這種發展不只是可行的，並且是必要的。

到某個程度，珍．羅伯茲的經驗暗示了人類心靈的多重次元本質，並且給予潛藏在每個人之內的能力線索。這些都是你們種族傳承的一部分，它們顯示出那連接你們居於其中的已知與「未知」實相之心靈橋梁。

只要你們對自己的本質仍然持有非常局限的觀念，就無法開始理解一個多重次元的神性或宇宙的實相，在其中，所有的意識都獨特而不可侵犯，卻又熱衷於形成具有組織及意義的無窮盡之完形（gestalts）。

在我的其他書裡，用了許多已被接受的概念作為跳板，把讀者帶到其他的瞭解層面。在這兒我想說明的是，這本書❹將開創一個旅程，在其中，可能看起來熟悉的東西已被遠遠的留在後面了。但是當我結束時，希望你們會發現那已知的實相甚至變得更可貴、更「真實」，因為你會發現它被一個「未知的」實相之豐富組織內外澈照，並看見那「未知的」實相在日常生活最親密的部分浮現出來。請等我們一會兒。（在十一點三十五分停頓。）在個人與群體雙方面，你對個人的觀念限制了你，然而，你們的宗教、形上學、歷史，甚或科學都依照你們對你是誰或是什麼的概念而定。心理學並沒有解釋你們自己的實相，它們無法涵蓋你們的經驗。宗教並未解釋你們更大的實相，而科學也讓你們對於居住其中的宇宙本質同樣的無知。

這些機構與學問都是由個人組成的，而每個人也都被自己對私人實相的局限概念所限制；所以，我們將以個人實相來開始，而且也永遠會回到它上面。這本書裡的概念是想要擴展每個讀者的私人實相。它們也許看起來很神祕或複雜，但任何一個決心想瞭解自己及其更大世界之未知因素本質的人，都有能力企及。

因此，這本書有一個私人的開始。珍．羅伯茲的先生羅勃．柏茲對他母親的死（在一九七三年十一月十九日）想要有更多的瞭解，在一節課裡（一九七四年二月四日第六七九節）他拿出一些舊照片。現在：死後生活之描述通常與眾所接受的一個自己（one self）的舊概念及個人性

（personhood）的局限觀念一致。不過，我還是利用那個機會來開始這一本書。

（停頓良久。）當「自己」活在肉體中時，它是多重次元的。它是靈性與心理本體的勝利，不斷由無數的可能實相中選擇它自己清晰而堅定不移的焦點（非常熱切的）。當你沒認識此點時，就會把所有舊的誤解投射到死後生活上。你預期死者與生者沒多少不同——如果你真相信來生——但也許更平靜些、更明白些，並且，運氣好的話，更睿智些。

（在十一點五十一分停頓——然後非常強調的說：）事實是，在人生裡，你很巧妙卻又完美地懸在實相之間，而在死後你也一樣。於是，我利用那機會來解釋羅的母親在死後所得的大幅度自由——但也解釋她生時就在的她實相的那些成分，在意識上——由於人類對心靈本質的觀念——對她而言是關閉的。我偶爾評論那些屬於柏茲家庭（包括珍）的照片，但任何讀者都可以看看自己的老照片而問同樣的問題，把在此處所說的應用到私人經驗上。「未知的」實相——你是它已知的同等物（再次更大聲的）。那麼，認識你自己，當你變得熟悉這些概念時，你的意識會擴展。我自己則代表你的存在之那些已然了悟的部分。我的聲音自你也在其中享有經驗的心靈階層升起，所以，傾聽自己的「知曉」吧。

（快活的：）序言結束。

（十二點一分。）

註釋

❶賽斯第一次向珍和我宣稱他在場並說出名字，是在一九六三年十二月八日舉行的第四節。見《靈界的訊息》第一章。

❷賽斯之前的兩本書是《靈魂永生》和《個人實相的本質》，不過，它們當然也是珍的書。（為了紀錄的完整起見，應該一提的是，珍談通靈現象的第一本書是《實習神明手冊》。紐約的Frederick Fell Publishers分別在一九六六年和一九七四年出版精裝本和平裝本。然後在一九七六年紐約的Pocket Books發行平裝本，書名改為《賽斯的到來》〔*The Coming of Seth*〕。）

❸事實上，這個月初（一九七四年二月）珍開始《意識的探險》最後的完稿。不過，她已把在裡面談到的所有主題細節整理好了。

❹分成兩卷出版《未知的實相》是在差不多十三個月前，收到這篇序的時候決定的。參見我的前言。

〈譯序〉

你的人生「當下」就可改變

王季慶

《未知的實相》是賽斯書中最厚又最難譯的一本，原書兩卷共有八百頁之多，實在令人望之卻步！但若存而不譯，賽斯系列不但不完整，而且也漏失了許多精義。所以，在一九九三年春節期間，我和許添盛便放了串鞭炮慶祝「開工」了。

這本書的好處在賽斯和羅的序中已可見一斑。我自己則源源不絕地為其對「可能性」之討論所震撼！這種「可能性」瀰漫於所有的時間、空間，也就是，當你出於自由意志而選擇了某一條路線時，那未被選擇的可能性則會在另一個實相裡，由你可能的自己去經驗。這個理論可以說是匪夷所思，若去追究其「暗示」，會令人頭殼發脹，並且興起「無常」之感！

但在我譯的另一本書《超越量子》裡，物理學卻已印證了這種「三千大千世界」的理論，證明賽斯所說「每一個可能性都會被實現」的確是「可能的」！

而我們當下的每一剎那，並非受限於線性時間的過去與未來，卻是由我們最深源頭冒出來的，是懸在過去與未來之間的一個「可能」。所以這種「非命定」和「無常」，不但不應令你恐慌或茫然，反而提供了把握「當下」的理由，並且鼓勵隨機的創造性，因為你的人生「當下」就可被你改變！

以下是特別發人深省的幾段，願先引在此以饗讀者：

- 在細胞內的意識知道它自己的不可摧毀性，只改變了形式……雖然細胞實質的死去，但其不可侵犯的本質卻未被出賣，它只不過不再是物質性的。
- 所有生命都是合作性的，而所有生命都知道它的存在是超越其形體的。
- 人這種意識強烈的與身體認同是必要的，以便把焦點集中於具體的操縱。
- 所有自然的東西都有「精靈」……它們的確有一個能量的實相，而協助把能量轉換成物質形式……你感覺到風及其效應，卻無法看到風，風本身是看不見的。因而這些其他力量也是看不見的。……它們並不比風更善或更惡……因為你們通常想像，如果某些東西是善的，那麼必然有一個相對的惡的力量，但並非如此……以更大的說法，這些力量是善的，它們是保護性的，並滋養每一樣活的東西。
- 沒有瞭解或訓練，你就必須「失去」自己的意識才能覺知「其他」意識。
- 「你的藍圖」之資料被織入了基因與染色體，卻與之「分開地」存在。

羅記錄了珍傳述此書的時間，才不到一百小時。但我粗略估計我口譯的速度，平均一小時一頁。也就是說，我和許添盛埋頭努力了八百小時才竟全功！（當然，原書還需算上羅寫註和附錄等所花的時間。）無論如何，在一九九四年春節裡，我們完成了此書，整整一年的苦功！希望讀者耐心、細心的看完，也與我們一樣，同樣感受這是值得的！

特別要感謝陳建志費心校訂此書，並提供寶貴的意見。

你與「未知的」實相

第六七九節 一九七四年二月四日 星期一 晚上九點四十一分

照片、時間以及可能的人生

︹在課開始之前，我給珍看一張她童年的照片，還有一張我的。這兩張照片差不多同樣尺寸，大約三又四分之一吋乘以五吋，都相似的褪色易脆——好像是在同一個時候拍下來的——雖然我那張比珍的要老上二十年。

︹我那張照片是我父親拍的，並且記下了日期，已經在我們的家庭相簿裡放了五十三年了。那張照片是一九二一年六月一日照的，那時我差不多快兩歲，有一頭捲曲的淺色頭髮，穿著小西裝、白色長襪及黑皮鞋，站在位於賓州東北一個叫曼斯菲爾的小大學城，我父母租的房子側院裡。大約有一打小雞聚在我腳邊的草地上，而我頗入迷的向下看著牠們。在我身後有個焦點模糊、不知名的十來歲女孩，坐在由樹幹上懸下的鞦韆上，而在她旁邊有一個空的藤編嬰兒推車︹我的嗎？︺，在她後面的私人車道上停了一部有篷頂的四門汽車。曼斯菲爾離珍和我現在住的紐約州艾爾麥拉城只有三十五哩。

︹珍的照片已有三十三年之久了，那是由一位較年長的女士替她拍的，她招待珍到紐約州的度假勝地撒拉托加溫泉市市外的溫泉區去玩。那時珍與她臥病的母親瑪麗及一位幫傭住在那個市裡。珍把她朋友的名字及日期以幼稚的字跡寫在照片背後。許多年之後她告訴我：「我媽媽恨那個女人。」在那張快照裡，那是在一九四一年八月一個陽光普照的日子，珍十二歲，她坐在草地上，後面有一些常綠灌木，她用右手撐地，身子略微後傾，兩隻光腿頗為一本正經的交疊。她穿著一件特洛伊市天主教孤兒院送她的印花布衣裳，那個孤兒院離她家有三十五哩，在此之前她曾在那兒待過十八個月，那時她的母親正在另一個城裡住院治療風濕性關節炎。珍還穿著一件短袖套頭毛衣，那是她母親住院時織的。

（珍的金髮——後來變得頗黑——整整齊齊的中分梳理，上頭還夾著一個髮夾。她有著一張年輕的圓臉，卻面無笑容，她並沒皺眉，而只是直視著照相者，顯出一種嚴肅而幾乎不合她年齡的自制表情……

（對我而言，兩張照片都有我覺得引人好奇的某種神祕感——一種氣氛，我猜部分是由於它們是老舊、私人的，且是如此的不可取代，但長久以來我都覺察到有些與之相連的其他感覺。珍在一九六三年底開始傳述賽斯資料，而很快的賽斯就開始發展他可能性的概念❶。從此有許多次，當我看著這些快照時，會發現自己在臆測環繞著那兩個小孩的可能實相。現在我告訴珍，我瞭解每個人選擇了那些要使它具體化——或以我們的話來說「真實」——的行動路線。但自從那些照片拍下來之後，我們可能的自己踏上的所有其他路線又是什麼呢？到如今，那些照片是否真的描繪我們不成熟的身影，我們認為並且一直就是的珍和羅？或從我們的觀點，它們顯示了一個可能的珍，一個可能的羅——兩個早已走上**他們自己的**旅程到其他實相裡去了？我不太清楚我想知道什麼，也很難向珍表明我的意思。也許我只是想要賽斯以一種更個人的方式談談可能性（後加的：在那時我完全沒想到我的問題會引發一本新的賽斯書❷〕。

（珍在出神狀態變為賽斯的外在跡象其本身就非常有趣，而我不想加以忽略；的確，我常常描述它們。不過，真令我著迷的是她在課中所表現的我所謂大大加強了的意識或能量——而我總是在她的傳述表面之下感覺到一股甚至更有力的能量之流。當珍安靜的坐在她的甘迺迪搖椅裡等待賽斯過來時，我這樣想著。幾分鐘後，她的右手伸向她的眼鏡，當她把眼鏡拿下來時，她的眼睛比平時黑亮得多：她已在出神狀態，賽斯已在那兒瞪著我了。）

現在：晚安。

（「賽斯晚安。」

（身為賽斯，珍翻看了一下我放在我們之間咖啡桌上的照片。）

我現在要談這兩張照片——如果你想要的話，你也可以有關於任何一張照片的資料。

（「好的。」）

再說一次，你們每個人選擇自己的父母及環境。你在兩天以前的筆記裡談到與藝術有關的預知，以那種說法，預知也適用於你的出生，你事前在無意識層面上已十分覺知會碰到的那些情況，你選擇了它們，並且事先把它們投射進入時間的媒介裡。

不過，那些情況雖然在一種方式裡被「設定」了，但在另一種方式卻是非常具可塑性的，因此，各式各樣的可能事件能自它們流出。預知性地說，你對任何一個行為或路線之結果在無意識上都十分的覺察。當魯柏❸這張照片被拍下時，他已開始變得覺察到那些會主宰未來生活的他全盤興趣之所在，雖然其特定路線尚未被選擇。

這些興趣之中，有一些對魯柏目前的經驗提供了部分解釋。那時宗教的背景就已在了。由於他的偏好與要求，在三年級之後，他從一所公立學校轉到天主教學校❹，這件事是他母親不贊同的，母親覺得公立學校比較好，對人際關係也較有幫助。魯柏在那個年齡就相當有主見了，他強迫母親答應他換學校。他製造出如此的紛擾，大哭大鬧以至於母親不得不答應。他甚至在那時就已很頑固了。

他一直是極有想像力的，母親也是一樣。他母親有點反叛社會，與社會上「不體面」的分子在一起以炫耀她的美貌。在很久以後，魯柏也與他環境裡「不體面」的男人約會，但母親或女兒都沒有見到彼此的那個相似性。到那時，魯柏的母親要魯柏有一個可尊敬的、最好還頗富有的丈夫，而無法瞭解他為什麼選擇那些不肯隨俗的人。

魯柏選擇了一個貧窮的背景，就像他的母親一樣。母親也很聰明，但為逃避（她的環境）之故，選擇了依靠她的美貌。魯柏則試著用他的頭腦。那些資料（多年來在一連串的私人課裡）已給過了。

（「是的。」）

魯柏則以非傳統概念之更大架構來表現他的不隨流俗。在其背後，作為一個受福利部組織救濟之下的孩子，縱容自己、小小的奢侈或太不隨俗的行為，在他選擇的架構裡都是危險的——鄰居們可以向福利部打些小報告。大約那個時候（指著照片），魯柏在前廊上坐在一個成年男人的腿上，而鄰居適時的報告了這件事——意思是可能涉及了性的墮落。

魯柏的母親知道，如果她被證明在任何方面不稱母職，或無法給予孩子適當照顧的話，孩子可能會被帶走。事實上，在拍這張照片一年多以前，魯柏就被寄養在一個天主教家庭❺，在那兒，不合傳統的想法不會被容忍。他在那兒體驗到，沒有彈性的教條被謹慎地應用在日常行為上，而他在其中試著適應並且集中他深深的神祕天性（見附錄一）。

他記得母親對他的經常苛責，但卻幾乎忘了當他回家以後自己對她的咒罵之憤慨反擊。他一頭鑽進了天主教的世界裡，以非常頑固的勤奮追求它，把它作為一種傳統架構，在其中，他可以容許他的神祕天性成長。

當那天性長到超出了那架構時，他便離開了它。所有一度看來彷彿如此合法的信念於是被看做一種阻礙，而所有其缺點都變得顯而易見。當他在追隨著那架構時，沒有任何東西可以令他脫離它，而在此（輕觸照片），在這個小孩子的照片裡，那不動搖的天性、那很大的自發性已在那兒，而在尋求一個可以容許它成長，卻又能給予一種安全幻覺的結構。

那看起來沉著的孩子在某些方面其獨斷不屈並不比魯柏差。但離開了教會架構之後，魯柏就緊抓著心智來對抗他的直覺。在這照片裡的孩子確信基督的雕像移動了，然而，沒有一個架構去容納那種經驗，這成長中的孩子只好將之壓抑下來。神祕經驗變得只可透過詩或畫而被接受，在那兒被接受為具創造性的，卻沒有真實到會給他麻煩，或顛覆了那個「新的」架構。新的架構把這種迷信的無稽丟在一邊，心智被控制住了，而藝術變成神祕經驗之可被接受的轉譯，而且是那個經驗與自己之間的一個緩衝。他這種作法有點因噎廢食了。

那神祕天性走入了地下，而以科幻小說的方式重現❻。再次的，在那孩子的社會與宗教背景裡，非傳統的精神或具體行為可能帶來處罰。有一陣子，那孩子可以在教會內詮釋神祕經驗——但即使那時，他也總是與教會的權威有所衝突。

（十點十九分。）不過，若無如此熱烈追隨教會信仰之經驗，他就不會瞭解人們對此種信仰之需要，也就無法像他後來那樣的能觸及他們了。最初，他的質疑頭腦就在他開始檢查宗教信仰裡得到了鍛鍊。當他很久之後接觸到通靈經驗時，很害怕它會導致一種新的教條，而下決心不去那樣用它。

他的「保守主義」——指他與保守觀念之強烈認同——被用為一個跳板，使他由知道其他人所在之處跳進新的區域。他抵抗靈魂學教條就與抵抗教會教條一樣的猛烈。

可是，他由教會的架構跳入了另一個架構，其中，在藝術作品的掩護下，神祕主義被「二手的」體驗了。而後，〈物質宇宙即意念的建構〉❼完全震破了那個架構。

（停頓。）因為種種我已經給了的有關你們之共同關係及你（指我）自己的目的之理由，為了讓一個更新而合適的架構能自行形成，需要一些時間——在那架構裡，魯柏可以自由地在一個實際結構裡追求神祕經驗；在其中，非傳統的思想可被容許自由地延續下去。他感覺這個可以取代他藝術的架構，就如他的藝術取代了教會。在他感覺安全之前，他身體上的症狀❽的確被用為一種架構，其中至少到某種程度容許了「自發性」精神與心靈上的自由。

休息一下。

（十點三十一分，珍不太記得她講了什麼，但現在她的胃感覺到那資料在情感上的衝擊——她告訴我，那是當資料具有一種私人或「負荷著情感」的性質時，她常常會有的反應。

（我提醒她說，我希望賽斯會談到可能實相與她的舊照片之關連。

（在十點四十二分以同樣的方式繼續。）

好，你說對了，當然涉及了可能性。記得這一節的最先幾句嗎？一般整體的情況被選擇了，但關係到許多可能的路子。

（作為賽斯，珍指著她十二歲大的那張相片。）

那個孩子走了一條與這個女人（珍指著坐在搖椅裡的自己）不同的路。那種獨斷性仍占優勢。那孩子的神祕天性雖然很強，卻沒強到足以違抗教會的架構，強到足以離開或超越它所提供的象徵。那個神祕主義會被表達，卻被削減了，心智會被羈束以使它不致問太多的問題。那個孩子（照片裡的）加入了一個修女會，在那兒她學會了按照可被接受的箴言去規範神祕經驗——但無論如何，在一種至少承認其存在的生活方式裡，以相當規律的持續方式表達它。

以你們的說法，與可能性的交會發生在那孩子與一位神父面談的一天。那件事，以魯柏的說法，及它在你們的可能性之內的結果，都在他《肥沃的苗圃》（見註❹）裡提及了。這個孩子在七或八年級時寫了一首詩，表達想做修女的願望，而把它呈給了教區神父。在你們的可能性裡，那神父告訴小孩，她的母親需要她；但他直覺地看出魯柏的神祕主義不會適合教會組織。

在另一個可能性裡，魯柏在那時的願望獲勝了。他想辦法把他神祕主義的深度與廣度稀釋到足以讓它成為可接受的程度。在那個另外的可能性裡，神祕經驗並沒有潛伏一長段時間，而也完全不需要把它變成新的方式。

寫作能力被用來作為輔助。在這個世界裡，藝術的能力被放在第一位，但神祕的天性則被給予了更大的機會去擴張與發展，而兩者都被給予了去粉碎舊的歷史架構並且超越它們的機會與挑戰。

（熱切的：）在這兒魯柏選擇了寫作的架構，而堅守著它就如他一度堅守著教會一樣的毫不動搖，卻又永遠在尋找新的架構。有一陣子他把你理想化了，你的引導與力量成了他的架構。但當事情變得很明顯，你也只是個人，而非一個架構時，他變得害怕了。當你鼓勵他的神祕主義浮現與表達時，那麼，他感覺你不再能作為一個可涵蓋他的架構。到那時，他彷彿威脅到你們生活的共同結構。他直覺的知道，你也用藝術創作作為你自己與神祕表現之間的緩衝。

為了所有我給過的理由——而它們是很清楚的交代過了（在私人課裡）——魯柏很害怕不論精神或肉體上的自發性，會威脅到你們共同生活中久已接受的架構。那麼，如果他在神祕經驗裡自發的前進，以他的想法，它會威脅到他的藝術被傳統所接受。現在，那舊架構所依之建立對藝術與寫作的傳統概念不再適用了。

他感覺到，再一次的，自然經驗把他領到超過了他認為安全的架構。

（十一點五分。）他還得考慮你，按照他的想法，這個經驗不但用了他自己的時間，也會占用你繪畫的時間。而在同時，那神祕的天性為其機會雀躍，而感受到它自己的潛力。魯柏下了決心放手去做（更大聲）——同時，他也決定要保持舊的結構，而忽略在它裡面的裂縫。部分來說，他對你的忠貞以及自認為他的責任，是與使你專心作為一個畫家相連的，不讓任何事令你分心。然而，此時他就在令你分心了。

有那麼一會兒，你們共同的溝通系統搖搖欲墜。因此，他害怕放手去做。那些症狀使他在家做他的工作，而且容許他集中精神不受外界干擾；讓他繼續寫作，把神祕經驗中規中矩地轉譯成藝術。

那些症狀也被用來集中那絕妙的能量，同時，他也在思考該如何去用它。他無法接受一個新的心靈架構，當在其中還有許多問題的時候，這些問題關係到你們對事業的共同想法，以及各自對寫作與繪畫的忠誠；還有你們一般而言對自發性之個人與共同的恐懼，以及保護你們的才能不受自己的性別特質（sexual natures）及別人干擾的需要。

他無法接受一個新架構，而又不敢放下舊的。因此，那症狀變成這些衝突之身體上的具體化，而滿足了許多目的。這個孩子（在照片裡的），在她自己的可能性裡長大，並沒有遭遇到這種問題，那些挑戰也不在那兒——只是以潛伏的形式存在。

請等我們一會兒……魯柏非常需要明白你愛他，並且以你們的話說，接受他現在的樣子。他由你那兒獲取所能得到的那種作為人基本被接納的感覺，那是你以你的方式，早年從你的家庭裡得到的。

約瑟，你的質疑（見註❸）及對當今世界流行理論之深深的不信任，也強烈的為魯柏所共享，而你們共同堅持要發現新的答案，正引發了這些課以及將由它們而來的東西。

你見到他令人可喜的潛力，而他也清楚你知道。可是，作為一個情感豐富的人類，向著那個潛力摸索，他有時感覺失落，而需要安慰。如你現在所知的，去安慰他對你而言可能是滿嚇人的，因為這會使你回到繪畫裡所昇華的深沉情感上的覺悟及感受，甚至回到你也透過藝術工作接通的神祕經驗。

休息一下。

（十一點二十五分，珍由一個很深的出神狀態出來之後說：「我又有那種感覺了，你曉得，裡面空空的，就像賽斯說的話完全擊中了要害……」

（自從上次休息以後，賽斯說的話我只刪掉了二句非常個人的資料。顯然，珍和我的確選擇了去面對十一年前她的心靈能力出現所帶來的挑戰。那些「新的」能力提供了如此明顯的可能的創造性，就我們的本性而言，非這麼做不可；在我們的懷疑與質疑之下，直覺地感覺到我們的決定是正確的，我發現我能以某種方式做心靈上的貢獻，而非只是記錄這些課。而透過通靈的方法或任何其他方式，至少能讓有些我們最深的願望及動機被帶到如此清楚的意識上的覺察，這比我們以前所認為可能的要多得多了。我們發現這種資料在較大的社會範圍裡特別有價值，除了這些以外，我也很渴望得到有關繪畫哲學及技巧的任何可得的知識。

（我希望賽斯所給關於我自己家庭的資料會激發其他人的洞見。在十一點三十七分繼續。）

讓我們暫且短短的談一下這個。

（賽斯─珍拿起了我的照片，那是在我快兩歲時照的❾。）

那個孩子享受著很棒的活力與安全的感覺。你的家庭關係一直是很好的，你大半被愛與肯定環繞著。你的雙親很年輕，你母親那時已生下兩個漂亮的男孩；而她以自己的方式，而且在自己的架構裡，也是個完美主義者──你父親從來沒瞭解她這點。

表面上，這家庭是非常傳統的，但在其下卻極難處理。這家中存在著一些教條，比如說，母親被期待養出完美的孩子，而且她，至少表面上，應屈從於男人。

於是，你的母親覺得，在這婚姻裡，每個人都扮演了適當的角色，因為在她眼中，你父親有遠大的前程，而她則給了他兩個兒子。到了後來，她才覺得他沒有做到他該做到的那部分，而你開始感覺到不安全了。她曾強迫自己把她所有了不起的情感力量集中在他倆所瞭解的婚姻架構裡；但你的父親不肯把他自己的能力貫注在文化與經濟結構裡，如在那心照不宣的合同裡他曾同意去做的。

她曾強迫自己以傳統的方式局限自己的世界──但照她的想法，他拒絕把他的精力用在他們兩人都已接受的社會與財務結構裡。

幾年之後，你開始感覺魯柏曾感覺到的：創造力有其自己的危險性，它會引你到被接受的社會結構之外，而一定得被限制在正常的家庭生活之外。

（撿起我的照片：）你弟弟林登不在這張照片上，但卻相當活躍。你堅持要用你的能力，而多年來試著把它們用於商業的模式，在那兒，那些能力在金錢、社會以及你的自我形象上都可被接受，最後，你「長出」了那個結構❿之外。當你那樣做時，你做了一個人工的分野，那就是好的藝術品不會賣錢——但雖然如此，你還是去畫。

就某種意義而言，你會使你的創造力成為實在的，而林登則否，他會把它安全的保持在一個「遊戲」結構之內——並不必然是一般所謂的遊戲，而卻是他可以在其中靈巧製造模型的結構。他從不把創造能力用在一個實際的世界裡，因此，在那個遊戲範圍內，它們可以安全的在實際世界外面。

他所擁有的那些能力本來可以被用在如他所瞭解的社會裡，但卻被如此的處理了。在這樣子的一種結局裡，分裂產生了，因此那些能力被分散了，有些被導入學校，有些被導入繪圖，而其他的則被導入了他的模型。那些創造屬性被分開了，因此它們能被安全的處理，卻又能得到某程度的表達，而沒被完全否認。

你自己的個性則是比較直接的，意思是你維持著一個更切身的焦點。不過，在拍那張照片的時候，你父母正開始發現他們的問題了。你出生的第一年，是一個當你父母都充滿了期待的時候。林登感受到那個缺憾。他是有安全感的，卻從沒有你那麼安全，因為那時你父母之間的分歧正開始顯現了出來。

林登現在用文字作為一個容納創造力與溝通的架構，而非直接去表達他的創造力。你在這兒（在照片裡）是一個比較會四處漫遊的孩子，因為你在身體上感覺比較安全。林登在那方面來說，遠不如你的富於冒險性。

（就我個人對賽斯談照片資料的詮釋，珍的照片是關於一個會變成我所知的珍之可能自己的人，而我的則差不多可說是一個一直活在這個實相裡的我之早年版本……）

註釋

❶賽斯告訴我們，所有的行動本質上最初都是精神性的，簡而言之，可能的實相流自我們可能看見，卻選擇不去具體實現的眾多行為——或事件。但我們任何的舉動一旦被想到就一直十分有效，而且被可能的自己在其他實相裡把它所有的變化都實現出來了。至少在有些世界之間可能有溝通，珍在試圖接觸她的幾個可能自己時略有斬獲，而計畫將那些實驗及其他希望做的實驗寫下來。賽斯在《靈魂永生》第十六章談可能的系統資料中說：「靈魂可以被形容為一個多次元的、無限的行為，每一個微不足道的可能性都在某處被帶進了確實性與存在；一個無限的行為，為它自己創造了無限的次元，在其中可能達到一種完成。」然後參見《靈界的訊息》第十五章：可能的自己與可能的實相系統。

❷的確，在我們發覺賽斯已經開始講新書之前，珍本來是有幾節要舉行——參見第一部的六八三節。半年多以前賽斯就已經完成《個人實相的本質》了，那之後我暫時不進行正規課，但還是忙得不得了。我母親死於一九七三年十一月，我們好幾個月以來就知道她不久於人世，因此都以這個不可避免的事件為中心來安排我們的事情。我花了幾個星期的時間為出版社準備《個人實相的本質》最後的手稿；珍有空就上她ESP班的課，寫她的兩本書——《意識的探險》和《靈魂與不朽的自己在時間當中的對話》。她也為我們兩人就各種

各樣的主題舉行過很多次私人課。最後我們從其中一節抽出一部分，就是第六七八節，把它加到我們的紀錄裡，因為珍在我的要求下接收的那份資料，主題是可能性與耶路撒冷。我們希望有一天可以出版它。

❸賽斯幾乎總是以珍男性本體的名字「魯柏」來稱呼她，因此稱珍為「他」。

綜合賽斯在一九六四年一月二日第十二節裡有點滑稽的評論如下：「姑且不論所有你們的肉欲故事，性是一個心靈現象，只不過是你們稱為男性及女性的某些特質。不過，那些特質是真實的，而且瀰漫於其他層面，就像瀰漫了你們自己的層面一樣，它們是相反卻又互補，而且合而為一的。如我以前說過的，整個的存在體（或全我）既非男又非女，而我卻又稱某些存在體顯然是男性的名字，如魯柏及約瑟，我的意思只是說，在整個元素裡，那個存在比較認同所謂男性的特徵而非女性的特徵。」

❹珍正在把她一生眾多而常是混亂的細節寫在她的自傳《肥沃的苗圃》（*From This Rich Bed*）裡。除了其他的書之外，這個計畫她也已經進行一段時間了，而且有可能發展成不只一卷。

以下是《肥沃的苗圃》非常簡化之大綱：珍是德爾墨・羅伯茲與瑪麗・柏多的獨生女，當她的父母在一九三一年離婚時，她是兩歲大。於是年輕的瑪麗帶著珍回到她父母家，住在紐約州撒拉托加溫泉市的一個貧窮社區租來的一間屋子裡。那時，瑪麗開始得到早期的風濕性關節炎，但仍盡可能的找工作做。終於，珍的外祖父約瑟夫・柏多——珍與他享有一種很深的神祕認同——無法再多養兩個人，因此這個家就必須仰賴公家的救濟了。珍的外祖母在一九三六年死於車禍，次年她的外祖父搬出了那間房子，到那時，瑪麗已行走不便了，因此福利部開始提供母女倆偶爾的幫傭。所以，當珍在三年級結束之後換學校時，她是九歲。

當珍和我在《未知的實相》裡提供個人資料時，我們總是心懷著好幾個目的。我們不只想給與課本身有關的背景資料，而且也想對隱在親近的長期關係之下非常複雜的情感與身體因素提供一瞥。我們認為賽斯對我們情況的評論能更有助於讀者瞭解他自己的信念、動機與願望。

❺參見第一部開頭有關珍和這些照片的註釋。

❻經過好一陣子，珍的神祕本質才在文章中現身。我們結婚兩年之後，她出版了第一個小說作品，談轉世的短篇小說，標題是〈紅馬車〉（*The Red Wagon*）：刊登在一九五六年十二月的《幻想與科幻小說雜誌》（*The Magazine of Fantasy and Science Fiction*）。當時她二十七歲，很開心自己的專業生涯展開了。接下來幾年內，她又賣了很多篇故事給同一本雜誌，另外還有兩本短篇小說，也在其他市場出版了詩集和一點小說。

珍把這些作品全部當作是「幻想」而不是「純粹的」科幻小說。她的小說主題更是她早期大部分詩作的延伸，包含導致她與教會決裂的同一種思維。她在意識上並沒有暗示十年內她會發展出賽斯資料。「我的心智就是那樣運作，」珍談到自己的文章：「我關心那些主題，所以我才動筆寫。」

我記得自己對〈紅馬車〉的主題有一點驚訝，因為在此處寫說，她對轉世的理論很感興趣，但我們很少談及，其實並不自相矛盾。〈紅馬車〉收錄在紐約Lothrop, Lee & Shepard公司出版的《幻想的女士／兩百年來女性創作的驚悚故事》（*Ladies of Fantasy/Two Centuries of Sinister Stories*）合集。

❼一九六三年九月九日珍在寫詩的時候，第一次有意識地認出通靈經驗。那一次規模很大，持續至少兩小時，她潛入其中而發現的新觀念像「連珠炮」襲來，讓她大吃一驚。當時有一部分時間，她的意識離開了她的身體，而且在那時候，她透過自動書寫製作了一份手稿，標題是〈物質宇宙即意念的建構〉（*The Physical*

Universal As Idea Construction）。後來賽斯告訴我們，珍的意識轉變意味著，他首度試圖和她建立「正式的」連繫，但是當時她對此事一無所知。

不過，〈物質宇宙即意念的建構〉的確具有通靈誘因的作用，珍因此有了《實習神明手冊》的大綱（參見本書賽斯序的註❷），然後兩個月後賽斯課也開始舉行了。「在那一夜所產生的能量足以改變我和我丈夫一生的方向，」她在《靈界的訊息》第一章寫道。在那一章，她稍稍詳細檢視這個經驗，並附上〈物質宇宙即意念的建構〉本身的摘錄。在《靈魂永生》一書，那份原稿的進一步資料，參見她的自序以及附錄的第五九六節。

珍每次讀〈物質宇宙即意念的建構〉還是為之著迷，雖然這份手稿從未出版，但是她覺得自己之後的每一部作品和它都有直接的關聯。

❽身為賽斯，珍在《個人實相的本質》第十一章第六四五節裡給了幾頁談她身體症狀的絕佳資料。

我們花了幾年工夫才瞭解，在珍的症狀背後，隱藏著她想瞭解並且表達她自兒時起便感覺到的，在她之內那非常強的創造性能量之努力。然而，在她寫作的自己與她神祕的自己之間的衝突——如賽斯在《個人實相的本質》裡所解釋的——只是她想要表達創造力的直覺衝動的一面而已：當珍成熟時，她領會到還有其他必須應付的挑戰。其中就包含了某些舊的家庭關係之解決——而我說的還並不包括過去式或可能的自己之人生，而只是根植於現在這物質實相的重大問題之解決。關於珍的症狀與有關的事，我們已累積了許多未出版的資料。它的大部分常常也適用於其他人，而終究有一天她會寫一本有關這整個主題的書。同時，珍在處理她個人的挑戰上已有長足的進步；現在她的工作主要包含了，溶解掉她放在如何運用自己偉大能量周遭那套保護性、象徵性的身體信念。

❾我在這一節開頭描述過那張我小時候的照片。我的父母生了三個兒子，我在一九一九年六月二十日出生，我大弟林登生在十三個月之後，而小弟李察比我小九歲（以上兩個名字都不是真名）。雖然我們三兄弟的天性與興趣相當的不同，但我們小時候卻處得很好。我們都在塞爾——賓州東北部的一個鐵道城——念小學和高中。一九二三年我父親在那兒成家，開了間汽車修護店，當林登和我自高中畢業離開塞爾，而各自半工半讀地念大學及藝術學校時，這個家就開始分散了。然後三兄弟都服了相當長的兵役，過了許久我才瞭解，我們的離家對父母的影響有多深。

賽斯有時討論到柏茲家庭的成員，包括某些他們轉世的樣貌。可是，在開始《未知的實相》六個月之前，他說了幾句我從此一直將之運用在我們物質實相生活上的話：「每個人選擇他的父母，接受了就環境與遺傳而言的一堆特性、心態與能力，以供他在未來的人生中提取。永遠都有理由，而因此，每個父母對每個小孩代表了一個無法言喻的象徵，而常常，父母雙方會代表了顯著的對比與不同的可能性，因此，那孩子可以比較與對比不同的實相……你的兩個弟弟也選擇了那家庭的情況，你父母對他們而言代表了相反且具個人性的象徵，因此，他們看你父母的角度與你不同。不要和你兄弟失去了聯絡……」

由此類推，我父母也在他們的每個小孩身上看到了自己的創造或版本。

❿我在一九五三年放棄從事商業藝術的承諾，當時我是三十四歲。我想這麼做的直覺欲望已經慢慢成長好幾年了。當我搬到紐約撒拉托加溫泉市附近一個小社區（珍住的地方），暫時去幫一個畫家兼作家製作一套syndicated連環「漫畫」時，我最後終於意識到也**慎重採取**這個分開的行動。這是我最後一次接商業工作，之

後很久都不接，最後我終於了解自己就是對畫畫最有興趣，其他什麼都比不上。因為我相信我們每個人都準確無誤地創造自己的實相，所以在這下決心的時候，我朋友介紹珍和我認識，根本談不上是巧合，因為她剛好和我立志畫畫一樣，以寫作為職志。

第六八〇節 一九七四年二月六日 星期三 晚上九點二十一分

可能的自己在日常生活如何運作

（在上一節，賽斯開始討論珍和我個別的照片〔在十二歲和兩歲拍的〕，與他對可能的自己這件事的觀念。因為我們想要賽斯今晚繼續講同樣的資料，所以在等他過來的時候，我們又看了一遍相片。然後，沒有先問候就開始了：）

現在：當我談到可能的自己時，當然我說的並不是人格結構的某些象徵部分或用可能性這個概念來作為比喻。

意識是由能量組成的，因此，能量所暗示的一切也都包含在意識裡。那麼，心靈可以被想作高度充電的能量「粒子」之聚合物，遵循著某些法則與屬性，而其中有許多是你們根本不知道的。在其他層面上，動力學的律則可適用於「自己」的能量源頭。將一個「自己」想作一個意識之能量完形核心。那個核心按照其強度將會吸引本體所能有的整個能量模式之某些團塊。

以那種說法，那個本體在誕生時是由各種這樣的「自己」組成的，連帶著它們的核心，而具體人格有完全的自由從那庫存裡汲取。魯柏的神祕天性是那整個本體的一個如此強大的部分，以至於在他現在的實相裡，以及在所選擇的可能實相裡——如我討論這照片時提到的——那神祕的衝動與表現被給予了展現的機會。當一個心靈組合強化到某一個點時，與可能實相之交會就發生了，因此，作為一個「自己」的成就達成了。

在那整個本體之內也許有——好比說，好幾個初萌芽的「自己」，而圍繞著其核心可以形成具體的人格。在許多例子裡，一個主要人格被形成了，而那些初萌芽的自己被吸進它裡面，因此，它們的能力與興趣變成從屬的或大半保持為潛在的。它們是「痕跡自己」（trace selves）。

不過，在許多場合，這種潛在的自己會與「主要人格」一樣的高度充電。既然，就身體上來說，必須要維持某種人格的結構，所以就造出了「痕跡自己」。因此，當這種情形發生時，其他充電的自己之一或二個會真的跳離你們所知的時空結構。

從你們的觀點來看，這些能量的分支變得不真實了，可是，它們的存在就跟你的存在一樣的確定。就能量而言，這種自己的增殖是一個自然原則。（對我：）你的「運動員自己」（見附錄二）從沒有被賦予像你畫畫或寫作的自己同樣的那種力量，他變成從屬的，卻在那兒以備汲取，透過你的運動而得到快樂，而把他的活力加給了你「主要」的人格。

若是他透過你的環境、情況或你自己的意圖被給予額外力量的話，那麼，若非你的藝術家自己會變成從屬或補充性質，就是，如果「能量自己」具有差不多同等強度的話，那麼他們之一就會成了一個分支，被他自己想完成的需要推進一個可能實相裡去了。你懂了嗎？

（「是的。」）

（九點四十四分。）請等我們一會兒……你的父母根本沒有共享同樣的實相，然而，這並不像你也許會以為的那麼不尋常。在一個位於他們各自實相之間的地方，他們相遇，並且產生互動。並不是他們不同意彼此對事件的詮釋，而是事件本身就是不同的。

就能量而言，「意圖」有穩定的力量，再說一次，自己有一個中心，而這個中心扮演著核心的角色。這核心可以改變，但它將永遠是肉體存在向外輻射的那個中心。具體來說，意圖或目的形成了那個中心，不管就能量而言它的實相如何。

在這個實相裡，你的家庭生活當中，你父母的行為對彼此而言是不透明且看不懂的。有很強的能量換檔，因此，兩個人並沒有直接相遇。請等我們一會兒……它們有些相當難解釋。以某種方式來說，他們是沒有聚焦的，然而，每個都有很強的能力，但卻分散了。這是有理由的。

在他們自己之內包含著強烈卻模糊的才能，那被孩子們用來作為能量的泉源。等一會兒……就他們共同的實相而言，他們的相聚完全是為了使這個家庭誕生，而沒有其他主要的理由。那麼。他們播種了一代❶。

你母親喜愛物質實相，雖然她抱怨很多，卻在世界最微小的面貌裡得到最大的快樂。你的父親也愛物質實相，卻從不信任它。這次，以你們的說法，你父母最強的實相是在一個可能的實相系統裡——而這兒（在這個實相），他們是分支。對他們而言，這個系統永遠好像很奇怪似的❷。

在另外一個實相系統裡，你父親曾是——事實上仍舊是——有名的發明家。他從未結婚，把他的機械創造才能發揮到極致，同時，卻逃避情感上的承諾。他遇見史黛拉（我母親），而兩人準備結婚——就年代而言，歷史性的說，那是發生在同樣的年代。那麼，在你父親如你所認為的過去，他一度遇見了史黛拉，卻終究沒有娶她。他的愛是對機器、摩托車的速度，把那個創造力和金屬混合起來。在那個交叉點，在他之內相等的欲望及意圖變得像兩個雙胞核心。發生了能量之全盤重組——心理與心靈內爆了（implosions），因此，兩個同樣有效的人格在一個世界裡變得覺察了，其中，在一個時間裡只能有一個活著。

顯然，那創造性的、有機械發明才能的人格開始超過了另一個。所以，你所知的父親是那可能的自己。不過，那可能的自己在處理另一個避開的情感實相，而這的確是他唯一的意圖。

（在十點七分暫停。）這並不表示這樣一個人格基本上是狹隘的，或他不在四周收集一些新的興趣及挑戰。因為他本身是活動的，甚至有另一個自己的許多特性，雖然，這些自然是潛在的。但藉由生養小孩，你的父親帶來了具有實相而活生生的情感存在——他的兒子們——之誕生❸。

在他說來，這是偉大的成就，因為那發明家不夠信任自己去感覺太多的情感，更別說生出情感性的生靈了。在那個你父母最初相遇的另一個可能性裡，你母親嫁給了一位醫生，變成護士而幫助她丈夫行醫。在一個女人要經過相當的努力才能站出來的時代——再一次，在你們的歷史脈絡裡——她變成了一位獨立的婦人。

她生了一個兒子，然後故意接受了子宮切除術。她嚴格教育自己，進入社交圈子，而藏起她自己未受教養、天真的另一面。舉例來說，在那一生裡，她顯然不會在她的頭髮上繫紅色的蝴蝶結。雖然她很成功，但所有這些被控制住的能量令她心裡多少有點苦。她死在五十九歲時——你聽懂了嗎？

（「是的。」）

不過，她的能量是那麼強烈，以至於溢出到這個系統中和你父親在一起的你母親身上。有一天，我會就能量模式的說法試著把這點解釋得更清楚。不過，從歷史的角度說，許多可能性同時存在。當你的母親在一個可能系統裡五十幾歲死去時，在這個系統的你母親是那回去的能量之接受者。

你父親之最大活力是在那發明家的實相裡，因此，以你們的話來說，你這個父親就吃虧了。這並不是說每個人格——不論在那個可能性——沒被賦予自由意志及其他等等。在不論那個系統裡，每一個都是由一個源頭完形能量生出而發展的。

所以，當你的照片被拍下時，你父母已經是活在一個可能的實相裡，但你及林登則否。現在，休息一下。

（十點二十五分，珍的出神狀態非常好。她說，當她沉浸於其中時，認為這資料「簡直複雜透了……像是『在所有這些裡面，你在那裡——你的靈魂在那裡？』」

（快快算了一下，結果顯示，我母親的五〇年代包含了一九四二年到五一年。從我現在的觀點看來，我完全不知道那十年間一個可能的自己死亡而產生的任何能量的匯集，她的體驗是有意識還是無意識。一方面是因為，在那些日子裡，柏茲夫婦並不是這樣想的，另一方面則是，那段時間我人大部分都不在塞爾的家。比方說一九四七年，我母親五十五歲，我二十八歲，住在紐約市，五年後我才認識珍。就算史黛拉還活著，我想也很難去問她一件大約四分之一世紀以前發生的事件。

（我跟珍說，如果我母親在她五十幾歲時收到了任何額外能量的話，她也許會透過我們社會的習俗來表現其利益，也就是說，以**改變**而非可能性的說法，說：「當我做了那個決定時，我的人生從此就變得更好了。」我又說，也許，對我們現在而言，重要的是把賽斯有關更大的自己或全我的概念記在心裡，去觀察我們正在綻放的生命，而因此獲致可以用可能的說法來詮釋的洞見。因此，我們決定不請賽斯回頭給出我母親之可能自己在**她的**實相裡的兒子資料，即使那個兒子是我的一個可能自己。

（當我們在聊的時候，珍決定回到出神狀態；她自己正得到有關那資料如此多的「滲漏」，以至於她在意識上開始覺得混亂了起來。但她說，如果她有時間去傳述的話，賽斯已準備好所有的資料了。在十點四十五分繼續。）

現在，基本上，自己沒有局限，而自己的所有部分全是相連的——因此，可能的自己們是無意識地覺察到他們的關係。

因為沒有系統是封閉的❹，所以在它們之間有能量之交流與互動。這裡面有些是極難訴諸語言的，因為「結構」這個字本身不僅是系列式的，並且是粒子性的。

（暫停。）舉例來說，你們把存在想作粒子，而非想作有覺性及警覺的能量波，或想作模式。（停了一分鐘。）舉例來說，想一下魯柏在《意識的探險》❺裡的生活環境。想像在十三歲時，三個強大的能量中心來到了那人格的表面——高度充電的。因此，一個人無法充分地滿足他面對的那些欲望或能力。因此，你可能在十三歲時有一個三方面的分裂。在四十歲時，這三個自己的每一個可能認識到十三歲為一個轉捩點，而奇怪如果他們選擇了其他路子，可能會發生什麼事。

這些全都不是預先決定的。一個分支的可能自己，也許在好比說十三歲時離開了你的實相，但為了種種理由，可以在三十歲時與你再交會——而對你而言，可能突然改變了職業，或變得覺察到一個你以為已忘掉了的才能，而發現你自己驚人地輕而易舉在發展它。

（再對我說：）你的出生（在一九一九年）與另一個實相裡你母親孩子的出生同時發生，因此，她對你有強烈的感情。你及么弟李察的出生對她而言是非常興奮的——你的是因為剛才給的理由，而你么弟的則因為它代表了另一個實相裡你母親的子宮切除時間。在這個實相裡，李察的誕生代表了你父親與情感實相打交道的最後嘗試。你父母雙方都把他們天性最強烈的情感特質灌輸給第三個兒子。你的母親過了一般人的生育年齡之後（那時她三十六歲）才懷了他，這種大膽幾乎是針對那（可能的）子宮切除術的反應。在這個世界裡，她可以也會有另一個孩子。

林登是這婚姻唯一「自然的」孩子。注意你如何詮釋這一點，但他是最沒被另一個實相影響的孩子。不過，因為那個理由，加上你父母的個性，在心靈上就沒有給他同等的注意力，而他也感受到那個缺憾。

（十一點二分。）請等我們一會兒……我告訴過你們，在一個可能性裡，魯柏是個修女，在一個極度紀律化的脈絡裡表達神祕主義，那神祕主義必須被監視，才不至於失控。這兒有一個資料及經驗之無意識流動，因此，這成了在一些通靈事件上魯柏謹慎以及害怕把人領入歧途的理由之一。有三個分支：一是那修女，她的神祕主義被傳統地表達了，卻是在謹慎的環境下；一是作家，她用藝術來遮掩神祕經驗；還有一個你所知的魯柏，直接體驗神祕經驗，也教別人這樣做，而且藉由寫作形成了兩面之聯姻。那麼，你已知道這些自己之中的兩個，而魯柏在與〈物質宇宙即意念的建構〉一同誕生時，你也在場。

請等我們一會兒……約瑟的誕生是發生在約克海灘的跳舞事件❻時，因此，在你自己的經驗裡，你的例子是發生在成人生活裡的。當然，我無法在一個晚上告訴你所有的事。在我對魯柏說這些話之前，再給你幾瞥好了。運動員很能賺錢，因此，為這個及其他的理由，你先前轉向了商業藝術——那是個藝術才能會得到好代價的職業。

還有其他似乎瑣碎卻中肯的關連。你喜歡畫室外場景的漫畫：運動中的動物、表演中的身體。就如觀眾在看一個運動員的表演，因此，那些看漫畫的人觀看你的演員在書頁間表演動作。全是隱藏的模式，然而每個都有意義，我將會談約瑟的出生，不過，現在給魯柏幾句話。

（十一點十五分。在給了珍兩頁的資料之後，賽斯在十一點三十三分結束此節。）

註釋

❶參見上一節的註❾。

❷我想我小時候常常感覺到，我父母對這個實相的陌生之感，但是不太能夠用那些字眼表達。或許我在此處是從賽斯資料的角度，重新解讀舊的記憶。然而，在意識上，當時我對可能實相或信念的威力一無所知；我只是敏銳地覺察到我父母之間無止無盡的意見不合，以及我對他們這種行為的原因感到不解但尚未成形的問題；同時我也看到他們的掙扎，想要活得和我認識的人一樣。我想在成長過程中，我也都沒有跟我的弟弟們討論過自己的困惑。有幾次賽斯對於牽涉到的我父母的那種翻騰的關係，提出非常直率、非常具有洞察力的詮釋。那份資料太長、太複雜了，所以不在此摘錄，但我希望以後找個時間另外處理。

我確實知道現在我對父母的悲憫之情比他們在世時還要深。重新敘述我一個弟弟最近說的一句話，那就是，我現在想念他們的方式是我在他們過世前想都沒想到的。他們兩位都死於八十一歲，我父親是一九七一年，我母親是一九七三年。我為我放在珍的《靈魂與必朽的自己在時間當中的對話》書中的墨水筆插畫之一，畫了一幅我父親的肖像，也在另一張畫了我母親的模樣。參見那本書的第八十九頁和第一三七頁。

❸在這一生處理情感實相的同時，我父親也發揮了非常可觀的機械能力。根據賽斯的觀念，這些能力代表來自他可能的「發明者」實相的滲透。

柏茲家的家庭相簿收了很多我父親年輕時的照片，其中很多張是他藉定時器之助自己拍的。他在一九一七年和我母親結婚之前的那些年，與各式各樣的汽車和機車合照，結婚之後也是。有時候他自己組裝交通工具，或用他自己的方式改裝。一九二二年，他帶著太太和小孩（我三歲，林登還不到兩歲），展開從東岸到加州為時半年的旅程。當我們的休旅車後面的一根車軸在蒙大拿州一條偏僻的泥土路上故障時，他就在鐵匠行打造了一個替代品。回到東岸賓州的塞爾，他開了一間汽車修理兼賣電池的店（一樣參見第六七九節的註

❾）。林登和我小時候上學那些年，都在我們父親的店裡兼差「工作」，所以有很多機會看他做事。我覺得他那精確的機械能力反映在林登那非常逼真的模型上，也轉印在我用來扎實地「建構」我的畫，以及用來幫賽斯資料做記錄的方法上。

❹賽斯自這些課剛開始時（在一九六三年底）就堅持沒有封閉的系統——而在這樣做時，給了我們他自己至少能旅遊過它們其中一些的線索。

由一九六四年一月二日第十二節：「我比你們有更多可資運用的感官，因為我不只覺察到自己的層面（或實相），也還覺察到你們及其他的平行層面，雖然，我自己並沒有在有些其他的那些層面裡存在過……」以及：「雖然我比你們對這些事有更大的瞭解，但還是有某些環境是無法由我的視角看到的。我明白在我能看那些其他層面之前，必須發生的改變將發生在我之內，而非在那些層面之內。」

由一月六日第十三節：「如果我以比喻及意象來說話，那是因為我必須與你們熟悉的世界發生關連。」

由一月八日第十四節：「在你們層面上的每樣東西，都是某些獨立存在於你們層面之外的東西之具體化。」

由一月十三日第十五節：「想像力能容許你們進入這些層面……假裝你不但瞭解貓的時間觀念到某個程度，並且還能透過那貓（威立）去體驗牠的時間感，如此做時，你不會以任何方式干擾、抑制或激怒那貓。牠也不會覺察到你的存在，而這不能被當作任何一種侵犯。

「再進一步想像，純粹作為一個觀者，你實際地由內部體驗到這樣一件毛茸茸的外衣及所有其他貓的構造之感覺。這個可以大略代表我旅行到其他層面的一個比喻。由此推斷，我無法旅遊到比自己『更高』的環境，在那兒，更銳利的感官會即刻知覺到我……在許多層面上，我們完全可被那個層面上的人看見。對某些層面而言，我們是不可見的；而對我們而言，有些層面是不可見的。

「如我前面說過的，感官按照具體化的層面而改變。如果你說的是我現在的形象，我可以是許多形象。那是說，在限度之內，我可以改變我的形象，但如此做時，我並非實際改變了我的形狀，而比較是選擇變成某個東西的一部分。

「如果你想知道的話，我初期的形象是一個人的形象，但它不是以與你們同樣的方式具體化的，我可以選擇隨時把它非具體化。不過，以你們的話來說，它根本不是物質的，因此，這裡我想我們會撞上（你們瞭解的）牆了……」

見《靈界的訊息》第三章所引之第十二節。

在《靈界的訊息》第三章珍更大篇幅地引用第十二節的賽斯資料，參閱賽斯談及立方體（實相）之中有立方體的類比。

❺珍此時正在進行她自己談心靈事物的理論作品《意識的探險》的最後定稿。她在一九七一年七月開始寫，而且在進行其他寫作案的同時，繼續處理這本書。《靈魂永生》第二十一章第一次提到它；見第五八七節。在《意識的探險》的字彙表，珍給「生活領域」下的定義是，「我們的生命從出生到死亡的『路徑』」。稍後加的註：《意識的探險》於一九七五年九月由Prentice-Hall出版。我為它做了十六幅簡略的鋼筆畫，其中有很多包含了珍的「生活領域」象徵。

❻珍在《靈界的訊息》第二章報導我們在約克海灘的「跳舞事件」，也引用稍後幾節賽斯就這件事給我們的資料。這個令人不解的事件，發生在一九六三年八月，珍開始為賽斯代言的幾個月前，我們去緬因州約克海灘

度假期間。當時我們幾乎完全不了解發生的事，然而這個事件代表的是，我們的心靈教育一開始的一個關鍵插曲，因為在一間人擠人、煙霧瀰漫的旅館酒吧裡，珍和我不自覺地創造了我們自己的實質「人格片段體」，然後與它們面對面。在一九六三年十二月十八日的第九節，賽斯說明了我們的遭遇，並且稱我們的創造物為「我們自己的片段體，即被扔出來的你們自己負面、侵略性感覺的具體化」。（當然，賽斯告訴我們越多人類創造這種形象的能力，我們的問題就越多！）也是在第九節，賽斯第一次使用他自創的「可能的自己」這個詞。

我可以補充說，如果約克海灘的冒險對我們而言是心靈即將發展的一個顯著徵兆（即使我們剛開始不太能解讀），那麼珍在一個月後接收到她的文稿〈物質宇宙即意念的建構〉就是另一個徵兆。而且那個經驗包含顯而易見的心靈元素。見上一節註❼。

第六八一節　一九七四年二月十一日　星期一　晚上九點二十八分

你的可能的自己們如何交會．不可預知性是所有事件的源頭

（我們從九點十分起就開始坐等上課，珍在九點二十五分說：「我只是等著，可以感覺賽斯就在身邊，先前我就在得到一些東西，但我只是等著，直到它被完全準備好。我可以感覺觀念在腦子裡，但它們還沒清晰，還沒到它們應該是的樣子。看起來賽斯要解釋它們還滿困難的呢！」）

現在：晚安——

（賽斯晚安。）

——魯柏說得不錯，所以，請等我們一會兒……

我將要解釋的東西的確很困難，我故意地還沒把它放在任何書裡，只因為在這些概念有任何被接受的機會之前，得先去除某些信念。

以你們的話來說，其實，並不是我想保留什麼，而是，以下所說的，必須依賴對先前所說觀念的瞭解。我們必須幫助那些還在擔心靈魂、神與魔的人們，去與比他們自己架構更大的實相建立瞭解，並且可能的話，溫和引領他們離開自己的架構。我曾經以這樣一種方式來談可能性，使得其他替代的實相展露出來，讓這些人知道選擇是可能的。

不過，更深的解釋則要求對意識概念更進一步的擴展，還得某種程度地重新調整方向。極端重要的是，你們心裡要記住自由意志的重要性，以及如你們所認為自己身分的在場。有了這個開場白，那就讓我繼續吧！

附帶一句，這並不是魯柏詞彙的問題，因為即使是一個專業科學家，也只會以其扭曲的方式提出這些概念。就你們熟悉的語言而言，它其實是個基本的、語言本身的問題。舉例來說，對我想傳達的一些概念根本沒有適當的語句存在。無論如何，我們開始吧！

所有可能的世界現在就存在，任何一個實相裡，那最微細方面之所有可能的變奏現在就存在。你經常不斷地在可能性裡穿出穿入，一邊走一邊東挑西揀。你身體裡面的細胞也在做同樣的事。

（緩慢的：）我過去曾告訴你們，有「活動」的脈動，在其中，你一明一暗的閃爍——這適用於即使是原子或次原子的粒子❶。你只把是「你的」信號的那個活動——現在就在場的那個——指認為真實的。「你」並不覺察到其他的活動。當人們以一個自己的觀點來想，當然只與一個身體認同。你們知道身體的細胞結構不斷改變，不過，在任何一個特定時刻的身體，是由那豐富可能性活動之庫藏裡形成的能量之大塊聚合物。身體並不像平常所想的那麼穩定。在更深的生物層面上，細胞橫跨種種可能性，而觸發反應。意識騎在剛才提及的脈動之上及之內，而形成自己身分的組織。可是，每個可能性——只有由另一個可能性的觀點或與其關係上，它才是可能的——都是不可侵犯的，因為它是不可被毀滅的。一旦形成了，那模式將追隨它自己的天性。

（在九點五十分停了一分鐘，頭低著，眼睛閉著。）就像細胞長成器官一樣，意識的組織也會「長」。那麼，一群可能的自己的確會形成它們的本體結構，而這個結構對所參與之可能的自己是頗為覺察的。在你們的實相裡，經驗是依賴時間的，但並非所有經驗都是如此被結構的，舉例來說，有些平行的時間也很容易被跟隨，就像你跟隨有順序的事件一樣。

可能性結構處理在所有層面上的平行經驗。你的意識挑來選去，而只接受某種全盤的目的、欲望或意圖之結果或分支為真實的。你透過一個時間架構追隨這些。你的焦點容許你對其他也同樣合理的經驗變得看不見或沒能感覺到。

以同樣的方式，你執著於個人生物上的歷史，也只執著於整體的地球歷史。所有其他的一直在你周圍繼續著，而其他你的可能的自己們經驗著與你歷史平行的其「歷史」，就感官資料的實際說法而言，那些世界並不相遇，然而，以更深的說法來說，它們是重合的。可能對你及魯柏發生的任何無窮無盡事件之任何一個都發生了，只不過你們注意力的長度根本不包括此種活動罷了。

（十點。）這種無盡的創造力看起來可以是如此地令你目眩神迷，以至於個人會像是失落在其中❷，但意識在所有層面形成自己的組織及心靈上的互動。任何意識都自動試圖在所有可能的方向表達它自己，而且的確也這麼做了。如此做時，它會經由自己的存在體驗到**「一切萬有」**，這當然是經過自己那熟悉的實相詮釋過的。你長出可能的自己，就像一朵花長出花瓣一樣。不過，每個可能的自己將會在其自己的實相裡走到底——那就是說，它會去經驗天生具有的那些幅度到最完全的地步。以你們的話來說，你們挑選出一個出生及一個死亡。

（對我：）可是，在你認為的這一生裡，作為一個年輕的男孩，你死於一次手術裡了；你又在戰爭中陣亡了，那是在你當飛行員的時候——但那些並非你正式的死亡，所以你並沒認出它們❸。

科學喜歡認為它處理的是可預測的行動。不過，它知覺如此小量的資料，而且在如此狹窄的範圍裡，以至於任何分子、原子或波之偉大的內在不可預測性就不明顯了。科學家只覺知到那些出現在你們系統之內的現象，而那個常常看起來是可預測的。

請等我們一會兒……真正的秩序與組織——即使是有關生物結構——只能藉由承認一個基本的不可預測性才能被達成。我知道這聽起來非常的令人震驚。不過，基本上，任何的波或粒子或存在體的動作都是不可預測的——無拘無束，而且未決定的。你的人生結構是那不可預測性的一個結果，你們的心理結構也一樣。可是，因為你看到的是相當一致的畫面，在其中，某些定律好像適用，你就認為那些定律先存在，而物質實相才隨之而來。其實，那一致的畫面是所有能量不可預測的天性之結果，那個天性是——而且必然是所有能量之基本天性。

統計學提供一個人工的、事先預定的架構，然後，在其中檢查你們的實相。數學是一種理論性、有組織的結構，其本身就強加給你們秩序與可預測性的概念。統計上來說，一個原子的位置可以被理論化，但沒有人知道任何既定原子在任何既定時間位於何處❹。

（十點二十二分。）你們是在檢查可能的原子。你們是由可能的原子組成的。（停了一分鐘。）請等我們一會兒……（停了一分鐘。）意識若要完全自由的話，必得被賦予不可預測性。「**一切萬有**」必須經常藉著自由地給它自己自由來令他、它和她自己驚奇。那麼，這基本的不可預測性就貫徹於所有意識與存在層面上。一種特定的細胞結構在自己的參考架構內也許看起來是不可避免的，只因為相反或矛盾的可能性沒有在其中出現。

以你們的話來說，意識之所以能維持住它自己的身分感（sense of identity）是藉由接受——好比說，一個可能性、一個具體的生命，而終其一生維持其身分。即使如此，有些事件會被記住，而其他的則被忘掉。意識當它「成熟」時，也會學著處理替代的片刻（alternate moments）。當它成熟到這個地步時，它形成了一個新的、更大的身分架構，就像在另一個層面上細胞形成一個器官一樣。

以你們的話來說——這句話是必要的——片刻點（the moment point）❺、當下這一刻，是所有存在與實相之間的交會點，所有的可能性流過它；雖然你們的一個片刻點，可以被體驗為你身處其中的其他可能實相裡的幾世紀或一次呼吸。

（在十點三十六分停頓。）魯柏在這一刻感覺巨大（見附錄三），他正體驗到幾件事。那內在的細胞身體意識覺得它自己很巨大，雖然對你們而言，細胞是微小的。舉例而言，這個包裝紙的聲音（身為賽斯，珍捏緊了一個空的香菸盒包裝），或指甲劃過桌子（作出示範）的聲音被放大了，因為在細胞世界裡，它們是一種重要的自身之外的宇宙事件——具有很大重要性的訊息。細胞意識體驗它自己為永恆的，雖然對你們而言，細胞只有一個短暫的生命。但那些細胞是覺察到身體歷史的，以你們的話來說，是以一種比你們對地球歷史的覺察更要熟悉得多的方式。

當細胞在操縱身體過去與未來歷史的時候，它們也以比你更熟悉的方式覺察到可能性。再一次，魯柏正體驗到巨大感，在你們的可能性概念裡，細胞結構感覺其龐大的持久性。當它在處理一些對你們而言甚至是不真實的事件時，產生了一個實相的結構，那結構自一個龐大的創造性網絡裡維持住身分感與可預測性。那個網絡是不可預測的，但是由魯柏卻能可預測地把菸灰彈到那個貝殼裡，（珍拿起她最偏愛的菸灰缸——那是由我們於一九五八年在下加里福尼亞半島找到的鮑魚殼做成的——而彈了一些菸灰進去。）那個姿勢之可預測性是建立在一個不可預測性上，其間，許許多多其他的行動可以發生，而在其他實相裡也真的發生了。

（十點四十六分。）你最好給我們片刻，也好讓你的手休息一下。

（雖然有許多停頓，但珍已經在出神狀態中穩定的講了七十八分鐘。現在她仍筆直地坐在她的椅子裡，小口的飲著啤酒。一分鐘過去了。）

現在，你的信念與意圖，使得你由一群不可預測的行動裡選擇那些你想要它發生的。你經驗那些事件。（對我：）「你的」想活下去的欲望跨越了手術中那孩子的死亡，而那孩子想死的願望選擇了那個事件。人們就如原子一樣的自由。請等我們一會兒，你完全無法預言你自己照片裡❻的那孩子會發生什麼，而你也無法「預告」你現在會發生的事。你可以選擇將任何數目的不可預測事件接受為你的實相。在那方面來說，選擇是你的，但所有你不接受的事件終究會發生。

以一種非常小的方式，當你想到你在暮年的母親，而比較你與弟弟們對她的想法時，可以看出這是怎麼運作的。她對你們每一個而言是一個不同的人。她是她自己，但在可能性的交織裡，雖然某些協議過的歷史事件被接受了，她卻把她選擇你們的可能實相之不論什麼部分收進她的實相裡。你們每個兄弟都有一個不同的母親。

那麼，可能性在你們的經驗裡交會，而你們就稱它們的交會為現實。生理及心靈上，意識在這些交叉口、交會點（coming together）聚焦。

再次，魯柏仍在經驗巨大感……所有那些自你出生就組成你的身體，並且一直組成它直到你死的原子與分子，以你們的話來說，現在就存在；因此，即使是你們對身體的知識也在一個時間形式裡——也就是說一點一滴的——被經驗。

（在十一點五分停頓良久。）魯柏的巨大感部分來自同時存在的身體之巨大感受。因此對他而言，感覺身體變大了。無法描述的計算過程發生了，因此，由這個基本的不可預測性，你體驗到那些彷彿是可以預測的事。這只是因為你貫注於那些在你們實相裡「合理的」行動，而忽略了所有其他的。當然，當我說你身為少年而死去時，我並不是象徵地說。而那垂死的孩子也沒有把任何殘酷的事實強加在母親身上，因為你母親的那個部分就是後悔有了孩子的那部分。

現在：原子可以同時朝著一個以上的方向移動❼。你只科學地知覺到你有興趣的可能移動。這同樣適用於主觀經驗。

你可以休息一下。

（十一點十分。珍慢慢地從她最長的出神狀態裡出來了，她在那狀態下有一小時又四十二分之久。我只指出她許多長長的停頓之一些而已。

（她仍覺得巨大。她雙眼上翻，然後又閉上：「事情真是怪透了，好像天空在裂開……賽斯談到它好像是在控制下的事情，但現在我的頭真的變得好大……」我把她叫醒，她說：「啊！真是怪極了……我不知道我應該把這種現象停下來還是繼續跟著下去，我覺得我的頭現在真的好大，而且轉向了右邊，並且在打轉——它大極了……」

（十一點十五分。「而當外界並沒有任何聲音的時候，每件東西都在營營作響——就像你耳鳴的樣子，只不過更厲害些……現在，我整個身體真的好大、沉甸甸的。我可能會結束它。那是很怪的：並不令人愉快。我的牙齒好像真的很巨大——每件東西——我的腳……」

（十一點十七分。當我再叫她時，珍微笑了：「我剛才有一個影像，我是在一個巨大房間裡的巨人，然後有些我不瞭解的事：一個我自己身為大猩猩或類似什麼東西的影像。我跟天花板一樣高，試想把牆打塌掉……我並不很瞭解到底發生了什麼。現在，我變得更大了。我想，我要出來了……我的臉沒在幹什麼吧？有沒有任何改變？」

（十一點二十一分。「我有種感覺，我的頭髮很長而中分，就好像我有某種人類的五官；頭髮從我臉的兩邊垂下，而我的臉有點像個動物，但有著非常聰明且溫暖柔和的眼睛❽。」珍終於睜開了她的眼睛。她仍然有耳鳴，聲音那麼大以至於她問我有沒有聽到同樣的聲音。我告訴她我沒有。我們繞著房間走，然後我做了半個三明治給她，她說：「有點令我感到挫敗，就像是我看到或感覺到在那一刻我能做到的，但我知道在那背後還有更多的，我能感覺到它，但無法把它弄出來。」

（她邊吃邊說：「在我嘴裡的聲音真是響，那是一種我不習慣的感覺。」當她喝啤酒時，覺得那冰冷的液體流下她身體裡，卻被錯放在她食道的右邊。她說出一串在自己身體裡彼此相反的感受，那是她同時在「更大的身體」裡也覺察到的：她的右腳非常冷，背非常熱……我給了她一件毛衣，因為我們的客廳已涼了下來。二月的夜晚非常的冷。

（終於在十一點四十七分繼續。）

現在，只有由不可預測性才可能升起一個無限數目的秩序或有秩序的系統。

任何少於完全的不可預測性之事，最終都會導致停滯或自我毀滅的存在秩序。唯有從不可預測性才可以冒出任何系統，那在其自己之內是可以預測的。只有在移動的完全自由裡，任何「有規律的」移動才是真正的可能。

從夢「混亂的」苗床，你每天有秩序、有組織的行動跳了出來。在你們的實相裡，意識的行為和分子的行為是高度連結的，你們的這種意識預設了一個分子意識，而你們這種意識在分子意識裡是與生俱來的——在你們的系統裡與生俱來，卻非基本上可預測的。可預測性即意味著「深具意義」。不可預測性以各種不同的方式看它自己，發現它自己的某些部分深具意義，而在自己四周形成某些秩序或有秩序的順序。在我們一節非常早的課裡，我告訴過你們，你們由一個廣大的範圍裡，只知覺那些你們覺得有意義的某些資料，那資料只可能升自不可預測性的苗床。唯有不可預測性才能提供可能秩序的最大源頭。

一個細胞頗有能力處理不同種類的事件；因此，在夢境裡，它們以個別的方式能知覺你的經驗，而由之選擇你想使之成真——以你們的說法——的那些事實。

在夢裡，你知悉可能事件，而後從中選擇。（對我：）所以，當你作為一個孩子而死了之前，你知道可以選擇那死亡。廣義說來，你選擇生與死二者，而你那張十六歲時的照片❾在那個實相裡根本沒有拍。

（停頓。）今晚魯柏只能做這麼多了，而這只是一個開頭呢。

（現在賽斯又來給了珍半頁的資料，然後以這個開玩笑的話結束今晚的工作。）

他可能的腦子在一個時間只能轉譯這麼多東西。

（「是的，晚安。」十二點六分，珍仍然覺得有些巨大。第二天加的幾句話：她睡得不安穩，而發現她自己「差不多整晚都在給談可能性的資料」。她常常醒過來，而在這種時候，發現她沒在講一堂我沒記錄的課時，鬆了一口氣。她笑著說，這樣的話，那資料仍舊是「安全的」——我們在一節正規的課裡還會再得到它。

（珍常常告訴我，通常在這種場合，她並不覺得賽斯在場或聽見他的聲音。反之，她只覺察到那資料「跑過她」。）

註釋

❶一九七〇到七一年間，在賽斯口述《靈魂永生》的課當中，有幾節他解釋了原子和分子如何階段式進出我們

的物質系統。見第十六章的五六七節：「現在，同類的行為也在一個深沉的、基本的、祕密的、未被探索的心理層面發生。」有些從這類活動產生的可能系統，對我們來說相當陌生：「一次這種波動可以用上你們的幾千年……〔這幾千年〕會被經歷為，好比說，你們時間的一秒……」除了其他著作以外，珍也在《意識的探險》第十章，從她自己的觀點詳述相關的概念。

❷早在這之前，賽斯就擔心，一旦我們試圖抓住如他解釋給我們聽的、意識無盡的分支的話，我們可能會覺得自己渺小。如他在一九六四年二月二十六日第二十九節裡說的：「以後我會試著給你們看界限在哪裡——雖然（笑了一下）真的並沒有界限，那些界限把各種層面（實相）形成一個關係圈子，在其中，因果關係多少如你們瞭解的樣子運作。在那以後，將有很久的時間我都不需要再講得更深。我會講到存在體、人格、轉世及不同的人格片段體集團，你們熟悉或能瞭解的那些層面，而最後試著處理你們不管問了沒有的問題，關於到底存在體一開始是從哪裡來的？

「……不用說，我要你們瞭解甚至還有比這些更多、真正令人吃驚的複雜性，以一種我假定你會稱之為『完形』的方式運作的智慧，具有真正不可置信成熟度、覺性及理解力的活力『構成要素』（building blocks）。這些是接近（我所瞭解的）終極的東西。

「這個資料不應令你們覺得自己不重要或渺小。這個架構是如此織就的，因此，每個（意識的）粒子是依賴每一個其他粒子的。其一的力量增加了全部的力量，其一的軟弱削弱了全體，其一的能量重新創造了全體，其一的奮鬥增加了每件東西的潛力，而這在每個意識上放上了很大的責任。

「我甚至會建議你們將上面那句話重複咀嚼，因為它是一個關鍵，而且是很重要的關鍵。在存在的每一個面向，面對挑戰都是『存在』的基礎。所有能力都是從這個基礎發展來的，而且不怕用一個陳腐的說法，甚至最微小的意識粒子也有責任去用自己的能力，而且是用它所有的能力，到其極致。一切存在之物的力量及連貫性都依賴這自我完成的程度。」

又見《靈界的訊息》附錄裡的第四五三節。

❸據賽斯說，當時，在一個可能性當中，我十一歲的時候沒能在這個實相撐過因盲腸炎而接受的手術。我的第二次可能的死亡發生在我於第二次世界大戰時服役那幾年（一九四三到四六年）的某個時間。有趣而值得一提的是，賽斯說我在那個可能性當中是飛行員，因此是個軍官。在「我」知道的實相裡，我在ATC，即航空運輸司令部，擔任飛機儀器專家和技師，官拜上士。不過，在太平洋某個偏遠的群島出勤時，我雖然設法取得一些飛行時間，但並不是飛行員。

❹我認為賽斯在他最後那句話裡，特別是與一九二七年德國物理學家海森堡所提的測不準原理（principle of uncertainty）或未決定（indeterminacy）原理有關。在量子力學裡，這個原理是說，想要同時確定像一個電子這種次原子的「波—粒子」動量及位置是不可能的。在這一課之後的次日，我問珍有沒有聽過海森堡，她說沒有，而在我盡可能地解釋給她聽之後，她也不瞭解。

就在十一點十分休息前，賽斯又提供另一個有關原子的小事……

❺賽斯對片刻點的觀念隱含在他的資料中，我在這一節的註❶就有引用。見《靈魂永生》第二章第五一四節及《個人實相的本質》第十九章六六八節。

❻賽斯說的是我父親在我兩歲左右幫我拍的一張照片；見第六七九節一開始相稱的註。既然賽斯由這張照片提

到預言，這是一個好機會來看看他在較早的課裡所談關於他自己的預言能力，以及對這個題目的泛論。珍和我發現這是很有用的資料。從一九六六年二月十六日第二三四節：

「現在，常常預知性的資料會顯得像是錯的。在有些情形，這是因為一個自己選擇了一個（與所預言的那個）不同的可能事件來具體實現。我可以通達可能性之『場域』，而你們不能……對我而言，你們的過去、現在與未來匯集成一個。

「另一方面來說，如我告訴過你們的，你們持續地改變過去。在你看起來它並沒改變，因為你與它一同改變了……你以同樣的方式改變未來，在這種情形，感知到可能事件的正確頻道是必要的——正確是說，最後將會被（這個人）選擇（來實現）的那個頻道。

「可是，這些選擇是建立在你們對過去與現在之改變中的看法上。因為我比你們有更大的知覺範圍，就比較能預言將發生什麼。但這是依賴我對你們將做的選擇之預言，而選擇仍然是你們自己的……選擇之本身並沒有與自由意志的理論相衝突，雖然自由意志依賴的要比任何一個單獨自我的自由要多得多了。如果自我被容許做所有的抉擇，而自己的其他層面沒有任何否決權的話，你們真的全都會在一種悲慘的處境了。

「因此，我對你們的未來可以比你們知覺的多得多，不過，我離全能還遠得很呢。嚴格地說，這種全能也是不可能的。」

❼身為藝術家，我對賽斯說原子能夠同時朝著一個以上的方向移動這番話的直覺反應，是把那種能力跟他說的同時性的時間和可能性這些觀念聯想在一起。這位藝術家，因為他不是任何類型的科學家（就算他可能對一般的科學有興趣），嘗試盡其所能，藉著他對賽斯所說的話產生的感覺，來理解這個陳述。同時他也發覺，

從他的藝術家觀點，他可能無法了解「相反」動作的這個悖論。

非常簡化地說：在現代物理裡，原子是**過程**，而非**東西**；原子或其組成物可以顯現為波或粒子，要看我們怎麼觀察它們；這些特質存在於我們粗糙的時空世界之外。原子是可能性之模式。而又進一步說，我們描述或摹想此種非具體品質之意圖就不可避免的使我們誤解了它們。

❽珍今晚斷定她感覺到自己的一個類人的面向這件事，讓我想到她將近一年前在《個人實相的本質》第十二章給的資料，談「動物的自然療癒概念」，以及動物巫醫。她也在某一節的休息時間自己想到了那份資料。那一次，她比較是個旁觀者，她當時看到的形象與她今晚眼中的自己，在「形體大小」上，有著相當大的差異；但是兩者之間也有相同之處，因為她談到稍早那個經驗的時候說：「我看到直立步行的生物，毛髮茂密，眼睛明亮、充滿慈悲……」見第六四八節十一點三十分的記錄。

❾在我們相簿的對開頁上，珍和我有一對相當正式的大型相片，我們經常開這兩張照片的玩笑。今晚稍早前我們剛好又看過它們，兩張相片都是在一九三六年拍的。珍，在她自己的相片裡，是六歲半。我在我的相片裡是十六歲，再一年就高中畢業了。不只一次，珍問我說，要是我在那個年紀曉得自己未來的妻子是個「臉圓滾滾的小孩，還在玩紙娃娃……」的話，我會怎麼想。

第六八二節 一九七四年二月十三日 星期三 晚上九點二十七分

基本意識單位（CU's）．不朽與可能性

（當我們坐等上課時，珍在九點二十分說：「我想賽斯正朝著某些新的東西走。很奇怪——並非我們將發明新的字眼，卻是一些新的觀念。我覺得我好像喝了三、四杯酒，或好像已在一種不同的意識狀態裡了——而我卻除了這杯杏子汁之外什麼都沒喝……」

（的確，我們的啤酒已無存貨，那是珍通常在上課時喝的，而她不想要任何的葡萄酒。她說：「我現在覺得賽斯在身邊了，但就像上次一樣：我收到東西，但我在等它變清晰……我並不真的覺得茫然，但課裡一直在用的焦點彷彿很奇怪似的，要找到它好像有一種陌生感。雖然我並不知道，但我猜，我已在一種比平常要深的狀態了……」

（一個註。今晚非常溫暖，這個月之前大部分時間是一連串真的很冷的日子。雪在今天大多融化了。天氣的這種變化讓人相當振奮。）

現在：晚安。

（「賽斯晚安。」）

（停頓。）《個人實相的本質》❶是一本很棒的手冊，它會讓人們以更大的效能在他們所知的世界裡操縱，至於物質實相整個本質所依靠的更深問題，他們瞭解與否，則並沒有關係。我現

在要給的資料就是試圖對那些更深的問題做些解釋。

魯柏自己的發展使得這個成為可能，因為他必須還要進步到《意識的探險》❷裡的地步，而達到某些理論的層面，因此，這些可被用為跳板，請等我們一會兒……

很不幸的，我們必須常用比喻，因為它們能在觀念之間形成橋梁。那麼，就如那兒有物質的單位一樣，那兒也有意識的單位❸。我不要你們把這些單位想作粒子。有一個意識的基本單位，它一旦被表達出來就不會再被分裂得更小了，就如以前人們以為一個原子是最小的單位，而不能被分裂得更小一樣。這意識的基本單位顯然不是具體的，它在自己之內天生包含著擴張、發展及組織等無限特性；然而，在它之內永遠維持著個別性之核心。不論它變成什麼組織的一部分或與其他此種基本單位如何混合，而自己的身分不會被消滅。

它是有覺性的能量，在自己之內認它自己為自己，並非「個人化了」，而是有覺性的（awareized）。所以，它是所有其他種類意識之源頭，而它的活動種類是無窮無盡的。它與其他同類合在一起，因而形成意識單位群——如同常常講的原子與分子組合在一起。

這個基本單位被賦予了不可預測性。那不可測性本身就容許了無窮盡的模式與成就。很不幸的，就你們人類而言，「靈魂」這個字已經被這樣用，以至於想解開那觀念已經變得極為困難了。以通常的定義來說，你會稱一個靈魂是這種單位的某種組織之結果，而後你再認之為一個「靈魂」。

（九點四十七分。）那導向了不可避免的老問題：動物們有靈魂嗎？樹呢？石頭呢？按照通常的定義，以你們的話來說，這最小的單位應該是「靈魂」原料。不過，那個觀點是極為有限的，因為用那個尺度的話，「在你們上面」還有其他這種單位之更發展了的組織；從那個「更高超的觀點」，你們看起來會真的是初級靈魂。

因之，至少在此，我比較喜歡談這些意識單位。（停頓良久。）它們的本質就是，在你們物質宇宙及其他宇宙裡，每件東西之後那賦予生命的力量。以你們的話來說，這些單位的確可以同時出現在幾個地方，而並沒有經過空間。現在，實話實說，這些意識基本單位可以同時在所有的地方。它們是同時在所有的地方，且不會被認出來，因為它們永遠以其他東西的樣子出現。

當然，它們移動得比光還快。在一個原子裡有好幾百萬個這種意識的基本單位。這些單位的每一個都覺察到所有其他單位的實相，並且影響了它們。以你們的話來說，這些單位可以在時間裡前移或後挪，但也可以移進你們並不熟悉的時間門檻❹。

一切可能性都被探索並且經驗，而所有可能的宇宙都是由這些單位創造出來的。因此，在一些實相裡，一個既定事件之無窮盡的可能性都被探索，而所有經驗都在那個冒險行動的周圍聚集起來。

在一些系統中，從你們觀點看來的一瞬間❺，可以持久到一個宇宙的一生。我並不是指一瞬只是被拉長了，或只是時間被弄慢下來，而是指在一瞬裡，所有可能的經驗都在那個架構裡變成真實了。這種系統與你在實際上毫無干係，給你這種資料也不是想要矮化你對自己意識認知的概念，不過，重要的是，你要曉得在一個內在實相裡，有比你能具體知覺到的更多創造性與變化。

（十點六分。）當然，這些意識單位並沒有人類的特性。不過，它們的確擁有自己的「傾向」、偏好、癖好（propensities）——而可能癖好是最接近我想要的一個詞。我不要你把它們想作迷你人，儘管如此，它們也非「閒置」能量的叢塊。它們是有活力的、覺察的、帶電的，有著所有生靈（being）的條件。

那麼，所有心理結構都是由這種組織組成的，不論以你們的話來說，它們活得多長或多短，天生就被賦予了生長及創造組織之欲望或癖好，那麼，它們並不是單獨孤立的。既然這些意識單位存在於同時，它們覺察到所有身為其一部分組織好的自己—結構（self-structure）。到這個程度，所有可能的實相都以那基本方式彼此相連。這些單位長出了它們自己之外。既然我說過，以你們的說法，過去、現在與將來全都同時存在，這些單位經常不斷地由未來與過去兩者，而冒出到你們的現在點（now-point）。

（停頓良久，許多次之一。）我並不想毀掉你們對穩定的想法，而我也不想令你們迷惑，事實仍舊是，到現在為止在講可能性時，我已將問題相當的簡化了。（對我：）例如我說在一個可能性裡，你年紀輕輕就死了，而再次的，你死於服役，我也給了你有關你父母可能歷史的一個小樣品。在如此做時，我用了相當容易掌握的概念與名詞。而那更大的畫面多少是更難表達的。

（十點二十一分。我問：「你是不是在說，你必須把事情替我們弄得那麼簡單才行呢？」）

我是說，我現在已準備好領你們越過那些必要的準備。

所有物質都是建立在所提及的單位上，連帶著它們的不可預測性以及要探索一切可能性的癖好。即使你們的原子結構也是懸在可能性之間。如果這是真的，那麼顯然地，「你」只覺察你自己一個小小的可能部分——而你將這個部分當作你的身分來保護。如果你只把它想作「你的」更大身分採用的一個焦點，那麼就可以瞭解我現在說的，而不會在對比之下感到微不足道或失落❻。然而，你所有的那個焦點的確是不可侵犯的。

我常說，甚至在你的一生裡，任何一件事的所有可能變奏都發生了，但我從未再加深入。以你的焦點看來，你好像有從生到死的一條身分線。從任何一點向回看，你都很確定那十年以前的「自己」就是今日的自己，雖然也許在某些方面改變了。

當然，根本沒有一種單線式的發展。首先，如你所知，你的生命是即刻的，雖然實際地你體驗到一個由生到死的順序——如魯柏在《意識的探險》裡的生活範圍❼。每個能夠發生在你身上的可能事件都發生了。我給過你母親的可能存在一兩個小小的例子。以具體的說法，想想看從一粒種子生出到世世代代裡的後代有多少！

現在，在任何既定的片刻，你的「自己—實相」（self-reality）就像那個種子，跟隨著可能的後代，而那些後代出現在其他次元，也出現在這個次元裡。在每一個現在—片刻（now-moment），你由那龐大的不可預測行為之庫存裡，汲取對你而言是「重要的」那些；而你對重要性的個人觀點，將會產生隨後看起來好像是可預知的行為。

（十點三十六分。）癖好是對重要性的一個選擇，一種朝向形成所選擇經驗之傾向。這適用在所有層面——原子及心理的——並且適用於生理刺激與精神意圖。

於是，這些基本單位向著一個它選擇的組織移動。它們有一個不可預測的範圍可以汲取，按照那些重要性來選擇活動。各種不同的重要意義是那些單位之個別天性所導致。你整個身體是一個可能的身體。它是你那特定具肉身的俗世人格可採取的一條「發展」路線。然而，所有其他發展的可能路線也都發生了。它們同時發生，但又同時地影響了每一個其他的。在這裡，實際上有比你所知遠大得多的相互作用，而你們不知道是因為還不習慣去尋找它。你越努力去維護傳統說法裡對「自己」眾所公認的概念，當然，你就越擋掉了任何一種的不可預測性。

由於這些基本單位了不起的組織天性，所以也有一些「心理結構」，它們頗能維持自己的身分，同時卻也能覺察任何數目的可能自己。在你們的實相裡，死後的生命大有意義，因為死亡是你們實相的一部分。你更大的實相顯然是超越了你的生與死二者。單獨一個宇宙的這種概念基本上是荒誕無稽的。你們的實相必須在它與其他實相的關係裡被看待❽，不然的話，你就永遠會被「宇宙是怎麼開始的？」或「它什麼時候會結束？」這種問題攪住。所有系統經常不斷的在被創造。

只有在一個可能性的脈絡裡，不朽才有任何的意義。遺傳是來自了不起的、天生具有的不可預測性，然後才被分裂成在染色體內的細目❾，它們之中沒有兩個是相同的。那麼，你認為的日常生活，是一種對某些可能事件而非其他的聚焦、一種對重要意義的選擇、一種對模式的抉擇。自己的其他部分則跟隨了不同的抉擇。

現在，你可以休息一下。

（十點五十五分。珍迅速脫離又一次平順的出神狀態，這回也是持續很久。她的傳述有時候很快。「說出口的當下，我知道自己在說什麼，可是現在全忘光了……」她暫停一下，接著用一種我認為對她來說有點不太尋常的方式繼續說道：「我們正盡其所能運用我們擁有的能力。你很想知道這份資料可以應用在什麼地方？知道了又有什麼好處？」

（「這個嘛，」我說：「一旦它被納入在妳的意識之中，妳就會像妳對待其他任何資訊一樣，實際運用它。它肯定擴大我自己對人類是怎麼一回事的觀念，譬如說他們的動機、他們的行為……」

（珍想知道今晚的資料如何應用在我母親身上〔她三個月前過世了〕：「……對柏茲媽她自己來說——而不只是這份資料的理論……她現在是不是在另一個可能性當中？

（「我會說她與我們親近的那部分是這樣沒錯，但是那一部分現在可能也在休息。」基於再說下去就會太私人的理由，我們還沒有嘗試「收聽」我那在新環境裡的母親。我建議把這一節接下來的時間留給珍本人，但賽斯有不同的想法。十一點十五分繼續。）

好，因為你更大的身分覺察到其可能的存在，你同時是在物質裡又在物質外的——在時間裡又在時間外的。

在你的脈絡之外，你有一個更大的身分，但它的一部分是在你的脈絡之內的，那就是你。你的「你性」（youness）就是你的「意義所在」——一個覺察焦點，意識到它自己，以其獨特的癖好選擇並且看待經驗。可能的實相與可能的自己之存在，絕沒有在任何方面否定你的經驗或個人價值。那是穩穩地在那兒的，從確定性之不可預測範疇裡選擇那些適合自己特殊本性的東西。（帶著手勢，強調的：）那個自己以跳蛙的方式跳過那些不想確實化的事件，（停頓。）而不把這種經驗收容到其生活裡，可是，你更大身分之其他部分，卻的確接受那些被你排斥的同樣事件之不同版本，而形成它們自己的生活。

現在，你們有些人可能會選擇一些同樣的事件，而在那兒，可能性就會合了。這種交會點是電力飽滿而且具創造性的。這些交會點可以個人或群體的方式發生。舉例來說，一個歷史事件也許可同時在幾個可能的實相裡被接受，而其他的則可能在一個歷史而不在另一個替換的歷史裡發生。

（在十一點二十九分停頓良久。）再說一次，雖然文字在這兒並不好用。我所說的仍然適用於——也許以不同的方式——世界的、原子的與心理結構的行為。請等我們一會兒……在你們所知的生活裡，如在《個人實相的本質》裡給的，你們的信念用來使將會變成「真實」的特殊可能事件明確化❿。因為你是一個可能的自己。對自己天性的一個瞭解，會向你展示有些在這兒沒被用到、但卻存在的能力，那是你的確可以選擇去實現的。那麼，你可以由自己的可能能力庫藏裡汲取，因為在你之內會有它們的痕跡。它們正在另一個實相裡發展；因此，在這個實相裡，它們可以遠比你以為的容易利用。當你運動右臂，你的左臂也受益了。當你在一個系統裡發展能力，它們在另一個系統裡也多少容易發展些。（對我：）在決定從事一些寫作時，你也正汲取你在另一個系統裡努力過的能力，而透過你的意向，某個程度是在混合可能性⓫。

即使對這一點有個簡單的瞭解，也會幫助人了悟到沒有一種存在是個死胡同。

現在，給我們的朋友幾分鐘。

（在十一點三十六分停頓，賽斯又過來給了珍一頁左右的資料，然後在十一點四十八分結束此節。）

註釋

❶賽斯在一九七三年七月就結束《個人實相的本質》口述，但我一直到十一月才完成該書的註釋，進行成稿的打字工作。Prentice-Hall會在一九七四年七月出版這本書。不過，珍和我還得看校稿；下個月就會付印。

❷見第六八〇節註❺。

❸稍後加的註：當然，賽斯在《未知的實相》裡提到意識的單位時，我馬上想到他在一九六九到七一年裡討論的電磁能量單位（他稱之為EE單位），見《靈界的訊息》附錄的第五〇四到五〇六節，以及《靈魂永生》第二十章第五八一節。在後者裡，他用到幾個發人深省的比喻來描述EE單位：「基本上，是意識的散發物……意識之不可見的氣息……那些散發物其實是情感的調子……那些單位就在具體物質的範圍之下。」

可是，在今晚的第六八二節裡，賽斯卻完全沒有提到EE單位——這是有理由的，而且在下一節裡就會看出來。在他稍早前的資料中，他給自己保留很多空間，以便把談這類意識單位的內容加在他的資料上。「它們是情感能量的一種形式〔我的強調〕，」他在第五〇四節告訴我們。而在第五八一節：「這類EE單位的範圍和變化很多，全都存在你的感知範圍之外。不過，用這樣的方式把它們兜在一起，是一種誤導，因為在這一切之中有著重大次序。」

❹再一次，參見《靈魂永生》第二十章第五八一節談ＥＥ單位以及像速子這種假設比光速快的粒子的資料（附帶一提，理論上說，雖然速子本身的行進速度高於光速，它們的輻射卻非如此。那麼，我們就觀察得到這種輻射，也就是我們能夠收集到的速子〔或類似的粒子〕資訊的攜帶者）。

很多物理學家現在覺得，認為宇宙裡的每一個狀況或事件都體現同一種的時間，是站不住腳的。物理學家和超理學家則說，相對於我們在意識上對什麼是時間的觀念，有各式各樣尚未發現的微小實體（智子、心靈粒子、正電子等等），是在時間中往後行進的，或至少不受我們認為時間必然往前流動的想法束縛的。或是，認為正電子，亦即帶著正電的電子，是一小塊據說在時間中會暫時往後行進的反物質，也是站不住腳的（我們在我們的世界裡想到的「正常」電子，是帶著負電的）。

電子是與原子的原子核連接在一起行進的波粒子之一，和賽斯的基本意識單位相比，它是很大的，但是因為電子可以從一個原子核的軌道「移動」到另一個原子核的軌道，卻又沒有跨越兩者之間的空間，所以電子還是能夠提供一個粗略的類比，說明那些意識單位「同時出現在幾個地方但不用穿越空間」的能力。

❺見第六八一節的註❶和註❺。

❻在這節裡，賽斯第二次談到在內在宇宙巨大無涯的範圍裡，個人可能會覺得渺小，而他在第六八一節裡也提到過這一點（亦見那一節的註❷）。

我們發現賽斯對可能性的討論非常吸引人，而並沒令我感受到身體或情緒上的威脅，珍也是一樣。她在課後告訴我：「我關心的是我的讀者，我不希望他們任何一個人感覺被席捲。」

❼見第六八〇節的註❺。

❽不過，要看到我們的實相與其他實相的關係，可能不容易。見附錄三註❶。

❾染色體是一個細胞核的原生質在細胞分裂期間，分裂形成的微小物體。它們攜帶基因，也就是決定遺傳特質的因子或單位——「藍圖」。

❿當然，《個人實相的本質》有很多部分包含信念的資料；見第十四和十五章。賽斯在第十五章第六五七節給的「片刻點」資訊，在此處尤其適切。

⓫賽斯描述我如何融合兩個可能的自己，讓我想到他談珍如何也做同樣的事的資料。見第六八〇節十一點二分。珍和我正在用我們各自的寫作能力作為黏著劑——黏膠——來統合我們各自可能的自己們。

第六八三節 一九七四年二月十八日 星期一 晚上九點三十九分

「你是多重人」、轉世、可能性以及其他的意識版本

（在上節的註❻裡我很輕易的說，珍和我在我們思考賽斯描述的內在宇宙之廣大時，我們都「沒感覺到身體或情緒上的威脅」，可是，今晚當我們在晚餐後談天時，我驚奇的發現，珍的確對我們在這事情的偉大組織裡的地位有一些懷疑。她也對談可能性的資料之情感上的價值質疑。但她又說，她的感受是出自她今天的些許憂鬱。

（珍接著說，實際上她覺得談可能性的資料在理性上很能令人興奮，同時，她卻又質疑那資料在情感上的涵義——即她只是數不清的生物之一，「在所有那些可能的世界裡像光一樣的閃爍明滅……」她自問，這渺小的個人又有什麼價值。

（為了想要使她安心，我找出在《個人實相的本質》第九章裡賽斯所說的話給她看，見第六三七節：「……試把『自己』的一生想作是跳過一個『多重次元的結構』——同樣也和你的身體一樣真實——的神經細胞的一個訊息，並且把它想成是對這種多面人格來說的一個較大的『反省的一刻』……我也明白〔這些比喻〕可能令你們自覺渺小，或為你們的本體感到害怕。你們不只是一個訊息，在通過一個超我的廣大界域。你們並沒有迷失在宇宙裡。」

（我也有幾個問題——其實是懷疑——我想在課中跟珍和〔或〕賽斯討論一下。到現在為

止，我一直將它放在心裡。

（「嗯，」九點三十三分，我們坐下來等這節開始，坐了大約十五分鐘之後，珍說：「至少我隱隱約約感覺賽斯在附近……終於：」）

現在：晚安。

（「賽斯晚安。」）

（緩慢的：）請等我們一會兒……意識透過這些單位留下痕跡，而從沒有任何一筆塗鴉會被消滅掉。

任何既定意識單位的經驗經常在改變中，影響了所有其他的單位……等一會兒……很難解釋，因為你們對自己的觀念如此狹窄……以你們的說法，在它們自己之內包含著所有「潛在的」身分，卻不是以一種預先決定的方式。在它們自己實相的架構內，自己可以相當的獨立，而同時仍舊是更大實相之一部分，在其中，它們的獨立性不只對自己有利，並且還對更大的結構有用。

再次，這些單位之內有一種生長與組織的癖好。在一個真是無窮無盡的活動範圍裡，有意義的秩序升自對重要意義的癖好。簡單的說，某些單位會安身在種種不同的組織上，覺得這些深具意義，然後增益它們，並且吸引其他有同樣天性的單位。所以就有各種不同的實相系統形成了。（停頓。）它們安身於其上的那特定重要意義會發揮兩種作用：一是作為經驗之主導，二是建立有效的界限，在其內，所選擇的那種行為會繼續。這些單位可以並的確彼此混合，但因為對選擇性及重要性之癖好，它們的一整個集團會「趕走」其他整個集團，因此提供了一個具保護性的內在相互作用系統。

這些單位把自己形成為自己創始的種種不同系統。因而改變自己成為它們隨後變成的實相結構。魯柏在《意識的探險》裡假定稱之為「多重人」的說法，是相當正確的❶。

你把一個我—自己（I-self）當作進化的主要終極結果。當然，還有其他的本體有著許多這種我—自己，每一個都跟你一樣的覺察而獨立，同時也覺察到它們存在於其中的那個更大本體。意識藉著認識自己而成就自己。以你們的說法，那知識把它改變成一個更大的完形，那完形於是又試著認識並成就自己，以此類推。在地球上，意識曾經在一個與剛才所說不同的層面，以人與動物兩者做實驗，但心裡想達成那目標——舉例來說，一群動物裡的每一隻都十分覺察那群動物的共同知識，也覺察在任何個別領土裡會遭遇的危險，以及一個心理結果，在其中，這群動物的集體意識認知到每隻動物的個別意識，並且保護它。

在個別動物及大族群的意識之間有一個經常的取予，所以，我們並不是在說一種個別動物被控制住的情況。

大同小異的事也曾發生在你們自己的種族身上，而且還正在發生著。你們歷史上認為的過去，有幾個團體沿著那些方向實驗。不過，那些時候，個人意識如此地為自己的經驗所陶醉，以至於與群體意識之分明、穩定而有意識的溝通可謂走入了地下。在那些情形，它變得只可以為尋找它的人所得到，但同類的心理組織並沒有成功❷。

（停頓。）其他類的心理完形曾經而且正在被嘗試——有些在你們看起來會顯得相當令人費解；然而，偶爾它們的各種版本會出現在你們的系統裡。舉例來說，幾個自己占據一個身體是相當可能的，如果這是一種標準的話，就會很容易被接受。可是，它暗示了另外一類多重人（multipersonhood），事實上容許了通常沒被表達的各種不同性質能力之完成，它也暗示了意識的一種自由及組織，那在你們的實相系統裡很不尋常，而且也沒被選擇。

（我問：「有些人將會把這說法與附魔連在一起，難道不會嗎？」

（十點十一分。）當我結束時，他們就不會了。舉例來說，大多數個人作知性、情感或身體上的發展，而到一個很大的程度，卻忽略了身心的全部潛力。你們目前將「自己」與之認同的那個有限的我─結構（I-structure），根本沒有能力完全用到所有那些特性。

那個我─結構升自內我，圍繞著種種不同的興趣、能力、驅策力而形成，選擇乃是按照集中的區域而作的。你們極少發現一個人，他是了不起的知識分子、了不起的運動家，而且也是具有很深情感與心靈上瞭解的人——一個人類似乎可以產生的理想原型。

在某些具體存在的系統裡，一個多重人之建立是由同樣的內我裡冒出三或四個「人」，每個把他自己的那些特性都利用到極致，不過，這必須以一種「覺性組成之完形」為前提，在其中，每一個都知道並且能參與其他那些活動；這裡你有一個集體意識之不同版本。你有沒有看出這之間的關連？

（「有的。」）

在意識演進曾以那種方式運作的那些系統裡，在一「生」裡，所有身心才能都被完美的利用到了。而關於身分也沒有任何的曖昧不明。舉例來說，那個個人會說：「我是喬、是珍、是吉姆，也是巴伯。」也有一種在性方面的身體變奏，因此，所有的層面上，身分都包括了男性與女性。這種可能性的影子全部都會以「怪癖」的方式出現在你自己的系統裡。任何在你的系統不管明顯到什麼程度的一切，都是在另一個系統發展出來的。

這意義就是說，這些單位是不可預知的，並且滿足了意識的所有可能性。任何建立在人性狹隘概念之有關神明或其他生靈的觀念，終究是徒勞無益的。你們幾乎心裡完全沒有不安的去看物質生命不可思議的種類——其動物、昆蟲、鳥類、魚類、人類及其所有作品，但必須瞭解，意識本身的天性有更多變化，而你們必須學會想及一個內在實相，那是與外在的那個同樣無限的。光是這些觀念就會改變你們目前的意識，並且達到一個程度。你要知道，當前對靈魂的概念是一個「原始的」概念，它幾乎難以開始解釋人類由之而來的創造力或實相。你們是多重人，（熱切的：）同時存在於許多時間及地點裡。同時的，你們存在如一個人。這並沒否定那些人的獨立性，但你的內在實相跨越了他們的實相，而也作為一個他們能在其中生長的心靈世界❸。

我不想捲入關於「層次」（level）的討論，其中，進步被假定發生在從一個層次到另一個層次上。所有這種討論，是建立在你們對「一個自己」、順序性的時間及對靈魂有限看法之概念上。有紅色、黃色及紫色的花，其一並沒有比另一個更進步，但每個都是不同的。

這些單位組合成種種不同意識之完形。基本上，說其中一個比另一個更進步是不正確的。舉例來說，一朵花的花瓣的發展程度並沒有比根還高，地上的一隻螞蟻可能看到花瓣在根莖之上，但螞蟻太聰明而不會認為花瓣比根還好。

現在：意識朝著所有的方向綻放——

（十點三十七分。一通長途電話打斷我們。一名電視節目製作人希望珍上他的節目。我請他寫信給我們。我掛上電話，這時珍說：「我只進入一半。」她安靜坐了幾分鐘，然後繼續這一節。）

意識之花採取的所有方向都是好的。花朵知道它是活在球莖裡，但球莖要花些「時間」來讓莖、葉與花冒出來。花並不比球莖更好，甚至也沒比球莖更進步，它只是球莖的展現之一而已。所以，以你們的說法，也許看起來好像是有進步或發展的順序步驟，在其中，更成熟、更綜合性的自己會冒出來。你現在就是那些自己的一部分，就如花瓣之於球莖。只有在你們的系統裡，一段段的時間才有意義。

一個靈魂、一個自己的概念，形成了一個重要性及一個抉擇，而使得你們對那些與現在的自己一樣於「此時此地」的其他實相視而不見，唯有那組成你們具體存在的意識單位，才覺察到那些更大的重要意義，而你自己狹隘的概念使得你看不見。在一個像我所說的這種系統裡的觀念，能有助於打破那些障礙。那麼，有種種的意識階層同時存在著。那些你還未覺察到的看起來彷彿比你們自己的更進步、更發展。但你們現在就是其一部分。當你們開始伸展對人性及覺性的觀念時，就可以認識它們。就時間而言，當你一而再的誕生在地球經驗裡時，你有很多身體。你的意識跨越那些存在，即使現在身體裡的原子與分子，也包含著其他（其實是同時的）形體之密碼式知識。這些意識單位是在所有具體物質之內，包含著它們自己的記憶。那麼，就生物與心靈兩者而言，你都是覺察到你的多重人性的。

（十點四十五分。）現在：你們的系統並不包括先前（在這一節）提到的那種經驗，身體能夠把很多個自己的經驗納入一生之中。反之，它用了一個時間脈絡，而給了每個自己一個身體及一段時間；但對於多重人的概念知識，可以幫助你瞭解自己還有許多沒用到的才能，對你而言是潛在的，但在你整個本體裡仍然是重要的，而且對你個人而言，它也重要到足以被發展。

（強調地：）轉世只不過代表了在時間脈絡裡的可能性——自己的各個部分在歷史脈絡裡被具體化了。所有各種的時間——向後及向前——都是從意識基本的不可預測性裡冒出來，而且是由於「一串串的」重要意義。誕生在時間裡的每個自己，於是會由那個立足點去追求自己的可能實相。再說一次，每個這種自己都是「近在眼前」的。

（停頓良久，許多個之一。）在其所有的形式裡，意識全都同時存在。這很難解釋而不至於顯得像是自我矛盾。回到我們的球莖與花。以基本的說法，它們同時存在。不過，以你們的說法，就好像那未來之花由它的「未來」回頭呼叫那球莖，而告訴它如何去造那朵花。記憶在時間裡向後及向前運作，那朵花——回頭呼叫那球莖，慫恿它「向前」，而提醒它（可能的未來）的發展——以你們的話來說，像一個未來的自己或更為進步的自己，它有了答案，而的確可以相當實際的被依賴。可以用同樣的方式看待神明，不過，是在一個更大的尺度上；而且在那個脈絡裡被瞭解的話，它們可以被依賴。當你們陷在對人性之有限概念裡時，把神明個人化幾乎是一種自然傾向。對人性之更大觀念的確會引你對真正了不起的意識完形——你經常由其中冒出來——略有幾瞥。

這些是具有如此豐富之情感與心理的生靈，以至於你們對自己的觀念，強迫你把它們稀釋到一個你能瞭解的程度❹。每個你都是那更大人格之一部分，同樣的，光是這些概念就能幫助你，使得你能多少在情感與智性上，感覺人由其中冒出來的那個更大神格。

（十一點十分。在一個強勁的傳述當中停頓良久。）那個神格是由基本意識單位之永恆卻又彌新的浮現與生長而形成的，神格之實相跨越了每個單位的實相以及所有單位的集體實相。

你可以休息一下。

（十一點十三分。在另一次長時間的傳述過程中，珍真的處於意識之下。她似乎頗為輕易就脫離出神狀態，可是她的眼睛往上翻了幾次。她的搖椅往左邊移動了三英尺。

（「我有幾個問題，」她休息一下之後我說：「我打算在傳述時問他這些問題，可是我怕聽到答案，至少怕頭兩個答案。」我是半開玩笑半認真。自從兩週前賽斯過來口述第六七九節那時候開始，我心裡就一直放著第一個問題了：

（一、「最近這幾節是不是一本新書的開頭？」

（「我不知道，」珍說：「這資料**似乎**不像一本書，但是前兩節之後，我開始在睡覺時接收到訊息，所以我懷疑……」我忍不住笑，因為她沒有對我提過她的懷疑。同時我也覺得她可能在設柵欄，擋住這麼快又來一本賽斯書的念頭，因為我們還在忙上一本書《個人實相的本質》的編輯工作〔見第六八二節的註❶〕。「可能這幾節是為了你自己的寫作，」珍揣測：「雖然我很喜歡它們，但是再來一本書？現在？」

（二、賽斯在上一節開始談的這些意識單位，與他在《靈魂永生》當中描述的EE單位一樣，都是最初那個意念的一個發展呢，還是別的東西？〔見第六八二節註❸〕

（珍暫停。「我想賽斯很快就解答那個疑問。」

（三、「如果賽斯可以談談我前天晚上做的那個夢，就太好了。在那個夢中，我想我第二次連絡到我〔去世〕的母親。」昨天我寫了一篇文章記錄這個經驗，要放在我自己已經開始進行的書：《透過我的眼睛》（*Through My Eyes*）。賽斯在《個人實相的本質》第一章開始討論《透過我的眼睛》的想法。我很喜歡從事這個計畫，而且在三個月前我母親死後，想這麼做的迫切感特別強烈。寫著我父母的事，我發現自己也寫我自己的童年。見第六七九節之前的註釋；當時我問的問題促成這一系列賽斯課的展開。

（在十一點三十分繼續。）

現在：（較大聲且低沉：）《未知的實相：賽斯書》。

它是兩個東西：我的一本書，而且是給你的一本參考書。聽懂了嗎？

（「懂了……你是說在我寫自己的書時可以用到你的書嗎？」）

我確有此意。現在：我們將稱基本意識單位為「CU」——consciousness units。EE單位是由它們形成的，而且是被送入具體物質世界的第一個根。

（停頓，雙眼大睜地瞪著我。）現在來談談你的夢。你當然是在與母親接觸。如你所猜測的，她開始在活動了。魯柏關於那夢所寫的評論也是恰當的，顯出你自己的謹慎。舉例來說，這些接觸都不是正常的情感接觸，而是略略的幾瞥，在其中通常沒有所謂的溝通。你也許有興趣知道，在你出體（out-of-body）的旅行裡多少涉及了你的運動員傾向，因為在你看來，好像身體必須鎮定而平衡，並且有支撐——所以你用到那些幻相。不過，如果你以一個完全自由的身體想法來思考，它能不靠支撐的在空間裡移動，也能在夢境裡做出它在物質實相裡被否定的那些動作，你便可以用那些傾向來幫助你。「內在」身體能以具體身體所不能的方式表演，而你可以用之作為一個挑戰，找出你能以內在身體做什麼；去實驗。你得到了你母親仍繼續存在的保證。不過，就關係而言，你是由遠處看著她。她仍在驚異——也就是說，她比在世時更能與你的其他部分認同。且說，她不想以一種情緒化表現嚇著你，所以你們兩人都用到了距離❺。

（在十一點四十四分停頓。）請給我們一會兒……

（賽斯傳來半頁談另一件事的資料。然後：）

我祝你倆晚安。

（「謝謝你，也祝你晚安。」）

這本書將按照你們的方便程度來進行。

（「好吧。晚安，賽斯。」晚上十一點五十分。然後一分鐘之後，我們正在談《未知的實相》，珍短暫回到出神狀態：）

現階段，先讓它保持自由身，不要簽約。

（「好。」）

（「對我來說，它一開始實在不像一本書，」珍說：「它似乎不像別的書那樣簡單。可能這次他打算放手，照自己的方式來……我可以坦誠說，書名對我來說完全是未知。」她露出微笑，笑自己無意間說出「未知的實相」雙關語。「你準備好要開始一本新書了嗎？羅。」）

（「這個嘛……」）

（「我記得賽斯提過說，它是給你用的一本資料書。」）

（「如果它是給的資料書，那它也可以給別人用。」我又說，我不在乎書可能有多「難搞」或多「困難」，只要這樣的書是為了傳播賽斯的觀念，就沒問題。再一次，我忍不住笑珍。顯而易見的是，她對這個新計畫很滿意，而且《靈魂永生》與《個人實相的本質》的成功，使她對賽斯以及她自己的能力都有了堅定的信心，但她一開始還是先問這些問題：

（「書裡到底會說什麼啊？」她問道：「真的，想想他的開頭，他還能去哪兒啊？喔，算了。說到這，我在那邊有收到東西。」——她用手比著她的右邊，指出賽斯可以用的資訊管道之一——「有關意識的不可預測，以及預知和遺傳：細胞的靈魂與靈魂的細胞……」

（和以往她開始傳述其他每一本賽斯書的時候一樣，我也建議珍放輕鬆面對整件事，放心讓賽斯做他做的事。我們在晚間十二點三分結束。）

註釋

❶珍在她《意識的探險》第十一章最後一頁用到了「多重人」這個字。她說：「但那整章的確是朝著那個定義或概念逐漸建立的。」在她看來，那所謂「多重人」涵括了那源頭自己所有的內在人格化或面向（aspects）。她在《意識的探險》詞彙裡將「源頭自己」定義為「那『未知的』自己、靈魂或心靈；我們的肉體存在之泉源」。那麼，在她自己的例子裡，賽斯會是她「源頭自己」的一個面向之人格化；但賽斯在其他實相層面仍會有一個他自己的存在。

❷與賽斯在此處對動物和人類的討論有關連，見他在《個人實相的本質》第十二章的精采資料。很簡單摘要敘述一下那一章的段落：在第六四七節，賽斯論及早期人類與自己剛萌芽的意識抗爭之際面臨的種種挑戰。在六四八節，他談到動物的本能、健康、疾病和自殺，以及人類與動物「混在一起」的各個時代。在同一節，珍也貢獻了她自己對動物巫醫的印象。

❸後來加的註：我發現賽斯從十點十一分開始傳述的資料，大部分會讓人強烈聯想到《個人實相的本質》第十五章第六五七節的一段，但在這一刻尤其是如此。我從那一節彙整出這些摘錄：「你們每一個轉世的自己都有從它可得的所有可能性當中，直線式地讓每天的存在具體化為物質的『威力之點』，或說連續的片刻。在另一本書將會加以說明的某一方面，存在你和你『轉世的』自己之間的這些當下的威力之點，全部都具有一種巧合。因此，在這個多重次元的威力之點當中有一種持續的交互作用，所以用你們的話說就是，一個化為肉身的自己從其他的自己身上擷取它想要的能力。這些自己是你自己在生物性裡的對等人物（我的強

調〕，正在體驗身體的實相；但是在同一時間，你的生物體卻也把體驗的這種同時發生的特質摒除在外。」賽斯傳來這個資訊的時候，珍和我並沒有特別強調，但事後回想起來，我們才發覺其中有兩個重大的要點：賽斯提到「另一本書」，我們認為是《未知的實相》；還有他用了「counterpart」（對等人物）這個字。依照一般字典的定義，這個字在賽斯課當中已經出現過幾次，但是賽斯在上文引用的這一段文字當中的用法，我認為有一個特別的涵義；珍和我在接收的當下，錯失了這個涵義。因為在《未知的實相》卷二，賽斯的對等人物概念，在他對人類特質的研究中當然有其獨特的意義（雖然賽斯在第六八三節並未提及他對轉世或威力之點的看法，但他在那份資料的很多部分都暗示有那兩種特質）。

就在我寫這個註的時候，我突然感覺到一種奇異的連結，但也發現幾乎無法用言語形容，更別提簡單說明了——賽斯在六五七節提到的「另一本書」可能是指《未知的實相》，但在我今晚這一節休息時問珍的第一個問題也重複出現。我心想，怎麼會這樣呢？因為在第六八三節進行時，我並沒有在想第六五七節啊；而且，他在口述第六五七節的時候，一般來講我根本無法得知自己在第六八三節會問這個問題。我不願意把兩節之間的這種薄弱的關係，歸因於預知或後瞻這種「傳統的」概念。這類奇怪的連結以前在賽斯資料就出現過，通常我只是看得出來，但無法清楚思考，並從那裡繼續前進。

❹見第六八一節的註❷。

❺我母親與我之間的「安全界限」，在我兩天前的夢裡巧妙地展現出來。而且好像是要更進一步地令我的意識心安心，我看見母親與那些仍「活著」的人們在一起；在我近來其他與她有關的夢裡也是如此。以下是我在《透過我的眼睛》裡描寫的相關部分：「然後，我看見母親（史黛拉）在我弟弟林登和他太太之間，彼此都

隔開了一點點，全都在經過一個空無一物的平原斜斜地向我走過來。每件東西都是色彩鮮艷。那三個人的影像由他們的腰部被切斷了，好像我是由銀幕上看他們一樣。母親沒跟我說話，也沒直接看向我；像其他人一樣，她朝著剛剛在我左肩之外處走來。

「在那個夢裡，林登跟他太太是接近於他們目前的實際年齡，比我小個一歲左右（大約五十四歲），但史黛拉看起來比她應該的（她在八十一歲去世）要年輕好幾歲。我知道，我創造了在我夢裡的她的形象，以使我能了解我們的溝通——但我感覺她是**活**的，不論以她或以我們的說法。母親顯然能控制她的機能，雖然她顯得有一點心煩意亂……她的眼光越過了我這個事實，指出了即使在夢境裡我們之間也有某種障礙或距離。我想這可能是為了保護我自己……」

至於說我的出體旅行，在這種冒險裡，我的確常常幻化出某種的支撐：在電線桿上的橫槓、一株枯樹最上面的脆弱樹枝……

第六八四節　一九七四年二月二十日　星期三　晚上九點四十二分

基本意識單位、EE單位和身體．「細胞會預知」．遺傳和預知

（昨晚珍告訴她ESP班的學生，賽斯已開始了一本新書。賽斯對這本書也有幾句話要說，從那堂課的錄音帶摘錄如下：「現在，實相既無開始，也無結束——。我希望——我希望以你們對於時間的看法，你能略微瞭解我的意思。的確有一個正在擴張的宇宙，而它是在「永恆的現在」形成的。這本書裡，我將盡所能深入那些箴言裡，但〔你們之中〕有些人將無法跟隨得上。你們創造自己的實相。但不論你跟隨或不想要跟隨進入這些其他領域，上面那句話都成立，而且是真的……

（「對那些真的要與我為伴的人，我答應你們一個冒險，一個創造性的意識改變，以及超過你曾知道的那些經驗之經驗。你看著周圍的世界，而對它的豐富與變化感到訝異。你們難道認為內在世界不是同樣豐富，甚至更豐富、更有價值嗎？你們難道認為只有一種意識嗎？

（「你們的世界是由意識的廣大不可預測性形成的。你們由它形成自己對重要性及自己的概念……你們必須停止以通常的進步說法去想。當你擔心如何跟得上張三或李四已經是夠糟的了，然而，當你開始擔心那一種自己〔或意識〕是比另一種更高超豈不更完蛋！」）

（一個註：珍今天打電話給她的編輯譚．摩斯曼，得知譚已經感覺到賽斯可能已經開始另一

本書：最近幾天，他幾次想到這件事。

（我們從九點三十分開始等這一節開始，珍說：「我快準備好了，正在等某一個清晰的焦點，意識之最清楚的一個地方，好讓資料傳遞過來……」）

晚安。

（「賽斯晚安。」）

好，那麼，這些意識單位移動得比光速還快——但那句話在某方面是沒有意義的，因為那些單位是存在於光本身具有意義的那個架構之內及之外。

（停頓。）不過，當這些單位接近物質結構時，以你們的話來說，它們就慢了下來。舉例而言，電子與EE單位❶比起來就成了緩慢的蠢貨。不用說，意識單位是「精神性」的，或如果你喜歡的話，沒有軀體的，雖然所有物質形式都是由它們的內在組織冒出來。在最小的物質粒子或甚至不可見的「物質」粒子存在之前，這些單位組織得要累積到某種強度，它形成你們認為的心智（mind），而腦子的結構圍繞著心智形成。這些單位瀰漫在腦子裡。

那裡，身體內偉大的溝通系統是依靠這些單位經常不斷的內在漲落與流動。在一個層面上，身體存活之本身大半取決於這些單位對選擇性與重要意義的癖好。然而，身體的物質實相，也是在彷彿不變的物質存在裡的一個彷彿的常數。

（緩慢的：）只因為這些單位有在時空之外的源頭，所以目前這身體的實相才是可能性的一個勝利。舉例來說，你現在的形象彷彿是你目前可能有的唯一一個，至少在你一生裡永遠是你的；而發生在它上面的事看起來幾乎是不可避免的，好比說，如果你病了，也許會奇怪為什麼，但一旦疾病已發生，它變成身體實相的一部分，而幾乎像是其經驗不可避免的一部分。

然而，這些獨立於時空之外的意識單位形成你們的細胞結構，那結構以一種最基本的方式與可能性的本質打交道。雖然從這一刻到下一刻，身體看起來是永恆的，並且是存在的，但基本上，它經常不斷由可能性的苗床升出，翱翔在你的知覺與經驗之現在點（now-point）上，而其顯然的穩定性是依靠它同時對「未來的」及「過去的」可能性之知識。

你的現在是自己懸著的意識從一個範圍裡選擇它的知覺，以及它生命本質之結果，它之所以還能被預知，只是因為可利用到更大範圍的組織。

（在十點七分，較慢的：）任何時候，你身體的狀況並不那麼是它自己對「過去歷史」理解之結果，而毋寧是對未來可能性理解之結果。細胞會預知。目前我將這點簡化了，而在本書稍後會講得清楚些❷。但你們對時間的有限概念造成了觀念上的阻礙，即使當你考慮具體生物生命之結構時，那阻礙仍在運作。

舉例而言，說遺傳由將來向回作用到過去，要比說它由過去作用到現在更真實些。但無論如何，那兩句話都不完全正確，因為你的現在是一種懸著的平衡，被可能的未來就如可能的過去影響得一樣多。

一般來說，沒有一個時候你的身體對你而言是不在這兒的。你的經驗似乎集中在它之內，而其餘世界則安全的在外面。然而，你那種意識之特定抉擇跨越過你並沒有認出的一段空檔。打個比方，你們的身體就像光一樣的閃爍明滅。從你們的立足點看來，它們的實相是變動的。就此事而言，物質宇宙也是一樣❸。

說你的意識漲落，你能瞭解——因為每個個人都能覺察到種種不同的強度與濃度。你在某些場合比在其他場合更警覺，或以你們的話來說，更有意識。現在，這同樣也適用於這些意識單位——並且適用於原子、分子、電子及其他此種現象。這世界真的是在閃爍明滅。可是，這種漲落的事實卻毫不擾亂你自己的一貫感覺。「非存在的洞」被抉擇的過程塞了起來。那麼，再次的，這過程選擇重要性，經驗圍著它建立了起來，而「生命」也圍著它被感覺到。生命的覺受本身於是自動對其他不與自己相關的此種「世界—體系」設立起障礙。

除非於你的現在，否則你不可能去檢查一個原子、一個細胞或任何東西。你的感官經驗跟隨著你能瞭解的時間模式，因此你認為當然，好比說，一個細胞是其過去之結果，而它現在的狀況是來自過去❹。胎兒長成為一個成人，並非因為它是由過去被設定程式的，而是它多少預知性的覺察到其可能性，然後由那「未來」把這資料印入過去的結構裡。

不過，從你的觀點，檢驗一個細胞不會讓你看到那個，卻只會讓你看到它現在的情形。從我說的話，應該很明顯的看出來，未來或過去都不是事先決定的。從你懸著的現在—經驗之平台上，你改變過去與未來兩者，而那個改變、那個行動引起了你切身的感覺生命之點❺。

（停頓良久。）可以說，正因為其可能的實相浮現自一個無限的可能範圍，而每一個都永遠的不可侵犯，你的存在以及你的宇宙之寶貴私密性是更像奇蹟了。（停頓良久。）去思考這些概念是很重要的。

你可以休息一下。

（十點三十五分。在十點四十九分繼續。）

現在：請等我們一會兒……

你無法把你對實相的信念與所體驗到的實相分開。那是說，你對實相的信念形成了它。你對什麼是可能及什麼是不可能的概念，在所有地方都被反映出來。

幾乎不可能以一個孤立的宇宙、一個被其自己過去所擺布的自己、一個時間順序的觀念來開始，而達到任何可被接受的關於一個多次元靈魂，或神格的理論，而那理論並非只是你們認為人是什麼的一個榮耀化、個人化的觀念❻。

不只是你們的形上學與科學受害，而且作為一個人類的每日經驗也比它本來可以是的要遜色得多。那麼，可能性相當程度地在場，在生物上也是很實際的，那會容許個人意識裡一個如此偉大的改變，以至於真的把人類完全推進到另一個經驗層面上去了。就如以你們的說法，穴居人冒險走出到地球的陽光裡，因此，人有一個時機去冒險走出而進入他主觀實相之更大知識裡，去探索自己的幅度，而且超越他到此為止在其間找到遮蔽的自己之小小範圍。

（十一點十一分。）按照你瞭解的歷史說法，人覺得安全及安心，作為在太陽之下的主要族類，想像所有其他都繞著他的存在而運轉。那個架構提供了一種穩定性，而當人容許意識有其他的自由時，就放棄了這穩定性。因此他現在必須開始瞭解是自己由形形色色的可能性裡選擇了他現在遭遇到的那個。

他認出的那個自己，是他目前覺察到的自己唯一部分。因為選擇焦點現在的運作方式，他可及的意識其他面，以及更大天性的一部分，看起來會很陌生，或「非自己」，或「在自己之外」。

這顯然不是指沒有一些與你們自己的自性完全不同的存在體，而的確是指你們的觀念強迫你們去誤解及扭曲任何「闖入的」資訊或經驗，那是你自己存在的一部分，你卻不將它認可為自己。

（在十一點二十二分停頓一分鐘。）這種行為甚至導致了某一種肉體上的不誠實，因為細胞之不受時間限制，表示在某個層面上，細胞結構是覺察到可能的未來事件的，如剛才所說。因此，身體同時向未來與過去的活動反應，以便維持現在肉體的平衡。

那麼，身體與生俱有的知識會常常試著把自己轉譯成心理活動，那可能會變成靈感、預感等等。感官可能會被用來澄清那訊息，舉例來說，你也許會在心裡聽見一個聲音或看見一閃而過的影像。按照你的信念，你可能以許多方式中的任何一個來詮釋這種資料，但這種經驗不是被認可、被接受的官方活動之一部分，因此它們可以顯得很嚇人。你可能會把它們派給「幽靈」或「亡靈」，卻是以這樣一種方式，使得這些被丟在一起成了一堆混亂的教條或迷信。

如果你先瞭解自己是一個靈魂，因此，你是不受時空約束的，那麼，至少可以考慮這種訊息中，有些是由你自己實相的其他部分來到你身上的可能性。這種訊息常常是讓你避免某種可能行為的方式。

請給我們一會兒。

（珍在十一點三十三分暫停，仍處於出神狀態，點了一根菸。自從開始了構成《未知的實相》的一連串賽斯課以來，書的口述之後再傳述一點其他主題的資料，已經變成她的一個習慣。她現在又這麼做了，本節在十一點五十一分結束。

（在上一節之後，珍開始思考這本新書的章節劃分和標題。當然，賽斯還沒有說。我告訴她，這本書可能不會有章節之分，賽斯可能有別的計畫。〔稍後補充：這個小小的兩難困境最後的化解，我記錄在稍早前的前言裡。〕）

註釋

❶見第六八二節的註❹。

❷後來加的一個註：在《未知的實相》後來的一些課裡，賽斯的確加上了談細胞預知性之資料。在卷一中的一些見第二部六九〇到六九一節。

❸在第六八一節的註❶，我簡單交代了意識或實相的波動，並請讀者參閱《靈界的訊息》第十六章第五六七節。要看該書談同一主題的更多資料，也可參見第九章第五三五節與第十九章第五七六節。

與賽斯今晚說的話「……你們的身體就像光一樣的閃爍明滅」有關連的地方，見在最後一節一開始的註釋當中，珍談她自己對相關觀念的感覺。

❹早年那些日子裡，珍和我只把細胞想成是它過去的一個結果。但在同時，珍在她的詩裡，也正試圖看透那個普遍的信念。以下的詩句摘自她寫於一九五九年的一首長詩〈悲愴〉（*Pathetique*），她當年三十歲，賽斯資料的發展之後五年才出現：

這些細胞記得
它們過去的死亡以及過去全部的死亡，
也聽見，在它們原子的黃色呢喃裡
那寒氣、那初霜與那終霜……
神奇超越一切知曉，內在的火正噴著。
若我必得一死，為何在當時
一旦這些原子直立走
也認識自己且呼喚我的名，
歌聲即成永恆。

❺見《個人實相的本質》，賽斯分別在第十四章第六五四節與第十五章第六五七節談重新設定過去的資料。他較早前談胎兒的一些資料，見《靈界的訊息》附錄第五〇三與五〇四節。

❻賽斯在《靈界的訊息》第十四章討論了多重次元的神，珍在《意識的探險》第十七章也從她的觀點談這個主題。

第六八五節 一九七四年二月二十五日 星期一 晚上九點五十一分

身體是你的「本站」．再談基本意識單位

（今天下午珍午睡時，她有一個頗為不尋常的經驗。錄自她的筆記：「剛在我睡著前，我有一次好像是精神投射，那似乎是投射到我的過去裡，那時我是一個嬰兒，在我的故鄉撒拉托加，時間差不多是一九三一年，每件東西都是灰霧似的，沒有顏色。首先『我』向下看在我娃娃車裡的『我自己』。然後，當我在投射中間變『老些』時，我輕易的過了街。等等——我剛才在寫這些時，又收到了一些東西（從我意識的一部分，但非魯柏或賽斯），意思是，這投射的環境真是如我現在的環境一樣清楚，但它是我環境的一個可能性。生物性地，我不是在我的『現在』切入它；我在它之內又不在它之內，在兩個清楚的實相之間……正旅行或又旅行過賽斯上一節裡談過的這些意識波動，他在那節裡也提到可能的意識種類。我是否正試著在自己的物質實相裡發展那些中的一個呢？但這顯然是一個醒時事件，發生在我剛入睡之前。我一起來就描述這整件事給羅聽……」

（我們從九點二十六分起就在等今晚的課，再一次，如她在第六八四節以及其他的課之前一樣，她說現在課裡「有些不同」：為這本書她必須「得到某一種清楚的焦點……」）

晚安。

（「賽斯晚安。」）

現在：請等我們一會兒……身體也是一個模式，雖然組成它的材料經常不斷的改變，那模式仍維持自己的完整性。那形式是蝕刻在空間與時間裡的，然而，那模式本身卻存在於時空的架構之外——所以身體是一個三度空間裡的投射。

不過，在其中，細胞意識卻是永恆的，那麼，身體架構本身是由不朽的東西所組成的。在時空中的投射，以你們的話來說，也許會消失、枯萎而死亡。但主要的身分則繼續存在，就像那一度曾是身體一部分之億萬細胞意識仍然存在一樣。

（在九點五十九分停了一分鐘。）在被通常的人類意識所居時，活著的身體運作為一個很強的焦點，在身體內，意識的聚合物在所有層面上集中了它自己的溝通網路。這私人網路是與其他像它一樣的網路相連的。那麼，在所有身體之間的電磁與生物性質上，根本是有相互作用層面的。可是，那網路能達到的範圍遠比那個要遠。不只是所有細胞能彼此呼應，而且它們的集體活動，觸發了意識更高中心去對既定一套的世界情況反應，而非對其他與接受模式不合卻同樣合法的世界狀況反應。那麼，到某個程度，可能性是沿著細胞路線被決定的。這應該是很明顯的。

（在十點七分一次長的停頓，很多次之一。）身體結構本身就為可被實際經驗到的那種可能性決定了模式。其他一切從其中躍出的「源頭實相」是從未預定的——那是說，沒有命定或甚至固定的。不論怎麼說，宇宙是永遠在被創造的。當意識在被明確化時，它永遠把自己視為世界的中心。意識的所有細節及現象外表發生在基本意識單位——CU's——會合成EE單位，而由之進入你們所謂的「確實性」次元。你們主要被接受的正常意識是在你身體物質之內，而透過它——身體——看你的世界。並沒有任何事阻止你由身體之外的立足點去看你的身體，除了你已被教導意識是被禁錮在身體之內的。

身體是一個放送及接收的有機體；你的總站，可以說，以及你活動的焦點。可是，你卻能十分有意識的跳離它——而你也常這樣做，尤其是在夢境——當你有一會兒從另一個視角來看世界的時候。

給我們一會兒……在某些探險裡，你的確拜訪了其他的可能實相，在其中，你有一個與「你自己」同樣真實的身體結構。你自己的心理構造，就彼此而言，達成了奇妙的複雜性，因為它由你更大可能存在之豐富庫藏裡汲取。即使是對這些概念小小的瞭解，也能幫助你對當今心理學觀念是多麼的狹隘略見一瞥。

（在十點二十五分停了一分鐘。）你知道並且認識的「自己」，在它之內帶著你所有可能特性的暗示及痕跡，那可以在你們的實相系統裡實現。你的身體是配備好把任何這些實現的。現在，因為先前提到過的選擇性❶，某些方向可能比其他的要容易些，有些則可能顯得不可能。然而，在你們族類心理及生物結構之內，可能性之路有比你所知道更多的交叉口。

如你們正常認為的意識心指揮你全盤的行動，而其概念決定你採用那一種選擇。就是為了這個理由，我才試著擴張你們有意識的概念，使得你變得更有辦法從所有對你開放的可能經驗裡選擇實質經驗的路線。

現在休息一下。

（十點三十二分。我們聊了一陣以後，珍在十點五十七分繼續。）

現在：序：有一個「未知的」實相，我是它的一部分，而你們也一樣……

（賽斯在午夜結束。快活地：）序言結束。

（「好的。」）

此節結束。

（「好，謝謝你，賽斯。晚安。」我說。在午夜十二點一分，賽斯幾乎是立刻走。見本書一開始的賽斯序。珍說，雖然賽斯其實根本沒有考慮我針對心理學提出的特定問題，但它們是賽斯序的一個動力。她感覺很好。我讀了賽斯序給她聽，她的感覺更好。

（雖然表面上這一節在此結束，其實從中還衍生出隨後、持續的效應。珍的撒拉托加經歷也涉入其中。所有相關資料都詳細收錄在附錄四。）

註釋

❶賽斯在第六八二節十點三十六分討論了選擇。

第六八六節 一九七四年二月二十七日 星期三 晚上九點四十五分

人類早期意識與記憶的誕生．選擇性、專門化以及「官方的」實相

（珍被星期一的課所激發，而在事後產生出「她自己的」資料，見附錄四。今晚我們在九點十分準備上課，而討論到她接到的資料時，她開始感受到那經驗的一個延續，不過，雖然賽斯沒有涉入，這次資料卻是以口述的形式來到。我記下了大半她所說的，而把它放在附錄五裡。我建議讀者在繼續這一課之前先看看它。

（珍結束她口述時是九點四十分。她安靜的坐了一會兒。「現在我就只是在等賽斯，」她告訴我。然後：「就好像我感覺現在有很多概念圍在我身邊，而我正讓他為我把它們組織好……不過我想現在差不多準備好了……」

（輕柔的：）晚安。

（「賽斯晚安。」）

現在：基本上，細胞意識的理解跨越了你們所認識的時間。

可是，人類意識卻是沿著明確的時間路線。當它沿著那些路線發展時，利用了種種不同生物與精神上選擇與辨識的方法。當以歷史的說法，人類變得覺察到記憶，而以你們的話來說，回想起他的過去為一個過去時，可能會把過去與現在弄亂了。在脈絡之外，但卻有著切身神經上的合

理性之生動記憶，可能與他現在必須有的光耀焦點競爭❶。

雖然過去實際上與現在一樣的切身、活生生且有創造性，人卻在好幾個層面上做了某種調整，聚焦在明確的區別上，而把過去與現在的經驗分開了。當你們那特殊一類的意識在發展時，它開始加強選擇性，明確集中在一個小範圍的活動裡，同時擋掉了其他資料。這是必要的，因為肉體存在的那特殊一類的身體操縱，要求對目前就在身邊的刺激有即刻身體上的反應。

（九點五十五分。）當意識使它自己熟悉地球經驗時，這種選擇性與專門性因此代表了一個中肯的說法。獵人必須立刻對眼前的情況反應。就時間來說，這「現在的」動物必須被殺來當食物——而非那「過去的」動物。那個動物——過去那個——就與現在被看到的這個一樣肯定地存在著，但在人的範圍裡，身體行動必須被導向一個極為明確的區域，因為身體的存活要仰仗它。

（停頓，而緩慢的：）必須要繞過細胞基本上對時間辨識的不知情。在很深的無意識層面，神經結構比表面看起來的要更能調整得多了，所以就做了一些調整。基本上，神經結構對過去與現在的資料都會反應。那麼，生理上來說，此種活動是天生固有的。在身體裡，那明確化了的「新」種意識必須又快又準地反應，所以，它只集中焦點在一個系列的神經訊息上。

（身為賽斯，珍非常小心地清楚發音，講述這份資料，幾乎是一個音節一個音節慢慢說，彷彿要給我時間一字不差地寫下來似的。她出神時的讀音通常極好，我不太需要請她重複某個字或句子。）

在生物學上，這些神經訊息變得越來越顯著，因此，人的意識騎著它們或跳在它們上面。這些特殊的脈動或訊息，變成了在生物學及精神上被接受的那些。那麼，它們成了感官知覺的線索。這些脈動或訊息變成了唯一的公認資料，而在被轉譯成感官知覺後就形成了物質實相。這個選擇性給了一個從內在存在到外在存在可被理解的參考路線。

（十點十分，慎重卻熱烈的：）其他同樣有效的訊息被忽略了，它們雖然在場，但生物上卻是不可見的。細胞仍然對這些若非如此就被忽略的脈動起反應，因為它們需要從過去與未來兩方面而來的資料，以維持身體「在當下」的平衡，而在一個與事件之「明確」交會點，即刻而有意識的外在行動必要性，則留給了正在冒出的自我意識。

雖然細胞需要未來與過去的資料，而且從那無形的緊張來形成身體現在的肉體實相，然而，同類資訊卻可能是對自我意識的一個威脅，自我可能覺得負荷不了。不過，在肉體結構之內，的確有在你們看起來跳得太快或太慢❷的訊息，而不容許任何身體的反應。以那種方式，細胞的理解力被容許了自由流動；但前所提及的（在第六八二至六八三節裡）選擇性則繞過了這種資訊，因此，它不會與那要求在時間裡的身體行動之現在感官資料相衝突。

其他帶著訊息的脈動，與那些你知覺到並且在身體上對它反應的訊息一樣有效。再次強調，細胞經常對那些反應。如前所提及的（在第六八五節裡），身體是一個電磁模式，懸在一個可能性之網裡，而在與時間及空間的交會點被體驗為肉體。

就你們的歷史而言，當人開始作記憶的實驗時，有數不清的例子，其中，正在浮出的自我意識，並沒有在如你們瞭解的過去與現在之間，做出足夠清楚的區分。

在當下的那個過去會顯得如此顯明，以至於人無法在自己創造出來的時間環境裡適當地反應。未來幾乎可以說被擋掉了，以維持行動的自由，並且鼓勵身體的探索、好奇及創造。然而，有了記憶，精神投射到未來當然也就變得可能了，因此人可以計畫他在時間裡的活動，而預見到可能的結果：未來可能性之「影子形象」，永遠能作為在所有區域、所有種類的身體探索之精神刺激。

（「你是指在這行星上的所有區域嗎？」）

這些影子形象提供刺激給精神、心靈的與身體的經驗。我相信那回答了你的問題。

（「是的。」）

人類正在與創造一個身體經驗的新世界打交道，要做這種特殊實驗必須集中精神在身體操縱上。從未來而來的影子形象是能啟發人類的一件事，可是，若這種資料立即出現在他眼前的話，人類就會被剝奪了對這實驗本身如此基本的身體歡愉、努力與挑戰。你的手要不要休息一下？

（我搖搖頭。不，珍已經幫賽斯講了四十五分鐘的話，但連一點要停住的跡象都沒有。在本書的其他節也一樣，我注意到賽斯—珍身上有一股額外的能量或動力，一種附加的堅決。這時在出神狀態，珍毫無困難地說出這些複雜的句子，連標點符號也一併指示。）

作為一個族類，你們過去也十分可能選擇任何其他「系列」的神經脈衝或訊息，來作為那「真正的」一個，而把你們的經驗沿著這不同路線建構。然而，生物結構以及精神意識在一起選擇那最舒服的順序，其中，被神經認知帶來的現在活動範圍，會被無意識的精神知識及其他生物性上不可見的神經聯繫所支撐。

心靈認識它自己，而且覺察到它的各個部分。當自我意識達到了生物與精神能力之某一點的確，時，當現在的經驗變得夠廣時，自我意識就會處在一個可以開始接受更多資料的階段了。它現在就在那個階段了。

（在十點三十七分停頓。）它處在現在的焦點，如今已安全了。以你們的話來說，那個焦點終於帶來了一個意識的擴展，而那是早期人類不需要處理的。以你們的說法，時間現在包括了更大的空間，因而也包括了更多的經驗與刺激。再一次，歷史性的說，過去每個個人在任何既定的時間，只能覺察到那些在他切身環境裡發生的事件，因此，他可以即刻的反應。到那個程度，事件是可以被控制的。如果你想，就讓你的手休息一下。

（我覺得沒問題，但仍在出神狀態裡的珍，舉起了她的空香菸包。在我給她拿一包新的時，她安靜地等著。）

自我專長於空間的擴展及空間上的實質操縱。它專長於物體，其結果是，一個在任何既定時間裡的人，對世界另一端發生的事件都是覺察的，他在許多場合能做的即刻身體反應看起來都是不適宜或不切題的。那麼，到那個程度，身體的具體行動在時間裡失掉了純淨的精確性。你無法踢一個不住在你村裡或國家裡的「敵人」——尤其是一個你個人甚至不認識的敵人。（熱切的：）再次的，到那個程度，在時間裡的即刻身體行動，已不再具有當一個人與被激怒的動物或敵人短兵相接時同樣生死交關的因素。

（「我能不能問個問題？」身為賽斯，珍點點頭。「你說早期的人類是什麼意思？你能不能為我們下一個定義？我想讀者會有興趣。」我一直希望賽斯會談這件事。仍在出神狀態中，珍聽我講完之後再度點頭，而我有一個清晰明確的印象是，我不應該打斷她的傳述。）

好，以同樣的方式，在過去，愛可以被即刻表達。就歷史而言——此處用你們關於種族的理論——早期人與他的家庭、親族或部落是在一個親密的接觸裡。然而，當空間的擴展發展了時，所愛的人常常住得相隔甚遠，而突然的身體反應無法面對面的立刻被表達。

（十點五十七分。）這些以及其他發展已經在人的行為中觸發了改變，而激勵他向著更進一步的意識改變走。他現在需要對過去與未來更擴大的觀點，以便幫助他處理已經透過經驗而演化了的「現在」之分支。

公認對自己的觀念是自我對自性（selfhood）的詮釋。它們被投射成了**神**及宇宙的觀念，具有某種生物上的有效性，因為先前提到的選擇性，只有一系列的神經脈衝被接受——而自我的自己實相凌駕其上，曾經「一度」以這種方式詮釋的一位神祇，被當作一個自己（self）對另外一個自己的自私行為之楷模。

（我重讀上一段給賽斯聽，請他核對。我都沒記錯；終究我並沒有迷路啊。）

（緩慢的：）在一個世界裡，當個人受限於部落或宗族（停了一分鐘）的空間裡時，行動是即刻且切身的。因此，環境給予了一個架構，其中，意識學著以一種直接的方式與刺激打交道。它學會如何去集中焦點。這必要的專門化表示在一個時候，不論就情感或其他方面而言，它只能處理這麼多資料。不同部落之形成容許一小群人各自合作性地做事。這是指那些在外面的人被選擇性地忽略了，被認為是陌生人。

（熱切的：）在那一點，意識尚無法一邊處理集中焦點的注意力——自我意識的浮現，同時又體驗與其他大團體合一的強而有力感受。它正在為個人化的過程（individuation）而奮鬥。

可是，個人化的過程是仰賴著每個個人的合作。當自我學會感覺更安全時，它合作性的傾向擴大了，以至於國家的生成變成可能了。然而，不可避免的，自我意識會產生一種實相，其中，它終究會需要接受一開始必須忽略的其他資料與資訊。

到此為止，我都是以你們所瞭解的歷史來說的。可是，歷史只不過是你們接受刺激的官方路線。稍後在這本書裡有更清楚的說明。

（較快些：）當自我意識擴張到包括了到此為止大半被它忽略的資料時，那麼，實際的說，它將會經驗一種新的身分，認識到不同的自己。它對神格的觀念會有重大改變，而情感的幅度也會如此。你們的傳承包括了豐富得多的愛之特質，但你們對自己及神格的觀念曾嚴重限制了這些。舉例來說，你們常常看起來似乎怨恨那些與你們有不同信仰的人，也曾以宗教及科學之名對別人做出殘酷的事，那是因為對自己天性之局限性概念，使得你們害怕自己的情感。好比說，你們常害怕愛會淹沒你。

（在十一點二十分停了一分鐘。）當你們還是如此在意，想保護你們認為的自己界限及完整性時，作為一個族類，實際上到達了你們開始否定自己更大實相的那一點了。但所有這些都是在你們的可能性裡、人類從事的一個實驗之一部分。

以那種說法，當你們學習身體的操縱時，身體的存活曾一度依賴著一個狹窄焦點，現在，那操縱之成功使得焦點必須被擴大——進入自己更大存在的一種新覺醒，以及隨之而來對神經活動之重新認知，那是現在只短短地被某些人（像珍）感受到、卻存在於你們肉體結構的傳承裡的。

（較大聲：）現在，我認為不能合理的期待你去做更多筆記而沒有一次休息，所以我讓你休息一次。

（「好的，謝謝你。」）

（十一點二十六分。其實有些時候好像我可以無限期地一直寫著筆記，而這是其中的一次。賽斯—珍當然看起來是有辦法一直說下去的樣子。珍已經出神一個小時又四十一分了，但即使如此，她還是很快就脫離出神狀態。「不過，自從他開始這本書之後，出神狀態已經變了，」她說：「我一旦上對軌道，賽斯就一直不停，也不想改變或脫離那個軌道……我認為這個發展很棒。但是你知道：如果你以為你做的是別人沒有的東西，你就會怕世界上其他人說你瘋了……但是，賽斯的組織能力非常好，那就好像在各節背後，已先完成了數量龐大的工作，所以我可以收到資料一樣，但這不像是來自賽斯的管道〔在《個人實相的本質》第二章第六一六節描述過此事〕。

（在十一點四十八分以一種安靜的態度繼續：）好，這裡，而且在整本書裡，會有處理練習單元的段落，在那兒，你多少能看到如何能實際體驗某些這種概念，而至少收到關於它們在運用上的暗示。

練習單元一

在一個醒時狀態，魯柏發現自己在紐約撒拉托加溫泉市——他長大的地方——在好像是一種精神投射裡。每樣東西都是灰色的，最強烈的感官資料之切身性付之闕如。視象清楚卻一塊塊的，非常地具選擇性。不過，移動感是最強的感官成分。魯柏在一方面是沒有身體的，而在另一方面，他透過在嬰兒車裡嬰兒的眼睛知覺到一些經驗。

他相當清晰地看到，在一個明確的十字路口（約克路與華倫街）邊一段特定的人行道，而他的注意力被那焦點攫住了：一段邊石、一片斜土坡，然後是人行道，以及嬰兒車被推上人行道的動感。

一方面那孩子是在過去的他自己，魯柏卻又是在那過去一個可能的未來自己。（停頓。）由魯柏主觀精神焦點之立足點，以及由那神經上被接受的現在立足點來看，那個過去的環境必是偏離中心或模糊的。唯有藉著繞過主觀接受的神經活動，他才能經驗那環境。他造訪了一個「不再」在那地點的店鋪，而此時感官資料略微清楚些。他對那店的內部沒有有意識的記憶，但它在剎那卻對他而言很鮮明——那黑色上油的地板鋪滿了鋸木屑，甚至氣味也在。

他遊歷了在那裡讀到三年級的（公立）小學❸，看到兒童們下課時間出來玩，而感覺他自己為其一分子——同時，在整個經驗當中，他卻知道自己是一個成人，在從事那冒險。他沒有身體地浮著，從一個地方到另一個地方——意識的一個遊歷。那同樣的環境現在存在，與魯柏的現在交替著，而與他的現在同樣生動。可是，從他的觀點，那是一個可能的過去❹。

他與暫時認同為自己的那個嬰兒只不透明且不直接地分享共同的經驗。那麼，這不是簡單的倒溯（regression）。那個孩子在那可能性裡長大，魯柏則在這個可能性裡長大。（停頓。）可是，魯柏觸及了某些兩者在神經上共享之調和交會點（coordinate）：他和那個孩子對嬰兒車及人行道、推車的母親，以及魯柏感覺自己身為那孩子被抱入的房子都很熟悉。

他栩栩如生地感覺到那房子的內部及樓梯。他知道那母親之後走下樓梯去把嬰兒車拿進來，但當他試著去知覺這個時，那移動變得太快了，那母親的身影如此完全的模糊起來，以至於他無法跟隨它。他感到混亂了，而發現自己走進轉過街角的那間店，而後有意識的繞了街廓一圈而走進學校。

那學校及店都不在那嬰兒的經驗裡，因為在那個可能性裡，那家庭搬走了。先前活動的模糊是神經上混亂的結果，而魯柏不知不覺地轉換到仍舊在同一實質街廓的環境，那對他是有意義的，卻不為那嬰兒的未來經驗所分享。你必須瞭解，自己的過去就與未來一樣活生生地存在——然而，你可能的過去與現在也以同樣方式存在，你只不過不接受它們為「你」認知的經驗罷了❺。

（停頓。）跳幾行。

作為魯柏在這本書的工作之一部分，他才剛開始實驗有意識地認知可能資料，以及有意識地接受按種種依據剛提過的「選擇」性而通常會被禁止的經驗。

（十二點十九分。）那麼，在我們上一節之後，他容許自己在睡眠狀態，意識擴展到足以覺察平常透過精神或神經習慣而被自動過濾掉的資訊及經驗。在《意識的探險》裡魯柏用了「偏見化了的知覺」這名詞——很棒的一個——那在此也是適用的。因為，以那種說法，你已在心靈、精神及身體上偏見化了自己。在睡眠狀態，魯柏變得沒偏見了——至少到某種程度——所以，他接觸到那些彷彿是陌生的或在一般經驗範圍之外的資訊。

你們對時間的理論是與平常的神經脈衝相連的。與多次元或可能性的觀念遊戲是一回事，而甚至短暫地實際面對它們則又是另外一回事——當你的思想模式與神經習慣告訴你它們無法被轉譯時。因此，魯柏感覺到挫敗，而他以很明白的話告訴我（見附錄四），他的意識無法包含他正在接收的資訊。

像一個好老師一樣（幽默的），我把他的抗議納入考慮。後來，他寫了一篇東西，這是他對前晚收到的資訊之有意識詮釋，盡他可能地以線性方式翻譯出來。

我有自己的存在，那是和魯柏相當不同的，然而，我也有一個與他心靈相連的實相❻。你們每個人與自己其他「更有知識」的部分或更大的本體，也有同類的聯繫，它們自己是獨立的，卻又活在你的心靈裡。它們是那「未知的」實相之一部分。

現在：我可以獲得魯柏以他的說法無法有的資訊。以其他的說法，他的確有它，而你們也一樣，但你們在精神、心靈及生理上對它已有偏見。可是，作為一個種族，你們已準備好要對更大的實相變得更覺察，並且去探索其「未知的」面貌了。所以我寫了這本書。

這本書裡，有些觀念可能會令你們不安，只因你們曾訓練自己去忽略它們。不過，你們也應該經驗到一種意識的加速，而且在你讀它時，會有一種越來越熟悉的感覺。如果你容許的話，這本書本身的架構會引導你進入自己更大知識之其他階層裡。

（大聲的：）本節結束。下次我會有一些個人的建議。魯柏喜愛的電視節目對他有好處，而且允許他的腦子休息，它們是他的精神遊戲。為了那個理由，所以是重要的。

（十二點三十七分。「賽斯晚安，謝謝你。」

（珍的出神狀態一直很深。現在她累得眼睛有點紅：「我覺得好像兩個禮拜都不想再用腦子了……」賽斯在課裡並沒這樣說，但珍告訴我，她「由他那兒得到」她有陣子該每天多吃一餐——當消夜吃，好比說，在課後。還有，她每天應再做些運動。她接著說，製作《未知的實相》時，並沒有承受任何額外的壓力，因為這是她想做的，但那些簡單的行動會幫助她恢復精神。珍說我最好是在休息的時候問問題，至少現在是這樣。我問早期人類的事並未「嚴重」干擾她，但我那時的感覺沒錯，的確不應該打斷她。她也談到賽斯進行《未知的實相》而她同時在寫自己的《意識的探險》，這兩件事之間可能有的困惑或衝突。然而，她並沒有困難，而且還是對自己的書充滿熱誠。她已經完成第四章的定稿。她的出版商Prentice-Hall預定一九七四年九月出版《意識的探險》。

（在一九七三年七月寫完了《個人實相的本質》之後，當我們準備那本書的出版時，珍和我常常暫停我們星期一和星期三的賽斯課。因此，我們養成了在週三晚上看某些電視節目的習慣。但自從回到定期上課之後，我們就無法看它們了，因此我建議珍把星期三的課調到星期四晚上。（而再次的：這課之後有許多次，珍發現自己在半夜為《未知的實相》口述，同時在睡眠狀態以及不在睡眠狀態裡。）

註釋

❶再一次（第六八三節註❷我也建議參閱同一處），見《個人實相的本質》第十二章的第六四七與六四八節。

❷見附錄五珍自己的資料。不過，在研讀這一節的賽斯資料，以及十一點二十六分休息的註釋時，讀者不妨也把附錄四和五都記在心上。

❸見第六七九節內文標示註❹之處以及註❹本身。

❹單單《靈魂永生》這本書，我就可以舉出很多與本節有關，談及「可能性」的資料。不過，我最喜歡的其中一節是，第十六章第五六六節，賽斯探討「心理上深奧的交互連結」，這些連結涉及種種可能的過去和未來、夢、心電感應、現在的能力、建議以及相關的主題。

❺一週之內加的附註：與這第一個練習單元相連的特定練習出現在下一節，第六八七節。

❻稍後加的註：就珍和賽斯之間有何心靈連結，我們當然還在取得資訊中。即使是現在，珍開始替賽斯說話已經超過十年了，有人可能會說我們舉行的每一節都代表這個學習過程的另一步；我們完全預期，只要賽斯課繼續舉行多久，這個過程就會持續多久。

第六八七節 一九七四年三月四日 星期一 晚上九點四十二分

練習單元一：給讀者的一個練習・意識擴展是人類生理和靈性存活的必要條件

（見附錄六有平行的人、替代的人和可能的人相關資料，珍在上回一過午夜就開始對我口述這些資料。

（在《個人實相的本質》第三章和第十二章，我插入描述珍和我如何分別在一九七二和七三年見到南遷與北移過程中的野雁。現在那真的是壯麗又神祕的現象再度降臨在我們身上，而且，如果有的話，我們發現它比以前還要有意義。對我自己來說，我憑直覺把野雁定期的遷移以及我們自己製作賽斯書的工作節律連結在一起。

（我們今天所見與去年三月看到的景象有令人欣喜的相似處：同樣，這個時節的天氣都很暖；同樣，都飄著細雨。我推開廚房的一扇窗，這時珍叫喚我注意那相同的雁鳴聲。雁群低飛在半個街區外的河面上，翱翔在雲層下方的雨中，呈大又寬的V字形，朝著北方飛去。

（我以前從來不曾見過這麼大群的野雁，一群特定數量的鳥在那隊形之中隨時來回穿梭往返，基於我們不知道的理由改變牠們的位置，整個過程一直在「交談」。再一次，看著牠們飛行的壯觀景象，我感覺極大的安心。我心想，那些鳥知道自己要去哪裡，牠們以那些人類幾乎無法了解的方式，知道自己在做什麼。我緊隨著隊形看，直到它消失在地平線上的薄霧和樹林之中。

（我們從九點二十分等這一節開始。在九點三十七分，珍不耐煩地說：「快點啦，賽斯……嗯；我最近常常這樣，有沒有？」接著又說：「我隱約感覺他在附近……」然後賽斯繼續講他練習一的資料。）

晚安。

（「賽斯晚安。」）

現在：像魯柏之撒拉托加插曲這種經驗是可貴的，因為它們開始了一個過程，在其中，其他的神經脈衝多少被承認了。

過了一段時間，這可能會帶來對可能實相的某些有意識之經驗。起初，可能只是很短的一瞥，而且感官經驗模糊不清。但無論如何，在神經結構及你們所知的意識之間，一個新的模式及認知的努力正在建立。

練習單元一

以下是一個絕佳的初步練習：

由你自己的過去選任何一幕你記得的影像，以想像的方式盡可能清楚地經驗它，但懷著它有「可能的延伸」之想法。立刻的或在試了幾次之後，有時候這影像的一個特定部分會變灰或模糊。它不是你所知的過去之一部分，卻是一個交會點，在那兒，那個過去成了一個進入一系列可能性之一個分支，那是你未曾跟隨的。

反之，你可能不是看到模糊的東西，而是覺得自己不具實體了——「鬼影似的」，如魯柏的經驗一樣。除了這些之外，如果有任何想像的對話出現，它們可能突然變得與你所記得的不同了；或整個影像與行動可能迅速地改變。任何這種現象都可能是你已開始瞥見那特定影像或行動之可能變化的一個暗示。不過在此，重要線索是主觀的感覺，而一旦經驗到它，你心裡就會毫無疑惑。

有些人對這個練習沒什麼困難，而其他人則必須持久努力才會有任何可能的成功。（停頓。）如果你由過去選擇一幕，在其中，涉及了對你而言很重要的一個選擇的話，這個方法甚至會更有效。

在這種例子裡，想像地開始，並一直跟著你可能會做出的其他決定。在某一點，一種模糊效應——灰色或其他剛提到過的特性——會發生，可能有一樣或好幾樣，但再次地，你的主觀感覺才是最重要的線索。舉例來說，想像可能帶給你一個清晰的畫面，然後它可能變得模糊了，而在這情形下，那模糊性就是你可能的行動暗示。

直到你試過並且變得完全熟悉這練習之後，才會瞭解它的有效程度。舉例來說，你會知道所記得的事件與想像在什麼時候同另一個可能性相交。不論你是不是很成功，這練習會開始在神經上重新調整方向，如果你希望一瞥你現在神經結構接受的「感官—實相」之外的實相，那是非常重要的。

（在十點一分停頓。）這練習是一個精神與生物上的門戶，它可以擴展你對自己及實相兩者的觀念。可能有些例子裡，好像做練習的時候沒有多少進步，可是，白天當你在某方向做了某重要決定之後，可能開始感受到相反決定的實相及其分支。這練習也可能會產生一種不同的夢，那至少在夢境裡被承認為前往一個可能實相的引介，無論如何，你直接在夢境與未來的可能性打交道。（停頓。）舉例來說，在一連串的夢裡，你也許會試試一個既定問題的種種不同答案，而於其中選擇一個❶，那個選擇就變成了你的物質實相。

那麼，按照情形之強度，另一個也不錯的解答可能在一個可能的實相裡獲得。在無意識層面上，你是覺察到你的可能自己的，他們也覺察到你，且共享同樣的心靈根源，而你們合起來卻又分開的夢是「你們每個人」都可得的。這並不表示你在做另一個人的夢，也不是指，好比說，雙胞胎在做著彼此的夢。它的確是指，你的可能自己與你共享著一大團的象徵、背景與能力。夢境的多重結構容許一個可能的自己可以出現在其中的夢之戲劇。可能的自己或許會以象徵出現，代表他們曾貫注其上的強烈特性——雖然你曾忽略了它們。

（緩慢的：）然而，夢境的確在可能的自己與可能的存在之間運作，如一個豐富的溝通網。所有的可能性躍自內在實相，躍自心靈自己的內在活動與結構。（停頓良久。）你所知的意識現在的確能進入它自己更大的實現裡，而不是藉由固執地保護它的老陣營，反之，它必須認識作為可能行動之指揮者的力量，而不再壓抑自己更大的才能。

在你們來說，到現在為止，你們的意識專攻的是神經模式，之前提過（第六八二節），當意識在學習專門化的焦點這門藝術時，這是極端重要的。不過，現在必須開始認識到它的確能擴展，而把其他相當合理的實相帶入它的覺察裡。可能性的本質必須被瞭解，因為在你們經驗的世界裡，已經到了需要最大智慧與辨識力的時候。意識及神經上的偏見使你們對身體活動的整個幅度視而不見，身體行動的真正內涵對你們而言還不明顯。

（在十點二十三分停了一分鐘。）你們正開始瞭解自己行星的實相。舉例來說，你無法劫掠它——這是你們才開始學到的。把你的意識對先前被否定的訊息打開，會把你帶到與你們行星上的其他生命形態之直接接觸裡，那是你們先前不讓自己做到的。光是你們細胞對過去與未來可能性之知識，就會教給你們一種精神上與肉體的禮貌。

（另一次一分鐘的停頓。）請等我們一會兒……這「未知的」實相維持你及如你們所瞭解的生命之網。你們有意識的觀念必須擴大，以使有意識的自己能瞭解其真正的本質。如你們所認為的意識僅只是半開發的，它學會了與一小團神經上被接受的反應認同，但腦子沒用到的一些部分潛藏著，等待那會觸發它們進入活動的認知（熱切的）。當這發生時，心智將覺察到現在自我如此盲目地凌駕其上的可能性之豐富苗床。

靈性化的生物性之「潛存卻永遠被感受到的」偉大次元，那時才會開始綻放。有少數了不起的人物曾瞥見那些能力，而他們對人類的愛及其健全人品，曾令他們觸發了腦子未被用到的部分❷，並以他們的方式，感受到偉大的可能未來及其分支。

幾世紀以前，他們就看見你們的現在——雖然是透過他們自己的靈視，而因此，那只是你們所知現在的一部分。你們的情感實相只偶爾真正的跳入它自己，因為你們對自己的觀念本身就否定了存在的多次元面貌。想愛及想知道的需要與渴望，兩者都生物性地存在於你們之內，而它們也存在於動物及一片草葉之內。

你們所擁有對**神**的觀念與意識的發展是攜手並進的。正在浮現的自我需要感覺自己的主控性與主宰性，因而，它想像出一個與自然分開的主宰神明。國家常常像是集體自我——每個有其自己神的形象及對力量的觀念。每當一個部落、團體或國家決定要發動一次戰爭時，它永遠用其神明觀念去領頭。

（在十點四十五分較快些：）那麼，神明觀念是對人類正在冒出的自我的輔助，而且是一個重要的輔助。為了發展它專門化的感受，自我忘記了與地球之偉大合作性的冒險。如果一個獵者真正知道他與一隻動物的關係的話，他就無法殺牠了。在較深的層面，動物與人兩方面都瞭解這聯繫。人在生物層面知道他來自土地，他有些細胞曾是動物的細胞，而那動物知道牠將由一個人的眼睛看出去❸。地球的冒險是合作性的，被殺的野獸是明日的獵者。可是，就自我意識而言，有著成長的階段；就你們所瞭解的發展路線而言，說到與自然合一的神明觀念，並非那些能滿足自我之目的的觀念（非常慎重的）。

有那麼一會兒，這種技術有用。然而，在背後永遠有不可否定的內我：人的夢，他生物與靈性上的完整性，而這些總是以某種方式出現在他面前。

在你們的可能性裡，的確容許內我某些自由，所謂的自我意識並沒有被賦予完全的主權。自我意識維持了足夠的彈性，以至於甚至隱藏在其神明觀念❹之內也有更大實相之象徵。再次說明，你們的系統處理物質的操縱，以及把創造力轉譯成物質的形式。一個外在的分離必須發生一段時間，在其中，自我中心的意識忘記它是自然的一部分，而假裝與自然是分開的。

然而，大家都知道——且無意識地寫在細胞、心智及心裡——這個過程只能到這裡為止。當人的意識對自己有把握時，它就不必如此狹窄的集中焦點，然後，人類意識的真正綻放就可以開始了。於是，自我可以擴展而變得覺察它「先前」忽略的實相。

短短的休息。

（十點五十九分到十一點七分。）

你們已把自己放在一個地位，即你們的意識現在必須覺察到可能的過去與未來，以便為自己形成健全、令人滿足且具創造力的現在。

自我意識現在必須與自己的根源相熟，否則它會變成另外一種東西。你們目前是在一種位置，在其間，自己的私人經驗與社會、教會、科學、考古學或其他學問所告訴你們的不合。人「無意識的」知識是變得越來越有意識的顯而易見，這將會在一個覺悟且擴展的自我覺性（大聲得多）——它可以組織至今被忽略的知識——之指揮及共同合作下完成，或將會在犧牲了「推理的知性」之下被完成，而導向迷信、混亂的重生，以及在理性與直覺知識之間不必要的戰爭。

（停頓。）現在，於人類發展的這一點，當他正露出頭的無意識知識被機構及制度否定時，那麼，無意識知識將會不顧那些機構制度而升起，並毀滅它們。（停頓。）一個又一個的教派會升起，每一個都沒被理性限制，因為理性會否認猖獗的無意識知識——無組織而只感覺自己的古老力量——之存在。

如果這發生了，所有種種新舊宗教派別會打仗，而種種的意識形態會浮到表面來。這並不需要發生，因為意識心——現在，基本的——在學會了以實質方式聚焦之後，就應該去擴展，去接受無意識的直覺與知識，並且把這些非常具創造性的原則組織成文化模式。

到此為止，偉大的愛的情感一直被用得很差，但它甚至代表你們存在的生理推動力。宗教大半教你們去恨自己及物質存在，它們告訴你去愛**神**，卻極少教你們去體驗自己內在的神。

好，再次強調，宗教多少總是跟著你們意識的發展走，而因此，它們滿足了自己及你的目的；而且一直反映著——雖然是扭曲的——那些你們存在的更大內在實相。就你們瞭解的歷史而言，宗教的「進步」給了你人類意識發展、民族與國家分化，以及「個人」概念生長之完美畫面。

對一個建立在自我中心的個人，這觀念沒什麼不對：因此，我並不是說你們的個人性是某些應該失去、拋在一邊或被取代的東西，也不是說它應該被埋藏、淹沒或溶入一個超我。我並沒在建議它的邊緣應被一個有力的無意識弄模糊。

（熱切的：）我是在說，這個人性的自己必須變得有意識地覺察更多的實相；它必須容許對身分的認知擴展，以使它含括先前為無意識的知識。再次強調，要做到這一點，你們必須瞭解人必須超越一個神、一個自己、一個身體、一個世界的觀念——如這些概念目前被瞭解的樣子❺。

以你們的話來說，你們現在是懸在一個門檻上，從那兒，人類可以走上許多路，有各種意識的類別，而你們的族類是在一種改變的時代，在身體機制之內有尚未被用到的潛能，當被發展了之後，它們就能不可限量的豐富這族類，並且把它帶到精神、心靈與身體的完美層面。但如果沒有做一些改變的話，像這樣子的族類將不能持續。

（十一點二十六分。）這並不指你們將不能持續，或在另一個可能性裡人類不會持續——而是以你們的歷史順序而言，人類將不能持續。

（停頓。）現在，以你們瞭解的那些歷史說法，讓我說，並沒有從動物到人之單線發展，而是平行的發展，在其間，有好幾世紀「動物—人」及「人—動物」合作地共同生活。那麼，以同樣的方式，在你們中間未為你們所知的，有許多可以稱為可能的人之族類以胚胎形式居住著❻。

因為自我之特殊發展路線，你們曾在食物上及為了醫藥目的兩者，同時也為了「宗教上的」開悟，而以人工藥品及化學劑做實驗。LSD❼及其他人工迷幻藥的一些效應，暗示你們，你們的意識可能已經遵循，或可能還在遵循的方向。不過，如那些實驗之作法，而且在對該架構的無知裡，意識心採取了一個從屬的地位。反之，用其他非藥品的方法，意識心可以被教會更安全地擴展它的知識，以可能是最有利的方式去組織那知識。不過，有些實驗的確給了人類可能發展之一的某些面向之暗示。

請等我們一會兒。讓你的手休息一下……

（非常熱切的：）老實說，你無法做任何不自然的事。無論如何，隨著食物吃進身體的「人工」化學物質在一段時間之後，以你們的話來說，會形成一種新的自然。你們的身體配備妙極了，而會把幾乎任何東西轉成對它們有利。按照許多思想派別的說法，所謂的人工藥品或化學物質被給予一種非常負面的看法，認為它們把你們與自然切斷了。然而，這種實驗代表了只在其「嬰兒期」的一條很強大的可能性路線，其中，人能維持自己而不必耗光了地球，能不殺生的生活，且真能形成一種與地球相連的新身體結構，同時卻不會耗盡地球的資產。

這並不表示同時不會產生一些生物上的混亂，但它的確意味著即使以那種說法，而且人類在意識上並不知道的情況下，正在實驗一種可能的族類，並且解決相當靈性的問題。廣義來說，你們可能的未來及可能的過去同時存在，我將開始以你們認知的歷史說法解釋你們的歷史，至少到某個程度。到那時，我希望使你們未知的實相變成有意識的已知。

現在——那是第一部之結束，要按照所給的課來組成，除了序要放在前面之外。第一部應該叫做「你與『未知的』實相」。請等我們一會兒……

（在十一點五十八分暫停。）當我以歷史的說法描述早期人的一些過去時，也會指出那個「傳承」是如何活生生地存在於你所知世界裡的每日經驗中。

靈魂與血統的考古學並沒有被埋藏，卻活生生地在你們的經驗裡。一張照片並不比一個化石更是遺物，每個都充滿了「存在」的能量，而都沒有被埋藏在你無法知道的過去裡。一張照片活在你心靈的現在，而一個化石則活在你細胞活生生的生命裡。

平行的人、替代的人及可能的人：
這些在當下私人心靈裡的反映
在你存在當下的多重次元實相

第六八七節 一九七四年三月四日

（續）

（十二點一分。）現在：第二部：「平行的人、替代的人及可能的人：這些在當下私人心靈裡的反映。」那是標題。

（停頓。）與那分開——那是一個標題——下個標題：「在你存在當下的多重次元實相。」

（較大聲：）此節結束——

（「好的——」）

——加上我對你倆最衷心的問候。魯柏正在重新發動。我不久之後還會有更多的話跟他說，我喜歡他先多弄到一些像這本書的好東西。

（「賽斯，謝謝你，晚安。」）

（十二點四分。珍很快就出來了。坐在搖椅裡，她開始快速的在地板上頓腳。我感覺到那震動。她說：「這些出神狀態是如此的深，當我出來時，我想要做些什麼，」她繼續砰砰頓足。「一點也沒錯，它們是不同的……」

（隔天早上珍告訴我，她上床之後又做了「很多書的口述」。但她想，這一次她有警覺：當她了解到資料像她常說的那樣「流過她」〔意思是，她並沒有感覺到賽斯在場〕的時候，她就坐起身，打開一盞夜燈，開始用她擺在床頭桌上的本子記錄資料。我睡在她身邊，但並沒有被吵到。「啊哈，」資訊不再流動，珍最後終於跟自己說：「這一次我通通都記下來了。」她躺回床上，然後醒過來。這個經驗的紀錄部分是她夢見的。）

註釋

❶賽斯此處談夢的解決方法這份資料，讓我想到幾句詩，說的剛好就是被留存的一切，那是珍十七歲那年寫的一首詩裡的句子：

我找到夢，於是跟它們走
卻跟丟了。
在海邊我找到有斑點的小卵石
於是留下它們，
但夢才是我想要的。

在《實習神明手冊》第四和五章，可以找到珍首次出版談夢（預知和非預知）的資料。她在《靈界的訊息》第十四章引述賽斯談夢的資料，在《靈魂永生》和《個人實相的本質》某種程度而言也直接討論到夢。不過，我們累積了相當多賽斯談夢的資料沒有出版，我會開始找機會在《未知的實相》其餘的篇章中，把那些資料安插一些進來。

❷我會說當他談到「腦部沒有使用到的部分」，那個身體器官時，賽斯的意思也是指非物質心智的特質。對於

腦，我們要學的還很多（對於心智，那就更別提了）；即使到現在，腦的每個區域都已經探索到分子層面了，還是無法在腦的組織當中找到一個念頭的任何痕跡或烙印。作為類比，賽斯在這裡假定的種種可能性的內在知識與腦部交流方式，可能和記憶一樣，記憶顯然「發生」在腦的每一部分，而不是局限在其中一個部分。

老年的精神和心靈擴展，以及腦半球的相關資料，見《個人實相的本質》第十三章第六五〇節。在《靈魂永生》第二十一章，賽斯簡短提到，腦部的「新區域」最終會啟動，「在肉體上處理」前世的記憶。見第五八六節的十一點二分。

❸就字面上來講，人類的細胞因主人死亡而分解，所以它們不會變成動物結構的一部分，但是，那些細胞至少有一些長命的分子成分可以這樣，而且完整保留所有的記憶。不過，我想這個概念不只有這種「狹義」的解讀而已，這其中可能還涉及到細胞記憶（或某種對等的特質）從生物轉移到生物。我們還沒有請賽斯談這件事。

珍在一九六五年也用詩句處理了類似的觀念：

〈照明〉

如石頭一般無語
我感覺自己
我的裡面，一聲不發。
理解吃了我的腳

還大口啃食我的手臂。
風吹起
我一層層的皮膚。
我的心和內臟攤著
在陽光下全烤乾了，
沒有包覆，一覽無遺。
鵪鶉來了，鷹與蟲，
天真無邪來領受
盛餐者。
美味的解剖——
一塊接一塊沒了性命。
我從鵪鶉的翼尖
看見自己在
鷹從清白無瑕的天空
俯降之中，
而在蟲身上我感覺到
土地平滑的側面切了開來。

我沒有被切割，
散布在星辰間，
灑落、溶解、冰凍。
我的細胞被吹動鬆落
在青蛙的頭顱之中。
「我是誰？」蟲和鷹大喊，
青蛙、星辰、岩石。
我的心和內臟大聲唱出，
用極多的聲音回答。

❹有關可能性、神的觀念和宗教，見《靈魂永生》第十四到十七章，和第二十一章，以及《意識的探險》第十七章。

❺在序和第六八三節有很多賽斯的資料適用於此處。

❻見附錄六。

❼在《個人實相的本質》，見第六三八節，橫跨第九章和第十章，接著是第六三九節。後者包含從珍的《靈魂與必朽的自己在時間當中的對話》擷取的摘錄。這些摘文進而說明她自己的一些「迷幻旅程」——但沒有用迷幻藥。

第六八八節　一九七四年三月六日　星期三　晚上九點四十七分

人類的早期發展・人魚、海豚、獸人、人獸以及其他形式

（今天我給珍看我畫她在另一個可能性裡作為一個男人的「鬼影」畫像，對我來說，這幅畫代表一種新的藝術手法，一開始讓我很困惑。我在二月初就開始試著畫這張像。我不會花篇幅描述我在創作這個作品時所下的一連串錯誤的工夫，除了說我最後終於有了相當簡單而有意識的了解之外，而那就是我嘗試畫出一個可能的珍。忽然間，就在二月二十日我看著她傳述第六八四節時，我看到我的畫與她在出神中重複採用的某些姿勢之間，有很明顯的相似之處。

（接著就是珍的撒拉托加投射——可能性的經驗，她在第一部第六八五節之前的註釋描述這件事，而賽斯也在下一節頗大篇幅地談論了一番。在那件事裡之鬼影似的特質正與我想在這張畫裡做到的相合。我發現藉著在「珍的畫像」裡留下厚厚灰與白的底色，而不加彩色，我能表達不只是她的一個可能的詮釋，也表達了撒拉托加經驗本身的無色彩特質。我一做出那些有意識的連結，就能夠很輕易地完成那幅畫。我打算用同樣的方式畫更多作品。一個相當幽默的註：珍決定她比較想要繼續固定週三舉行的賽斯課，不想要調到週四晚間。畢竟週三晚上提供的電視節目沒什麼吸引力。除此之外，她說今晚她「感覺東西就在附近，主題是細胞和祈禱，還有那一類的東西」，她宣布她想要舉行這一節。

（「而現在我坐在這裡，」她說，一邊拍著搖椅的扶手：「我可以感覺到資料正在組織中，這樣很有幫助……」）

晚安。

（「賽斯晚安。」）

好，請等我們一會兒……

意識單位（CU）❶真的是同時在每個時間與地點。它們擁有最偉大的適應性，以及構成所有組織深奧的「天生」癖好。它們的行動是個別性的，每一個卻在其內帶著任何其他既定單位或整群單位裡發生的種種活動知識。

這些單位聚到一起，實際上形成了它們處於其中有其經驗的實相系統。舉例來說：在你們的系統裡，它們是在現象界裡。那麼，它們永遠是以任何特定實相模式的扮相出現。以你們的說法，它們能在時間裡移前或移後，但在你們所知的時間裡也還擁有另一種內在流動性（interior mobility）。

就如蘋果有內部，所以就把通常的片刻想作一個蘋果。在平常的經驗裡，你把那蘋果拿在手裡或吃掉它。不過，用這種比喻，則這蘋果本身〔作為那片刻〕會在其內部包含著自己之無限變奏。所以，用一種最難解釋的方式，這些意識單位甚至能在如你瞭解的時間內運作。時間不只向前或向後動，並且還向內及向外動。在此，我仍多少用你們對時間的概念，（停頓。）而在這本書的後面，我希望能把你們帶得完全超過它。但以我現下的說法，正是時間這種向內及向外的方向，給了你們一個彷彿相當恆定、卻又正在被創造的宇宙。

這種向內及向外的衝刺容許了幾種重要的條件，那為建立「相對地」分開、穩定的宇宙系統是必要的。從這系統內的任何觀點來看，這樣一個系統可能看起來像是封閉的系統❷。然而，這向內及向外衝刺的情況，有效地建立了每個宇宙系統的界限及獨特性，同時，在它們之間容許經常不斷的能量交流。

（十點四分。）能量永不會失去，它可能看起來由一個系統消失，但如果是這樣子的話，它會自另一個裡冒出來。沒被知覺到的這種能量向內及向外的衝刺，大半造成了你們認為平常的順序時間效果。（停頓❸。）當然，特別重要的是，這些意識單位真是不可摧毀的。它們能採任何形式，以任何一種的時間—行為組織自己，而彷彿形成一個完全依賴其明顯形式與結構的實相。然而，舉例來說，當結構與形式自物理學家的黑洞❹消失之後，雖然會好像被消滅了，且時間被劇烈地改變了，然而，在另一端會有一個浮出，而曾被關在黑洞裡的一整個「宇宙包裹」會被重新打開。

透過無限個微小的來源，有經常不斷的新能量湧入你們的宇宙。這來源即意識單位本身。以它們自己的方式，並且用這個比喻，那麼，至少在某些方面意識單位運作為微小卻極端有力的黑洞與白洞，如它們目前被你們物理學家所瞭解的。請等我們一會兒……

隨著那個比喻，意識單位作為來源點或「洞」，透過它，能量落入你們的系統，或被你們的系統吸引——而在如此做時，形成了你們的系統。於是，產生了向前移的時間經驗，以及具體物質在時空中的出現，以及所有的現象世界。當意識單位離開你們的系統時，時間崩潰了，它的效應不再被經驗為順序性的，而物質變得越來越可塑，直到其精神成分變得明顯了。那麼，新的意識單位不斷地進入及離開你們的系統，然而，在整體系統內，意識單位透過它們大大小小的組織結構覺察到發生的每件事——不只是在這片刻的上面，而且是在它裡面，在它所有的可能性裡。

好，這是指生物上細胞會覺察到它所有可能的變奏，同時，在你們的時間與結構裡，它維持作為身體內任何器官之一部分的獨特位置。（停頓。）廣義來說，細胞是一個龐大的物質宇宙，繞著一個看不見的意識單位運行；而以你們的說法，意識單位永遠是看不見的——超過你們能以任何一種儀器看到之最小現象。可是，到某個程度，它的活動可以透過對你們能見現象之影響，而間接的被瞭解。

（在十點二十六分停頓。當珍在出神狀態裡等著時，我給她一罐啤酒。）

以你們的說法，先前提及的EE單位❺代表了浮出的階段，即實際上發動了意識單位的那個臨界點。往後我們對這些還會說得更多。

然而，你們瞭解「時間」向內及向外的衝刺，而明白從這兒流出了「片刻」的順序模樣是很重要的。這衝刺給了時間其幅度，那是你們至今甚至還沒開始瞭解的。再次，你們活在片刻的表面上，而完全不瞭解其下未被認知及非官方的實相。再說一次，所有這些又都與以下兩點有關：你們在神經層面上對某些訊息的認可勝過於其他，以及心理的偏見；這偏見有效地阻止你們看見那的確存在於所有「時間」內之其他確實的生物溝通。

（熱切的：）我正試著告訴你們，有關你們族類之更大實相的一些事。然而，要充分做到這點，如果可能的話，我必須剝除你們有關時間的開始或「人類早期歷史」之某些觀念。

不過，一開始我們有一會兒會依賴舊的術語，同時，希望漸漸地將它們留在後面。請等我們一下，並且讓你的手休息……

（我忍不住笑了。休息了三十秒之後，身為賽斯的珍已經等著繼續講。）

意識單位同時地形成所有的系統。在形成了你們的系統、並由它們的能量把自己多樣化成物質形式之後，它們是覺察到任何既定生物類別之所有可能變奏的。從未有過任何直線的發展——好比說，從爬蟲到哺乳類、猿猴及人。反之，有生命形態及模式之了不起的、仍在繼續的、無限豐富的平行，爆發在盡可能多的方向裡，以你們的話說，曾有分享時間與空間兩者達數世紀之久的「動物—人」及「人—動物」❻。如你們全都十分明白的，這是一個在時間裡的物質系統，這裡，細胞死去而被取代，在細胞內的意識單位知道自己的不可摧毀性，只改變了形式，卻維持住它們曾是的所有細胞身分。（熱切的：）雖然細胞實質的死去，但其不可侵犯的本質並沒有被出賣，它只不過不再是物質性的。

那麼，那種「死亡」在你們的系統裡多少是自然的。在這兒我將從許多觀點去講，稍後我將澈底討論你們死亡的概念。不過，這裡讓我聲明，所有生命都是合作性的，而所有生命也都知道它的存在是超越形體的。

你們族類的經驗涉及了某一種極為重要的意識發展。（停頓。）這使得某一種的專門化、某一種與形體「長期的」認同成為必要。在身體目前的實相裡，細胞結構維持著輝煌的有效程度，卻知道自己是不受其束縛的。人這種特定的意識強烈地與身體認同，是必要的，以便把焦點集中於具體的操縱。到某個重要程度，這同樣也適用於動物。細胞可能高興地「死去」，但那有明確中心的人及動物意識則不會如此心甘情願的放手。

細胞是個別性的，並且為應得的生存奮鬥。不過，它的時間是有限的，而身體的倖存是依賴著細胞天生的智慧：細胞最後必須死亡，以使身體能夠倖存，也只有藉著死亡，細胞才能夠促進自己的發展，並且因此保證自己更大的倖存。所以，細胞知道去死就是去活。

不過，人的意識，以及到某個程度動物的意識，是更明確地與形體認同。為了要發展這類個人化的覺性，人有一陣子必須有意地忽略自己在地球結構內的地位。他對時間的經驗，會好像是對他身分之經驗，他的意識不會好像是在出生前流入他的身體，或在死亡後流出他身體。他會「忘記」死亡有個恰當的時刻。他會忘記死亡意味著新生命，一個自然的訊息必須取代那舊的知識。

請等我們一會兒……在身體裡，某些細胞「殺死」其他細胞，而如此做時，身體活生生的健全性被維持住了，細胞們為彼此做那個服務（一邊比手勢）。在外在世界裡，某些動物「殺死」其他動物。那麼，以你們有限的說法，世代以來都有一種情況，在其中，人與動物同時是獵者和獵物。在那些模糊的世代裡❼——從你們的立足點而言——這些活動是懷著最深、最神聖的理解進行的。再次，被殺的動物知道牠「後來」會透過殺戮者的眼睛❽看出去——獲得一種更新、不同類的意識。那人——那殺戮者瞭解，甚至在殺戮中亦存在著一種了不起的和諧感，而且知道他身體的物質材料也會輪到被地球所用，以補充動物與植物的王國。

即使當你們看不見——你知道你會——那些深深的聯繫時它們還會繼續作用，直到人類意識以自己的方式能重新發現這知識，將之加以利用——有意並自願地，從而使得那意識綻放。以你們的說法，這代表一個大躍進，因為以自我為中心在覺察的個人會完全瞭解無意識的知識，並且出於選擇，自己採取行動。他會變成有意識的共同創造者。顯然這仍未發生。

我告訴你們，你們目前只看到那「片刻」的表面，也只看到人類發展的一條線，然而，即使在你們的系統內，也有那共存的其他可能實相之暗示。海豚是個適當的例子❾，在你們的可能性路線裡，牠們是奇異的東西，不過，甚至現在你們也認識到牠們偉大的腦容量，而到某個小小的程度，能一瞥牠們自己的溝通範圍。

以你們看時間的方式，在地球上某時候有許多這類物種：水裡的居民有與你們自己一樣好、甚至更好的腦容量，舉例來說，你們對人魚的傳說雖然高度浪漫化了，卻的確暗示了這種物類的發展。有好幾類比海豚更小的物種，通常是有同樣的身體結構，牠們的智力是毋庸置疑的，而有關海神的古老神話就是由這類物種升起的。即使現在，海豚也有極為豐富的情感生活，而你們對那是相當盲目的；而且還不止於此，在牠們那方面比你們自己對其他物類有更大的認可呢！

（在十一點二十四分停了一分鐘。然後以一種較慢的步調：）

海豚們擁有一種很強的個人忠誠感，及親密的家庭模式，還有高度發展的個人與團體認知及交往行為，換言之，牠們彼此合作，會特別設法去幫助其他物種，然而，牠們不養寵物（柔和的瞪著我）。不過，那時也有許多種種不同的住在水裡之哺乳動物——有些組合了人與魚，雖然是粗略沿著一種「黑猩猩—魚」類的組合路線，這些是小的生物，牠們以驚人的速度游動，而且可以跑到岸上達數天之久。

其他的可能性裡，水居的哺乳動物占優勢。牠們種地就好像你們的海水養殖一樣，而只在目前才正學習如何在陸地運作一段時間，就如你們才在學習如何於水下操縱一樣。那麼，物質宇宙成了可能性的一個門檻，而所有可能的物種在那個系統內找到自己最大的完成，而牠們每一個在神經上都調整到自己的實相及「時間」。所以，身體本身——如它目前存在的——天生就配備了神經反應，那對你而言會好像是在生理上不可見的。然而，你的意識與信念就是指揮這些神經認知的東西。在出生時，且於結構學習尚未開始之前，你在那方面是更為自由的。

在那出生的一刻，你可以走進「昨天」就與走進明天一樣——如果你可以走的話，而的確，你的知覺同時帶給你在時間順序之內及之外的世界。可是，對時間之外的事件反應不會給嬰兒帶來認可、贊同及行動，嬰兒就立刻開始學會接受某些會帶來結果的神經脈衝，而非其他的，因此，神經模式是很早學到的。這可以是一個嚇人的過程，雖然它是被大人的保證伴隨著的。在脈絡之外，那嬰兒沒有差別地同時看見現在與未來兩者，而（熱切的：）我說的是肉眼所見的形象。

孩子的夢魘常常有生物與心靈上釋放的作用，其中，埋藏在時間之外的知覺爆炸性地浮出——

——由於面對父母的制約，而無法對所知覺的事件產生有效反應。那麼，身體的確是比你們瞭解更為奇妙的活生生機制。是身體本身的預知性❿容許孩子去發展說話、走路及生長。

以同樣方式，如你們所認為的，人類在某層面上是覺察到自己的可能性及「未來」發展路線的。正在學走路的孩子也許會摔倒而受傷，但他的確學會了。同樣的，人類會做錯事——然而，在向他自己更大的知識反應時，他繼續找出自己「可能的成就」區域。

（較大聲，微笑著：）本節結束。

註釋

❶見第一部第六八二節到六八四節。

❷一般而言，基於CU's的本質——賽斯假定所有實相都由它們構成的「基本」意識單位——封閉的系統無法存在。《靈魂永生》第二十章第五八一節提到：「基本上沒有系統是封閉的。能量由一個自由地流到另一個，或不如說是彼此滲透。只因偽裝結構給人封閉系統的印象，而慣性定律並不適用。它只在你們自己的架構內顯得是個實相，並且是因為你們狹窄的焦點。」

然後，賽斯談他自己在某些實相系統中行動的能力，一些早期的摘錄見本卷第六八〇節註❹。

（賽斯，在《靈魂永生》第一章第五一二節，說：「且說有時我會用到『偽裝』這名詞，指的是外在自我所涉的物質世界，因為物質外形是實相所採取的一種偽裝。」）

❸這個小註擺在這裡有兩個原因：珍的暫停，以及賽斯對我們這種時間的討論。以下是我在一九六四年二月十

日第二十四節的九點五十五分寫的：「珍說，當她在傳述過程中為賽斯暫停時，她可以感覺到正在討論中的主題完整的概念。主觀上，它看起來是『懸在她的上方』。不過，因為在那些情況下，同時要處理的事情太多了，所以她感覺賽斯在抽回它，再用連結的字詞一次一點點地釋出給她。」

還有稍後補充：也是在那一節，賽斯描述他為了透過珍連接各個觀念的模式，而必須「讓各個觀念脫離」它們的模式。他談此事的資料將放在《未知的實相》卷二第七一一節的一個附錄裡。在那個附錄裡，我把各節與涉及珍—魯柏—賽斯（還有羅—約瑟）那錯綜複雜關係的資料集結在一起。

❹根據愛因斯坦在他的地心引力理論所做的預測，一個典型的黑洞被認為是，一顆已經耗盡全部核能的巨大行星瓦解之後的遺跡。它的密度大到無法想像，它的地心引力強大到連光都無法逃脫。因此，這種肉眼不可見的物體，在太空中形成一個「洞」。

（是的，也有人提出，某個光線可能會從黑洞正上方，或周邊的「事相面」〔event horizon〕逃脫，而且，更先進的衛星設備可能偵測得到這個光線。賽斯對黑洞的這類理論上的特性尚未作任何評論。）

見《靈魂永生》附錄的第五九三節，賽斯簡短探討黑洞以及人們暗指的對等物——白洞。

❺見第六八二節註❸，以及第六八三節十一點三十分之後的部分。

❻見附錄六。

❼才不過一週前，在第六八六節，我請賽斯談談我們的古老起源，但沒有得到答案。然後，在寫這個的時候，我們還是不知道他指的是我們過去的哪一個時期。顯然那是很久以前，即使從傳統的古生物學角度來看，最近在東非的新發現，就認出三百年前一個正在製造工具的人類，血統可能回溯到一千四百萬年前。現在我們

打算請賽斯盡快發展他談人類—動物的資料，補充更多細節，也把涉及的可能性納入其中。稍後加的註：不幸的是，在賽斯完成《未知的實相》之前，我們一直都沒有收到此處想要的這種資訊，尤其是人類起源。主要的原因是？因為我太專注在這份稿子隨後各節而忘了問。

❽見第六八七節十點四十五分，以及註❸。

❾同時賽斯的資料讓我想到珍在一九六三年寫的一本講海豚的小說。她的第一本書籍長度的小說，《反叛者》（*Rebellers*），那年夏天出版（平裝本），而且那時她也在實驗幾個新的點子。那些十一月下旬開始這些課之前的一兩個月，她寫了一本小說的大綱和其中的五章，主題是人類與鯨豚之間的溝通發展，書名叫作《聽見海豚》（*To Hear A Dolphin*）。當然，我們那時還不明白，但它卻具體表達賽斯後來在他自己的資料詳述的一些觀念。在賽斯資料開始傳述之前，珍有時間給一家出版社看她的稿子，但對方沒有意願出版。《聽見海豚》之後就被擱在一旁，最終顯然束之高閣。我們不時還是會談到它，也依然覺得它的基本前提很好。但是，珍說她要是現在處理這本書的話，她一定得整個重寫。

❿關於這種身體的預知能力，見本書第一部第六七九節的開頭，以及第六八四節的十點七分。

第六八九節　一九七四年三月十八日　星期一　晚上九點五十五分

神話、神、動物神以及自我的成長

（見附錄七的紀錄，談珍在一週前的週日，在一種意識改變狀態中的成就，當時她接收到一本可能的新書，《健康之道》〔*The Way Toward Health*〕的大綱。

（我們上週只舉行一節，而且那一節和《未知的實相》或那本談健康的書都沒有關係。其餘的時間我們忙著ESP班、一個電視節目、通信，以及別的事。今晚珍的傳述速度相當慢。）

晚安。

（「賽斯晚安。」）

口述：好，到某個程度，世代以來，如你們瞭解的意識發展追隨著神明的發展；而在那些故事裡，出現了人可能曾採取的扮相，以及那些他真的採取了的扮相。

所有動物都暗示著種種不同的實驗，以及意識採取了不同形體的一些物種，在其中，如你們所知的自我中心覺性之誕生，嘗試了幾個探索的區域。舉例來說，有種種不同「人—動物」的理解力與活動之版本。

（停頓良久。）從差不多五千萬到三千萬年前❶，有數不清的物種，那於你們現在看來會像是突變的物種。在人—動物及動物—人之間的差別，不像你們的時代裡這樣清楚，某些方面，意識更具流動性、較不集中，而且較富實驗性質。那早期的親密、早期的混雜，後來會被記下成為神話裡動物形式的神明。這樣的品種，早在你們古生物學家發現牠的確存在之前，牠就存在了。有過許多製造工具的動物族類，有些比人製造工具的才能還要早，意識知道對它開放的所有成就之可能性。每一種族類在其個人與集體心靈裡，都帶著這種可能的確實藍圖。這些藍圖在生物上是有效的——那是說，它們容許了細胞預知性的知識，現在的行為是建立於其上的。這不只是適用於個人，好比說，細胞因此知道自己將來的樣子；而以同樣方式，一整個族類對在整個世界環境裡自己「理想的」成就，會有無意識的知識。

自我按照它專門化的方向生長❷。這些對任何物類的心靈而言，是天生的內在模式，轉成觀念及精神的形象——本來全部的用意是提供有意識的方向。那麼，神明有刺激發展的作用，雖然它們看起來彷彿在「自己」的外面，卻是要引領「自己」進入其最大成就區域的。神的形象會變，就像意識一樣。以你們的話來說，種種已被淘汰的神明觀念代表了沒被選擇的發展區域，但它們仍是潛在的。舉例來說，圖騰柱是來自一個時代的遺物，那時在人與動物之間有更多的溝通——事實上，那是人去向動物學習的時候，而第一次由牠們那兒得到對藥草及正確醫療行為的知識❸。

（停頓良久。）在你們看起來，就歷史而言，人類彷彿是由動物的一種未分化意識生成之自我中心式的自我覺知。反之，在我所說的那一段時間裡，存在著許多種意識，動物選擇去發展牠們自己的那一種，就如你們選擇了自己的一樣。動物的覺知在你們看來也許像是未分化的，然而它卻是在這片刻高度明確、平衡，如此的完全，以至於依你們的說法，過去與未來大半是無意義的。

然而，那明確的專注產生了一個精美的焦點。而自我意識相較之下，則失去了部分的那種焦點。圖騰柱始於那分離點之前——當人與動物仍彼此瞭解的時候。在那些時代存在且繁榮的具體物類，對你們而言變成只是個可能性，因為牠們沒在你們的系統裡發展，而絕種了。牠們活生生的遺跡存在於將牠們具體表現出來的神明觀念裡。請等我們一會兒……

（在十點二十八分有一分鐘的停頓。）所有神話多少含著對以各種不同形式生存在地球上的其他族類之描述。舉例來說，這包括了仙女與巨人的故事。神話說出了你們族類心靈上、同時也是身體上的考古學。那麼，曾有長得較小或較大的人類品種❹，而與自然的其餘部分也有各種不同程度的有意識聯繫。而較大的實驗則涉及了一種品種的製造，他會是地球的一部分，卻又變成地球有覺知的共同創造者。曾有無以數計的考慮、無以數計的實驗：關於身體尺寸、腦容量、神經結構，以及一種有足夠彈性的意識，能夠隨環境改變，並且也有足夠活力去探索和改變那環境。你聽懂了嗎？

（「懂了。」）

正浮出的意識必須有——至少潛在的——能力對世界的情況變得覺察。當人只知道一種簡單的部落生活時，他的腦子已經有學習任何必須學習的事物之能力了，因為有一天，他將為這行星上的生命負責。

這給許多的可能性及「錯誤」留下了空間，但發展中的意識必須有自由去作自己的判斷，它不要被「本能」設定比所需更多的程式設計。不過，它在生物上必須鎖入地球生活，因而本來就得去瞭解自然的傳承。那麼，它無法把自己分得太開，或變得過分的自大。它的存活是如此的與其餘自然界相連，以致出於必要永遠得回到那個基地；它對一個天生想達到自己最大完成之推動力反應，而在回應自己的實驗與經驗時自動地改變方向。在你們的時代，國外的宗教觀念有非常大的全面改變，而這些代表了人與生俱有的知識。它的意識——心靈——正投射出自己可能成就之更大形象，這些可以在它對**神**的觀念改變中看出來。

你可以休息一下。

（十點四十七分，因為我很累了，所以決定不再繼續。）

註釋

❶賽斯讓他的資料自動回答我對早期人類的問題；見附錄六，以及第六八八節的註❼。根據我們的字典，他在今晚這一節指出的地質學時間跨度，落在新生代第三紀。這個時期再進一步分成幾世。此處的重點（字典指出）是，在那些久遠的日子裡有很多種哺乳類，包括「類人猿」。

❷見第一部第六八六節珍剛開始的傳述。

❸核對（再一次）《個人實相的本質》第十二章第六四八節，尤其是在十一點三十分那裡珍自己的資料。

❹很多《聖經》的讀者會記得〈創世記〉第六章第四節的名句：「在那些日子有巨人在地上。」不過，與此處

賽斯的資料有關的是：僅僅美國一地，就已經在非常古老的岩石形成之中，發現很多人類（和／或類人）的足跡，有大也有小。在賓州、肯塔基、密蘇里、德州、新墨西哥、加州和其他州都發現了這些遺跡，而且回溯到不可思議的三億年前，石炭紀。在德州，發現有巨人尺寸的人類足跡非常清楚，時間是一億四千萬年前的白堊紀，與幾種龐大的恐龍足跡混雜在岩石之中。這個發現與目前認為人類出現最多不過幾百萬年的科學觀念不符（見補充第六八七節的附錄六，與第六八八節的註❼）。

當然，進化論（達爾文學派）容不下恐龍和人類，或「任何」一種人類，在同一個時代的這個概念。一般而言，科學選擇不接受此處提及的發現，因為，要是正式認可了任何一個發現，那有幾個學科，其中包括地質學和生物學，在許多重要的方面，就會被證明錯得嚴重。

這些非常古老時代的人類資料，與賽斯在本節開頭為了他的突變形式，而提到的那些相形見絀的時期——「只不過」五千萬到三千萬年前——怎麼兜在一起呢？我們不知道。珍注意到這個註釋的資料已經好幾年了，但不太理會。不過，就時間而言，我們兩人對於起源問題都有興趣。我們認為，要是我們請賽斯試試看的話，他是可以幫忙整合到至少某種程度的。

第六九〇節　一九七四年三月二十一日　星期四　晚上九點三十二分

性、神及自我・基督、天父與基督教歷史

（珍對上一節的資料「一點概念都沒有」。因為我只打好其中一頁的字，所以她現在試著讀我寫的筆記，但是無法解讀我自創的速記文字。昨晚她並不特別想要舉行一節，所以我們跑出去辦些雜事。今晚，珍說，她想試著讓賽斯過來，但她不認為自己處於最佳狀態。到了九點二十八分，她坐著「等著它變清楚」。）

現在：晚安——

（「賽斯晚安。」）

——口述……為了要在你們的實相系統裡有效，意識當然必須處理專門化。可以說，在這些之下，意識單位是覺察到它們為其一部分的各種不同意識的。某種組織、行為及實驗，天生就會排除其他同樣有效的不同作法。在所有物質之下，意識單位依其無拘無束的天性與一切這種組織相熟，所以一個族類學到的一些課程，的確能轉移給另一族類。

（停頓良久。）舉例來說，一個族類可能致力於某個特定的意識實驗，而那知識給予或轉移給另一族類，而以「本能」的樣子出現，此時，它會被用為一個不同類的行為、探索或實驗之基礎。我曾說過，進化不是如你們所認為以任何一種單線的、猿到人的時間順序存在的❶，也沒有

任何其他族類以那種方式發展，反之，有平行的發展。打個比喻，你們的時間知覺只給你們看到整個蛋糕的一片而已。

不過，以連續時間來想的話，進化並非由過去走向未來，反之，人類倒是預知性地覺察想要做的改變，而從那「未來」，他改變了染色體及基因❷的「現狀」，於可能的未來帶來他想要的特定改變。那麼，同時在你平常意識焦點之上及之下，時間是以一種全然不同的方式被體驗的，且是經常在被操縱的，就像你在身體上操縱物質一樣❸。

稍後，意識單位在形成全盤結構時，形成了組成你們世界的所有原子、分子、細胞及器官。在任何既定「時間」，陸地的改變及物種變化情況之發生，是與涉及了所有物種或陸塊及水域之整體模式一致的。這種情形，涉及了一個意識之了不起的組織——有時候是創造性的劇變，其中，大自然再次從自己預知性的資料裡帶來那些最適合需要的情形。這種生物性的預知穩固地建立在染色體及基因中，而且反映在細胞裡。如先前提及的（在第六八四節裡），任何種類的所有具體之身體結構，只因細胞天生的預知能力才能維持住。當然，對細胞而言，未來並不被體驗為未來，它只是一個被經驗的**現在**浮出的狀況之一。那麼，細胞實際上感覺到的「**現在**」，包括了那些你會認為是過去與未來的東西，而將它們認為只是**現在**的一個狀況而已。只有藉著在可能性之豐富媒介裡操縱自己，細胞才能在你們的時間裡維持住身體結構。在你們所知現在的細胞，以及過去它「曾是」的細胞，或未來它「將是」的細胞之間，有經常不斷的溝通互動。

細胞的理解力躍過了它目前的形式。一個既定細胞的物質實相，是對它自己在時間裡之前及之後存在聚焦的結果；而從它對過去與未來的知識，它得到現在的結構。

（停頓良久。）廣義來說，這同樣適用於任何既定的物種。那麼，你是在時間中的你自己，依靠著在時間中存在於你之前及之後的那些自己。在一個細胞的基礎上，這是真的；就心靈而言，這也是真的。你的思想與情感，就與你的細胞一樣真實，它們也形成組織。你的願望從在時間裡的你出發，卻走向所有的方向。在一方面，作為一種族類，你們的現在形成你們的未來，但以甚至更深的說法，你預知性的覺察到自己未來的可能性，那有助於形成現在，而那現在於是又使可能的未來成為你的實相。

實質地說，你們也許想要一個新的城市，所以現在開始都市更新：當然，建築師把本來存在他們心裡的夢畫成計畫圖，準備開始了，而舊房子被拆掉。非常簡單地說，建築師的夢想可以被稱為一個預知事件，由可能的未來嵌入現在。實際計畫是按照想要見到的未來付諸實行的，把那未來實現出來。廣義來說，人類為他自己也有計畫，只不過這些是建立在對可能的問題、能力及所涉及情況之一個大得多的理解上。（停頓。）一個民族所承認的神明，代表了這樣一種心靈計畫，投射出去作為一個理想。那心靈計畫隨之會有實際的組織，這種結構是要在不同層面上幫助達成這樣一個「靈性的」進化。

因為你們居住在時間裡，所以，神的形象會反映你們的意識狀態如它現在所「是」的樣子，同時也會指向所嚮往的未來狀態。神的觀念會運作為一個心靈與靈性的藍圖，就像那建築師的計畫圖一樣，只不過是在不同的層面罷了。到種種不同的程度，每個族類其內在都有這種藍圖，而這些是重要的，因為它們在其中帶著理想化了的可能性。再次強調，在心靈與生物上，它們是有價值的，會作為細胞的生理模式，同時對意識而言，則作為一種心靈的刺激。

讓你的手休息一下，並且給我們的朋友開罐啤酒。

（十點十六分。當我在做那些事時，珍點了一根菸。她仍在出神狀態。）

靈性與生物性無法分開，它們的目的與實相會合在一起。請等我們一會兒……（然後在十點十九分停頓良久。）關於此點，這本書稍後我會解釋得更多。目前暫且讓我提一下，任何出現在你們之間的神明，既必須永遠出自你們的時代，同時卻又表達那些必須超越你們時代進入未來的概念與觀念，作為心靈的刺激，而強烈到足以造成未來的改變。以歷史說法，當人類在採用一種必要的、人工化的把自己與自然界分開的過程裡；當他必須被肯定有這樣做的能力時，當他自己擔起具有特定專門化與個人焦點之任務時，需要一個會肯定他能力的宗教。

在那時候，男性—女性的傾向在心靈上變得彼此疏離了（見附錄九），其不同被誇大了。古老母性之神的觀念變得「無意識」了。男人故意忘記出生之偉大的自然攻擊性衝刺，把身體攻擊性及力量當作他的特權——因為在自我意識具體操縱其環境的需要裡，這變得代表了它的特質。

當自我意識明白它與地球及所有生物深深的一體性時，就無法在同時發展那些專門化的能力，以及自己特定的獨特焦點。舉例來說，個別的部落文化之生長以及後來個別國家之生長，只能透過一種分離感及某種疏離才能浮出。不過，這容許了在本來條件下無法達成的一種多樣性。（停頓。）那看來似乎是地區性的猶太神（雅威／耶和華）結果毀滅了羅馬帝國，而在如此做時，帶來了地球文化的完全重組。

請等我們一會兒，讓你的手歇歇……

（十點三十五分。）

基督——如他在歷史上為人所知的樣子——代表了人類心靈上的可能性。他的學說與教誨可用許多方式詮釋，代表了人可以按照其願望去播種的種子。因為基督，所以有一個英國——以及工業革命。基督之男性面是西方文明強調的那一面，他教誨的其餘部分並沒有成為基督教思想的主要路線，而被埋藏了。

舉例來說，教會忽略了基督肉身的誕生，而把他母親塑造成一個無玷的童貞女，那是指人類意識會有一個長時期忽略它與自然及其女性面的關係。我現在說的是主流的西方文明，天父會被承認，地母則被遺忘，所以會有封建君主，而沒有女先知。人會相信作為一個分開的族類，他的確主宰著地球，因為天父把地球給了他。

於是，上升中的自我意識，就有了想要支配及控制的宗教理由。教宗變得是天父的人格化，但那個神已經的確與老的猶太耶和華不同了，歷史性地說，基督已把那觀念改變得夠多，所以至少天父就不像耶和華那麼的反覆無常，（停頓。）一些慈悲終於浮現，生長中的自我意識便無法猖獗地輾過大自然了。在另一方面，聖戰及無知會使得人口不致增加。然而，羅馬天主教會仍然保有宗教概念及觀念的寶庫，作為人類可以汲取的可能性庫藏。宗教概念被用為非常被需要的社會組織，許多僧侶則想辦法偷偷地保存舊的手稿及知識。於是，主要存活的是那些與宗教原則結盟的人，而帶來社區以及受到保護的後代。心靈與宗教概念雖然有許多缺點，卻被用為種族組織的一個方法。就「進化」而言，它們的重要性比人們認知的要大得多。從一開始，宗教觀念就把部落保持在一起，提供了社會結構，保障了身體的存活，並提供使得後代最可能存活的保護。

休息一下，（較大聲：）如果你願意，結束此節也可以。

（「那休息好了。」）

（十點五十五分。珍的出神狀態真的很深，速度一般而言也很好。現在她感覺好了很多，她說，資料清晰，來自「某個必要的層次」，為了製作這本書，她非到達不可的層次。珍說關於基督「被埋藏的」資料，及主流的基督教思想涉及了玄奧的〔意指隱藏的〕教誨及艾塞尼人〔Essenes〕——他們是在西元一世紀早期活在聖地的四個重要猶太派別之一〔見《靈魂永生》第二十一章及二十二章〕。珍又說，她可能讀過涉及基督、祕傳及艾塞尼的臆測性文章。而我們想，很可能許多的「祕密教誨」都被歸給了基督。

（然後，我們好奇賽斯說的是否真是被埋藏的基督哲學的那些部分——相當不為人所知的。我幾乎總是盡量不去以問題打斷賽斯的口述，但現在我希望曾問賽斯那點。珍和我也喜歡那個概念，即從最早的時候，宗教力量就一直在人類的發展裡作用著；這彷彿是一個非常合理的觀念，而且一旦被提出就好像十分顯明了。

（在十一點二十五分繼續。）

好，要知道我現在正強調的是你們的西方文明。

舉例來說，美國的民主直接由新教的誕生及一種新的冒險而升起，而路德❹為美國誕生所負的責任與喬治・華盛頓一樣多。

（停頓良久。）其他的民主社會曾存在於過去，但在它們之內，民主仍然是建立在一個宗教前提上，雖然那民主也許以不同的方式被表達出來——好比在希臘城邦裡（西元前第五及第六世紀）。神聖羅馬帝國在宗教概念下統一了一個文明，但人類真正的兄弟之誼，只可藉由在合作旗幟下容許人的思想自由來表達；而只有這個才能導致人類的成就，伴隨著一開始對你們而言就潛存著的意識發展。

（十一點二十九分。）我告訴你們，所謂的進化與宗教是密切相連的，你們觀念的進一步發展，將會更大程度啟動現在幾乎沒被利用到的那部分的腦❺，進而又會觸發就心靈與生物兩方面來說的擴展。

概念在空間方面的成長是一個先決條件，在地球一邊的人必須知道另一邊的人在想些什麼，但這些都必須以空間的操縱為前提，而宗教的誘因永遠刺激人（見六六八節十點三十七分到十一點二十六分）對空間產生好奇心（熱切的）❻。

許多共享你們世界的物種，在牠們自己之內有潛在且甚至現在仍持續發展的能力，因此，人與動物將懷著舊的瞭解，卻在一個新情況下再次相會於地球上❼。沒有封閉的系統，而在生物學的原則下，每個物種都知道另一個在做什麼，以及它在全盤計畫中的位置，那是各自選擇的。那些你們也許認為低於人類的所有地球居民，都多少知覺到你們。一種「可能的人」正在浮出，但他也與整個自然環境相連，在其中，合作是個主要力量。不論你知不知道這一點，你都是正在與自然合作，因為你是自然的一部分。

口述結束。

（在十一點四十二分停頓。）請等我們一會兒……

（賽斯現在給珍和我傳過來一段資料。）

此節結束，祝你們晚安。

（「賽斯，謝謝你，晚安。」十一點四十四分。）

註釋

❶在《靈魂永生》第二十章第五八二節，我摘錄賽斯在一九七一年的ESP班說的話：「所有的意識的確同時存在，因此它不是像那樣進化的……進化論和聖經的創造理論一樣是個美麗的故事……兩者在它們自己的系統內也似言之成理，但是，從較大的方面來看，它們不可能是實相……」

❷見第六八二節的註❾。

見第六八九節的註❹（和該節本身），以及補充這一節的附錄八。

❸而賽斯也加入一起行動。早在一九六四年一月八日第十四節的時候，他就告訴我們：「對我，時間可以被操縱，隨意使用和檢驗。它是一種載具……因此對我來說，它仍然是某一種實相……」

在Prentice-Hall於一九七三年出版的小說《穿梭幻相實相》（*The Education of Oversoul Seven*）當中，珍處理

了一些她自己的時間觀念，譬如，其中有一個是過去有它自己的過去、現在和未來。

❹馬丁路德是德國的神學家及聖經的翻譯者，生於一四八三至一五四六年。他年輕時是個神父，但終於背叛了天主教會，變成德國新教改革之領袖。

❺見第六八七節的註❷。

❻見第六八六節從十點三十七分到十一點二十六分。

❼參考補充第六八七節的附錄六，以及第六八九節本身。

第六九一節 一九七四年三月二十五日 星期一 晚上九點三十五分

自然萬物的「靈」、意識的種類與土地神

（珍和我都不記得上週四那一節講了什麼，而且筆記內容我也只打好一頁的字——這一個狀況和上一節之前常有的狀況頗像。我們今晚九點二十分就準備好了，到了九點半，珍說她開始收到賽斯今晚資料的「滲漏」。）

晚安。

（「賽斯晚安。」）

現在：口述。——你不能處理一下這個？

（賽斯指出珍的瀏海，幾乎快懸在她的眼睛上方了。我一直想要幫她修一下。

（好笑地：）給聰明人的一句話：

你們特定的社會在直覺與理性之間，設了如此的人工分野，以至於只有理性上很明顯的事才會被給予認可。宗教雖有它們的可怕錯誤及扭曲，但至少還維持了那些對看不見而有效的世界之概念，並且給予真正為細胞所知的那些概念一些肯定。

意識心一直是覺知到細胞的——

（在九點三十九分，電話開始響個不停。我在珍脫離出神狀態時接了電話，這是繼今晚用餐

後不久打來的一通長途電話之後的第二通，事關一名失蹤人士和一個政府單位。此處不需要提供任何其他細節，除了說這個案子非常錯綜複雜之外。

（雖然她通常不做這種工作，因為耗時以及她自己的情感態度之故。但是上一通電話她說出一些印象。此時她被告知，那些印象證實無誤，所以在長達四十五分鐘的交談中，她提供了更多這類資訊。她試探性質地了解，在有時間核對第二組的印象之後，午夜時她會接到另一通電話，才結束通話。珍笑著告訴我，如果新的資料「不夠好」的話，她可能再也不會聽到這些相關人士的消息了——但此時我們並不知道接下來會發生的事。

（我念賽斯今晚到此時為止的資料給她聽；在十點半，她繼續這一節，彷彿不曾被打斷似的：）

——理解力的。在細胞內，那看不見的實相給了細胞結構。就其學習能力及適應程度而言，身體之了不起的組織永遠不會被瞭解，除非將細胞預知性的理解力納入考量❶。

這預知能力引領著細胞穿過可能性的迷宮，同時，卻又容許它維持住對自己最偉大成就——對它自己的概念——之知識，而那概念在你們任何一段時間裡永遠是活生生的。那麼，在一種不同的尺度上，每個個體都有對自己的理想化版本，而每個物種也是如此。在這兒，我是指每個物種，並非只是說人類。顯然，這些版本對身體感官而言並不明顯，但它們卻是強大的能量中心，那多少會刺激身體感官去活動，那麼，到那個程度，的確是有「樹神」、森林之神，以及與每個人相連的「元神」（gods of being）。

天使就曾經以這種方式被塑造出來。

可是，以前也有過具高度智慧的鳥族——這是在先前提到過的時間之前❷——牠們不是類人的東西，好比說，並非有翅膀的人。牠們是大鳥，具有處理觀念的能力；牠們是社會性的，善泳（停頓），可以在水上住一段時候；牠們會唱非常美的歌，並運用一種極廣的語彙；牠們有利爪。（珍的雙眼大而黑，她舉起手，手指彎著好像準備要抓的樣子。）當人類還是穴居人時❸，常常看到這些鳥，尤其是在水邊的懸崖。許多時候，這些鳥救過墜崖的人類小孩。人類模仿牠們輕巧的飛躍上崖邊，並且隨著牠們的歌聲爬到安全的落腳處。這些記憶轉成了天使的形象。在每個例子裡，在那些時代裡，就整個地球而言，族類之間都有最大的合作。可是，朝向發展的內在推動力是來自對未來可能性之天生理解，因此，在那個畫面裡，任何時候活著的所有族類都參加了，這包括了植物及動物。凡那些合作的都得以倖存，但它們並不只以自己族類的倖存來考慮——而是，就時間來說，考慮到一個更大的活生生畫面，或不可侵犯的世界，在其中，所有的都倖存。

即使在你們系統本身之內，也有種種不同的存在類別，而你只不過是聚焦在所取向的那個而已。那麼，一切自然的東西都有「靈」（spirits）——但不幸地，即使當你考慮這種可能性時，也會把自己善與惡的宗教概念投射到它們上面，因此，你可能根本把這種觀念當作愚蠢的，而予以摒棄，因為它們對許多人而言，彷彿在理性上是聲名狼藉的。如果你真的懷有這種概念，必然常常會將這種靈擬人化，而把自己對人性的概念投射到它們上面，反之，你應該把它們想作與所有自然活生生東西相連的不同種物類。它們的確有一個在能量裡的實相，幫助把能量轉換為物質形式，那麼，它們是主動而非被動的。你在四周看到物理力量，而不把它們當一回事，舉例來說，你感覺到風及其效應，卻無法看見風，風本身是看不見的，因而這些其他力量也是看不見的。基本來說，它們並不比風更是善或惡的。我提到這點，是因為你們通常想像如果某些東西是善的，那麼必然有個相對的惡的力量，但事實並非如此，以更大的說法，這些力量是善的、保護性的，它們滋養每一樣活的東西，它們就是你們所認為的進化之推動力。它們是生物性的，在於它們到某程度是由群體細胞知識組成的——基本上，它們不受時間的拘束，卻指揮在時間裡的物理活動，因而維持了物理的平衡。

再次的，在此種力量之間有偉大的合作，以某種方式而言，一棵森林裡的樹知道整個環境以及身在其中的關係，舉例來說，它的樹性（treeness）可以與環境的土性（soilness）合在一起。

（十一點二分。電話又開始響。就算早了點，但這是意料中的事，這是之前描述過一連串電話的第三通。當珍再次脫離出神狀態時，來電者告訴我，他對珍的能力「印象深刻」，而且，我私底下想，頗為令人驚訝。珍來接電話，這時她被告知她稍早前的資料是有可能驗證的，而且實際上全部都對。受到了鼓舞，珍此時又多給了一些印象，而且更明確、更私人。到她結束時，已經十一點三十八分。

（我建議她結束這一節，但她決定再坐著等「看看發生什麼事」。所以，一分鐘之後：）

現在：再來一點口述。

（停頓）因為你們是人，所以你將所見的東西擬人化——「人化」它。你們想像這種靈是小人，具有自己那類特性，反之，有些意識的族類根本與你們自己的完全不同，而在大半情形下不為你們的肉眼所見。它們的確是與所有動植物相連的，但也與動物及你們自己相連，而它們就是當魯柏是個年輕人時所想的「土地神」。

你們每個人都有自己的土地神，這個詞也許不是最好的，但它意在表達，以你們的說法，至今尚未被表達的你的那部分——你正在變成的自己理想化之土地版（earth version）。這理想化之土地版完全不是指一個在肉體裡的完美自己；反之，它代表了一個心靈的實相，其中，你的能力在與地球環境的關係中，完成自己到最圓滿的地步，且是在一個你已選擇的時間與地點之內。

你自己的土地神部分試圖指導你通過可能性。再次的，在正常意識之下深深的生物學層面，以及在正常意識之上的心靈層面，你對自己存在的完整性是覺知的——你並且覺知自己活在肉體裡時與時空自然環境之偉大聯繫。這土地神的觀念可以被有意識的利用，但唯有當你瞭解意識心的目的，以及意識心與生物性本質的關係時，那才會對你有最大的利益。

你的意識心告訴自己，你在時間與空間裡的位置，並且在人類行動的世界裡指揮你的活動。那個世界有它自己那種豐富複雜性，那是不為動物們所知的，就如牠們敏銳的瞭解不為你們所知一樣。那麼，因為你有一個意識心，所以你存在的其餘部分，仰賴意識心給它們看到你的情況的一個適當畫面，並且仰賴意識心下達有意識的行動命令，然後這些命令會被實行，要做到這個，你必須盡可能完全地用那意識心。你給你的細胞在時空裡的實相畫面必須精確，細胞必須在那種一分到一分、一秒到一秒、一個微秒到一個微秒的基礎上行動，雖然它們自己的取向並不熟悉你們的時間觀念。

口述結束，稍微休息一下，然後如果你們精神夠的話，再來幾句。

（「好的。」）

（十二點十八分，既然我們精神還不錯，賽斯在一刻鐘之後回來，給了珍和我兩頁多的資料，於是，十二點五十二分這節終於結束。）

註釋

❶「細胞會預知」。見第一部第六八四節（及其註❷）。

❷在這兒賽斯講到的時間，存在於五千萬至三千萬年前——那是他在第六八九節裡說過的——而且是落在「第三紀」時代的，有智慧的鳥活在**那個**時段之前多久呢？我沒來得及問賽斯；第六八九節的細節我記不太清楚……

❸我也來不及問賽斯，今晚珍傳述的資料有沒有和第六八九節造成任何矛盾，因為在那節裡他討論到人—動物以及動物—人是活在第三紀裡。我們假定這些「突變的形式」暗示了通常所謂人的開始，然而現在賽斯說，穴居人在一個更早的時候與大鳥一同存在，是珍扭曲了其中一節的資料嗎？是否可能在歷史的複雜節奏裡，人甚至第三紀之前就可能已是**人**（至少類似我們所知的人），然後，進入一個動物—人形式的長循環，然後再回來做人？或是否可能在今晚的課裡，珍曾調準到一個平行的（或可能的）實相之資料？要在這麼少的資

料上解決這麼複雜的問題，實在是太難了。

（就像我更後來為第六八八節註❼做的補充一樣：即使，在那些方面，我們對人類起源的問題有興趣，卻一直都沒有在賽斯完成《未知的實相》之前解決。）

第六九二節　一九七四年四月二十四日　星期三　晚上十點三分

同時夢・未用到的腦部區域

（見附錄十，有珍與我們後來稱之為「失蹤案」通靈工作相關的一個摘要。舉行上一節，第六九一節的晚間，她首次遇到這個事件。我把珍和賽斯的引文放在附錄資料裡。

（三月二十七日週三，我們收到珍的出版商寄來賽斯的第二本書《個人實相的本質》的校稿❶。那天晚上沒有舉行賽斯課。其實，校對稿子——逐字仔細審閱超過五百頁的稿子，一再檢查註釋、拼字、標點符號等等——讓我們忙得不可開交，於是暫時取消接下來涵蓋二十六天的八節賽斯課。通常賽斯會用那些時段，從事《未知的實相》的工作。我們不喜歡那樣子打斷創作的節律，但是同時珍也讓ESP班照常上課，在那樣的背景中，接通賽斯和蘇馬利。我們跟自己說，無論時間間隔一週或六個月，只要我們準備好了，賽斯完全有能力繼續進行《未知的實相》的工作。

（當然，實情的確如此。而且再一次，賽斯又利用一個「新鮮的」事件——我的一個做夢經驗，發生在上一節之後的第三個晚上——當作他今晚口述書的根據。

（三月二十九日週五早上，我告訴珍，前一天晚上某個時候，我醒來有某種認知是，我剛結束一次做兩個夢的經驗。其中一個在無可挽回地消失之前，我保留了片刻有意識的記憶。珍和我都不記得有聽過或體驗過，我所謂的雙重夢。我寫了一篇文章記錄這種現象，但是我不知道自己有沒有扭曲某些相當平常的夢的事件，雖然同時間我也知道我沒有扭曲。我決定請賽斯在我們又回來舉行賽斯課之前討論一下這兩個夢，後來卻忘記了，一直到上週我抽出時間重讀一遍這些註釋的初稿時，才想起來（不過，當賽斯在本節討論我的「夢」時，結果是，從他的角度，他能夠比我更精確地幫它們貼上標籤）。

（在完成註釋之前，我想到要去問幾個人，了解他們有沒有聽過或是體驗過雙重夢。我找的第一個人是我們的朋友蘇・華京斯，幾乎打從珍在一九六七年開始ＥＳＰ班的課，她就來上了。蘇說她享有過幾次這樣的事件，我聽了感覺不只小小的驚訝。珍和我從一九六五年就認識蘇了，可是就我們記憶所及（而且不管基於什麼原因），雙重夢的這個主題從未出現在我們的討論之中。

（但蘇不只做過一次以上的雙重夢，而且她還說在那些時候有幾回做的同時夢，她記得其中的一些部分。她咧嘴笑著，繼續讓我更為驚訝地說下去，描述班上另一個同學的雙重夢——因為，顯然這位同學也有珍和我都不知道的某些夢的冒險。到最後我的想法是，我自己那一丁點經驗畢竟不足掛齒；不過，這還是讓珍和我覺察到夢生活的另一面。其他我可能收集的有關雙重夢的相關資訊，以及蘇（應我要求）把她自己一個多重夢寫下來的說明摘錄，請見註❷。

（一次做兩個夢，讓我寫下想問賽斯的第二個問題。我希望他詳述他在第六九〇節十一點二十九分所說的那段話：「你們觀念的進一步發展，將會更大程度啟動現在幾乎沒有被利用到的那部分的腦，進而又會觸發就心靈與生物兩方面來說的擴展。」我想知道如果有的話，在一次有〔和／或記得〕兩個夢的能力與現在幾乎沒有被利用到的那部分的腦之間，可能存在的關聯是什麼。

（我把這兩個問題念給珍聽，一邊等今晚這一節開始。她仔細傾聽，然後說「那裡有和夢相關的東西」——意思是說賽斯在附近，有在留意我們的交談，而且可能會發表意見。其實，晚餐之後珍就愈來愈放鬆，放鬆到她都想跳過這一節不上了。她決定還是舉行，是因為我們近來錯過的時間。我們等著，珍啜飲酒杯裡的葡萄酒。然後，摘下眼鏡，她進入出神狀態。）

晚安。

（「賽斯晚安。」）

好，先談你的夢：存有（entity）是覺察它所有人格經驗的。請等我們一會兒……

對那存有而言，以你們的說法，你自己的意識可以比喻為一條意識流。那麼，你自己身分的那個更大部分，是完全覺察到你全部有意識及無意識之活生生資料的，而它也覺察到由所有〔它的及你的〕部分而來的同類資料。

因為你把你的經驗與你熟悉的通常意識路線認同，所以極少能「帶進」任何「其他自己」的資料並且保有它，同時還能保持自己的身分感。這種資料可能偶爾滲漏或侵入你的思想，與之混合而沒被認出來，在這種情形裡，它染上了你自己思想模式的色調，並且增益了你存在的整體氛圍。沒有瞭解或訓練的話，你就必須「失去」自己意識才能覺知「其他」意識。

這與昨晚魯柏在ＥＳＰ班所講的有點關係，他說，首先，寫作某種程度可以是一個站得離生活遠一點的方法——為的是攫獲生活，而保存任何既定一天之不可言說的獨特性，但他說，你接著會發現寫作本身變成了那日的經驗，然後，就會正如你害怕失落在正常生活裡一樣的「失落」在寫作當中，而沒有法子站開一點去看這經驗，那麼，我對那些話要加上這個：那麼，你就需要創造另一個「自己」，與那寫作的自己隔一段距離站著，以便維持住原先的意圖。

好，實際地說，你也同樣無法經驗這種「其他意識」，除非學會多少站在旁邊一點，就像魯柏說的那個作家一樣。但即使你做到了，對其他意識之經驗本身就會取代你自己的生活空間，因此，你會需要另一個自己，使得你能夠同時保持住意識的兩條線，不失落在任何一個之中，卻又能在其中穩住陣腳。在正常生活裡，若想以持續的方式這樣做，將會是非常困難的成就。

現在，在夢境裡，你專門化的焦點不需要如在醒時狀態那樣的精確或以時間為取向。

（十點二十分。）在你的例子裡，的確達到了一個極佳的成就，你的確覺察到同時夢，而每個在不同的實相裡被經驗。你在那個時候無法同時記住兩個夢，那是因為肉體的大腦設備無法處理同時性的資料，這與腦子未用到的部分有關，如在本書裡曾提到的❸。

當然，在某些層面，大腦能處理同時性的資料，雖然你在意識上對它可能只是一知半解。身體對那些在意識上逃過了你形形色色的同時刺激是覺察的，而且能據之行動，這包括了意識上需要的各種感官資料。（熱切的：）可是，因為人類決定的那特定一種自我取向，所以許多這族類天生具有的發展可能性就一直潛藏著。肉體的大腦天生就能處理不只一條的意識主線。附帶一句，這並非指雙重人格的發展，而是指身分觀念的更進一步擴展：「你」不會只像你現在這樣只覺察到你一向所知的你，而是會升起一個更深的身分感。

那個身分會包含你一直知道的那個你，而不會對它有任何威脅。新的你就是比現在的你要多，就這麼簡單。你就是會有另一個意識的擴展，另一個「覺察自己活著的自己」，就與那比喻裡的作家覺察那生活裡的作家一樣；也就是那個「自己」，他雖然在一個略微分開的位置，卻又能評論你所過的生活。

現在，以一種非常小的方式——我必須承認——那比喻暗示了當「自己們」由自己生出，以便在種種不同的活動層面運作時，所發生的那種更深事件。就存有的例子而言，每個這種自己都完全地住在自己的次元或實相系統裡。

（對我說：）以一種初步的方式，你正在開始打開大腦那些未被用到的區域，否則根本不會覺察到兩個同時夢。但即使是在最好的情況下，語言及你們口語化的思想模式也會使得這種轉譯非常困難。至少在那方面而言，一個會多種語言的個人可能對觀念如何藉語言模式來結構有點概念，因而，在這種轉譯裡擁有一些額外的自由——當然他首先得知覺到有這種可能性才行。

好，一般來說，你的夢就是這樣子的一個經驗。反之，同時經驗到的另一個「夢」，是你對完全在另個實相裡自己另一部分經驗的主要實相混亂的詮釋；一個次元性質的滲漏。一旦你覺察到這種經驗之後，極可能在「你的」夢境也會有更多這種經驗。

休息一下，或你可以結束此節。

（「那麼我們就休息一會兒吧！」）

（十點四十三分。珍不消片刻就脫離深度出神狀態。她的傳述很平穩，幾乎算快速。「他說了什麼我還滿有概念的，」她告訴我：「在這節之前，我就知道賽斯會談到你的做夢經驗。倒不是說我現在能告訴你他說了什麼，而是我不知為何還保有那份知識……」她也知道夢的事件與我想問「沒被利用到的」那部分的腦這個問題是有關聯的。

（珍仍然非常放鬆，所以我又問了她一次，要不要賽斯談談她的狀態。她決定看看發展了什麼。她的頭繼續垂著，又是打哈欠、又是眨眼睛的；她說，她的雙手感覺「像水」。有時候這些徵兆對她來說，表示一個明顯的意識轉變狀態開始了，但她補充說，她此時並沒有要進入「一種迷幻經驗」之中。

（在十點五十九分繼續。）

現在（安靜的：）若沒有一些適當準備的話，在醒時狀態，你會覺得這樣一種經驗極具威脅性——因此，我在處理你們關於自己的觀念以及你對「一個自己」❹的概念時，必須非常小心。

約瑟，我並不是針對你而言，而是強調人類目前將個別的個人與對自己極為狹窄的觀念認同。那些概念被激烈的保護著，而也的確必須被瞭解並給予尊重——即使正在作擴展它們的企圖時。顯然世代以來，意識的特質在許多不同方面已經改變了，而且有時是在看起來好像矛盾的方面；但於你們現在，並沒有可以用來與你們對目前的意識之經驗相比較的東西。

到一個很有限的程度，你們在歷史上熟悉的不同文明及文化，代表了對意識種種不同的特質及經驗之隱約一瞥。但正如有具體的族類一樣，所以也有你們可稱為意識族類的東西（熱切的）❺。

（十一點八分。）即使在你們的族類裡，也有一些不同種類的意識，其不同處在於他們的具體人生境遇是以不同性質被體驗到的，對你們而言，那是一種在你們文化裡陌異的方式；其不同是在意義、詮釋與經驗的整體，以及生命本身，都與你們熟悉的那種經驗「陌異」。這並不表示這種不同是出自文化背景或情況的結果，因為有些這種人存在於你們自己的文化之內，而有些情況是，有你們這種意識的人存在於另一種文化裡，在其中，他們是少數民族。我說的只不過是目前在你們地球上有不同種的意識族類，雖然那也許不是最好的說法。你們一直如此執著於外在的不同，尤其是膚色與國籍的不同，以至於完全忽略了其他更重要的變奏，那是在人類具體生活裡意識所採取形式之變奏。

（在十一點十五分暫停。）就你們個人的經驗而言，蘇馬利（Sumari）❻就是一個適當的例子。每個意識「族類」成員以他們別具特徵的方式去看待實質經驗，甚至用不同方式看時間、空間及行動。他們以其特殊的樣子去認識自己的身體。每個團體都的確擁有與身體、自然及整個世界的一個不同關係。

請等我們一會兒……（仍在出神狀態，珍點了一根菸。）然而，對「一個自己」的社會階層化觀念，使你們忽視了所有這種天生的不同，而且，當接觸到你們無法瞭解的那些概念時，有一種去調換自己觀念的傾向。舉例來說，即使現在在有些「部落社會」裡，「自己」被遠為不同地經驗著；因此，雖然如你們所謂的個人性被維持著，但每個自己也經驗到他是部落裡其他人的一部分，以及是自然環境的一部分。對一些人而言，這似乎意味著個人性不是胎死腹中就是尚未發展，因此不計一切代價地保護你們對自己的概念——甚至去對抗那顯示你們全是相關的大自然證據。

只有當各種存在與生俱來的關係被瞭解時，獨特性、私人經驗及個人性才能獲得它們存在的幅度及真正的崇高。當你們藉著限制對「自己」的經驗來過度保護對自己的概念時，你就在打擊自己更大的個人性，以及自己存在的廣大次元。

現在：本節結束，我對你倆最衷心的祝福。

（「好的，賽斯晚安。」）

（十一點二十九分。珍真的深深出神。「哇啊，我接收那個資料之清晰，活像聽到鐘聲響，」她最後說。「但是它後來就突然停了，這一節便結束……」她繼續處在非常舒服的放鬆狀態中。）

註釋

❶見第六八二節的註❶。

❷一個月之後的附註，我對雙重夢現象的驚訝仍持續著，因為到現在為止，我知道有九個人包括蘇．華京斯和我有過這種經驗或類似的經驗，名單上有六個人參加ＥＳＰ班；一位是珍和我私交很深的朋友；兩位是陌生

人。其實，我們聽過這兩位陌生人的事，但沒有見過面。兩位都是專業作家，珍的編輯譚・摩斯曼轉述他雙重夢的經驗。

情況似乎已經是，一個調查者要為一個很有趣的研究取得有關雙重夢的足夠資料，並不太難。上文提到的變化本身就很有意思，而且範圍從一個「重疊的雙重夢」的描述——雙重夢就是，一個人做第一個的中途，開始做第二個夢，而且延伸到第一個夢結束之後——到一個做夢者告訴我「我知道我同時在做『兩個』夢，可是我記得它們幾乎是『一個』夢而已」。

蘇・華京斯是很有心靈稟賦和寫作天分的人（見《靈魂永生》的附錄，她為第五九四節寫的資料；她也出現在珍的《意識的探險》第五章）。在本節開頭的註釋裡，我提到蘇有一個多重夢的經驗，也承諾要在這裡呈現她對這個夢的描述。我不放談夢的資料，而是選擇蘇勾勒整個夢事件主觀架構的第一段：

「身為做夢的自己，我與史帝芬坐在我家客廳裡，突然間，自我認識、在事件之間的關係、象徵及我人生經驗的內在邏輯變得水晶般的清晰。就在我覺察力不及之處，它們以一種奇怪的方式開始累積起來，好像細胞堆在細胞上面或一串貨車車廂擠在一起一樣，就好像我做夢的自己只能在同時處理這麼多事，而那些東西越堆越高，然後，我站起來走到廚房去，史帝芬問我：『怎麼回事？』但我只能說我正在一個**爆裂**的邊緣。我沒有時間再進一步解釋。

「當我走進廚房時，我夢見自己的頭充滿了栩栩如生的畫面，像其他的夢一樣，是每個細胞對這新的覺察之詮釋。我把所有這些向外投射到四周，成為數以百計的燦爛畫面；我知道這是可能性的表達，『過去與未來』的事件，以及我甚至無法瞭解的側面事件……全都同時發生，而都被那『主持』做夢的自己完全理解。

我覺得雖然所有這些仍是來自這主持的自己，但在這些夢裡的自己也都同樣的聚焦——它們每個都是做夢的自己，活在自己的宇宙裡，而以與我非常相似的方式向外擴展它們自己的聯繫。我實際上變成了經驗到包含在所有這些自己裡做我自己的經驗，同時也做被我包含著的這些自己。在至少一個這些自己裡，這整個事件的知識來到意識裡，像它自己一個半憶起的夢，而這追憶及被追憶的經驗在我——主詞的自己——之內就好像液態的電一樣。

「當我醒時，我只能清楚的記得這些夢之中的三個，然而，以這種方式同時地包含經驗的感覺一直還持續著……」

在本註第一段提到的做夢者之一是《奇異經驗》（*Strange Experience*）的作者李・甘迪（Lee R. Gandee），在書中，甘迪描述他的一個雙重夢的經驗，那個夢也含有強烈的預知元素。我問譚認不認識記得自己做過這種夢的人之後，以下是他寄給譚描述該事件的濃縮版：

「至於說雙重夢，我的確曾同時做兩個夢，如果你翻到第一百四十四頁，會找到我對兩個同時夢之描寫，其中一個，我是在一個二次大戰的運兵列車上往印度喀拉蚩去的軍人；而另一個夢裡，我是睡在一個很冷的軍營裡。我在那本書裡寫道：『我對火車上每個動靜、聲音及味道都知道，卻也知道我是在一個非常寒冷的營房裡。我也覺知火車及軍營兩者都是夢，而我的身體是睡在佛羅里達一個很冷的帳篷裡。』

「後來，在其中一個夢裡，我下了火車，然後再回去找我自己；另外一個夢中，我起來在爐子裡加煤，把我的外套蓋在軍營裡雙層床的毯子上——而在帳篷裡醒過來。所以的確有那種雙重夢，而喀拉蚩的夢是一個**真的**夢，夢裡火車上的那些人是我醒時生活裡認識的空軍們，他們在一個月之後真的被派到那兒去了。」

這裡正是提到我偶然能作的那些快樂比喻之一的地方——因為在我們的實相裡，那雙重或多重夢的發生，至少對我們許多次的生命提供了些微洞見，而按照賽斯所說，那許多次生命是我們的存有或全我同時經驗到的。

我在前言寫道，我認為珍製作賽斯資料的速度是「處理基本上一切同時存在——真的是沒有時間這種東西的賽斯觀念一種接近物理學的方法或是翻譯」。我在此補充的是，雙重夢的現象可能是近似同時性的時間（轉世）這個概念的另一種方式，對此，作為肉體生物的我們一直都有太多的問題想問。

❸參考我在本節開場白當中的第二個問題，以及第六八七節的註❷。

❹見第六八三節一直到第一次休息時的內容。

❺賽斯在上一節的十一點三十八分之後，第一次使用「意識族類」這個名詞。後來的補充：在《未知的實相》卷二的第七一五節，他又說了另一個刺激人去思考的句子「心靈的文明」。他在此處談到地球上已經存在的意識有何特質，而那一節大部分的內容都可以當作是，這份資料的延伸。在第七一五節，珍第一次聽到「你們多重次元存在」的暗示，反應是摻雜的，那時賽斯也開口說了一些相當幽默的評語。

❻見附錄九，及其註❷和❸。

第六九三節 一九七四年四月二十九日 星期一 晚上九點四十五分

「巧合」、遷移及可能的實相：可能房地產事件的故事

（就在她進入出神狀態之前，珍對我說：「我有很棒的東西要給你……」）

晚安。

（「賽斯晚安。」）

現在，請等我們一會兒……在整本書中，我們以一種或另一種方式，來處理如你們所知及不為你們所知的歷史。我們會以你們族類之「過去」說法來討論這點。

在許多方面，歷史是你們固有的過去，是那些重要的明顯事件。所有能夠被譜進人類意識的不同變奏、所有種族的可能性，都以某種方式正在過去的年代裡發生——但它們也正發生在你們所認為的現在。如先前說過的（在第六八〇至六八二節裡），你們的意識攫取了某些事件——卻捨掉其他的——而將之帶入重要意義，也因而帶入你們所知的官方實相裡。

可是，即使在你們的私人生活裡，也有關於另一種順序的線索，在其中事件能發生——而且真的發生。你們常常不覺知這種暗示的重要性，它們不為你所注意，只因為不切合你們所熟悉的規律順序。在你們對實相的概念裡，這種線索顯得不重要；它們是無意義的，尤其是在一般認可實相之規律計畫裡。

你們的細胞結構天生就能跟隨這種順序，但因為意識心相信這種線索是無意義的，所以看不見它們，或稱它們為巧合，可是，在你們切身的日常生活裡，這種線索，若以一種不同方式去看，可以告訴你們有關人類潛能的許多事，並且讓你們一瞥其他的實相系統，人類意識可以在其中反應。這裡，我用一個魯柏與約瑟經驗到的事件，但讀者可以做自己的聯想，而發現類似的事件，並且從中得到同樣的結論。

一個星期日午後，約瑟開車經過賓州塞爾❶時，他注意到，在以前所知的一個社區裡有間房子要賣，而記起了那房子曾屬於他母親喜歡過的一個男人。出自衝動，約瑟叫魯柏打電話給負責出售的那家房地產公司，而發現那房子現今仍為那男人擁有，約瑟只記得過去他母親曾談過這位紳士。在柏茲家庭共享的被認可實相裡，約瑟母親與這位馬可先生之間並沒有過親密接觸，不過，約瑟母親曾非常的為此人所動心，且確信她本來可以嫁給他而非她所選擇的丈夫，多年來她都在幻想這樣的一種情況。馬可先生一直是非常的富有，現在當然他已老了，再也無法照顧那間房子，而是住在一間養老院裡，但被照顧得很好。

約瑟覺得非常喜歡馬可先生的家，雖然價錢頗高，但魯柏與約瑟仍考慮要買下來，於是被地產掮客帶著參觀全屋。純屬巧合——約瑟能夠參觀這老人的家❷，而馬可先生會在一間養老院裡度過餘生，就如約瑟母親一樣，這些都只是命運的一個小把戲而已。還有，這間房子要賣，而那老人堅持一個比房子所值更高的價錢，正如約瑟母親對她自己的房子堅持一個高價，並且決心要得到那價錢❸一樣，也都是看起來無意義卻令人深省的事。那是表面看來的樣子，它顯得像是人生奇怪的巧合之一罷了。

（十點十二分。）反之，你有一個可能性的豐富交織：因為在一個可能性裡，那兩人真的結婚了，而那個史黛拉把那房子給了她的長子（我自己）。然而，在這個可能性裡，約瑟卻以一個陌生身分碰上了這房子，發現它在賣，按照隨後浮出的一套新可能性，而能或不能買到它。這當中有一個「效果」交相混合。在這個可能性裡，相對地說，約瑟母親沒留下多少財產，而她的房子被賣掉了，所以她的兒子都沒得到它。

（幽默的：）現在：所有可能性都是相關的。以你們的說法，約瑟母親已死，而多少覺察到超越實質的她自己實相之本質。再次，她也能多少跟隨自己可能的存在：那是說，她也意識到自己在官方架構之外的存在❹。

不過，她自己的心理及具個人特徵的行為模式仍然是她的，並且仍在運作，所以，目前「她」「對準」那些關乎自己願望及興趣的可能區域。在這個系統裡，她要約瑟擁有她自己的房子（見註❶），但因為許多理由，那願望並沒有實現。

（停頓。）那麼，到某個很大的程度，約瑟是在她的吩咐之下才碰上那幢房子，覺得真的想要它，而採取了他的實相裡所採取的行動。

（珍的眼睛深而黑，舉起了她的空杯。）

讓他保持在出神狀態裡……

（她一直在啜飲啤酒。現在，當我由冰箱裡拿出另一瓶時，她坐著靜等。）

你要不要讓你的手休息一下？

（「不必。」）

如果你母親沒有得到那男人及那財富，那麼——照她的說法——你仍能得到在她活著時幻想是屬於她的那棟房子。

（我不得不覺得好笑，因為賽斯對我母親思考過程的描寫是如此地符合她的特性。）

她常常夢想住在裡面。在一個精神與情感層面，她在這一生常透過白日夢，用那個可能性來豐富自己的日子——但當然完全不知道，那些白日夢也有自己的真實性。

即使現在，她也希望約瑟比他的弟弟們有個更好的房子——（強調的，並且覺得有趣的：）如果你想的話，可以把這句刪掉。

然而，這是一個可能性交織的清楚例子，舉例來說，在這個例子裡，約瑟可以選擇買或不買，所以並沒有任何來自史黛拉的強迫。約瑟與魯柏也看了在塞爾的第二棟房子——便宜得多、卻滿像約瑟母親此生所住的那棟。他們在同一天看這兩間房子，這第二棟就像第一棟一樣，也是因為屋主年老而要出售：一對老夫婦最近由這房子搬到了養老院。再次，「官方的」頭腦說：「巧合，所有這些都很自然：許多房子都是因為老人不再能照顧它們而要出售。」

（在十點三十三分停頓。）這第二棟房子雖然沒有車庫，而且不是在那麼時髦的社區裡，卻也有它自己的高貴。它突兀的角落及隱蔽處令魯柏發笑。請等我們一會兒……那房子並沒有背負著史黛拉的期望，然而，它也是她曾注意過的一棟房子，認為比她自己的要堂皇些——她本來可能會快活地住在裡面的房子。這是她的第二個選擇❺。

那一對房屋掮客（強森夫婦）也有關連。再次的，官方的頭腦會說以下純屬巧合，「這對夫婦本身有藝術傾向，是喜歡畫畫與寫作的自由撰稿人，結婚幾年之後仍住在一間公寓裡——那個男人與女人對比之下較為安靜（好笑的）。」然而，可能性又會合了，因為那女人很可能是個作家，而那男人是個畫家；而魯柏與約瑟提醒了他們天生在自己天性裡的其他可能性。

以那種說法，約瑟母親的期望死後猶存，她仍要約瑟有棟房子，並且是棟比她自己的更時髦、更有價值的房子。且說，馬可先生——一個有錢商人——也有很強的藝術才能，他經營寶石與精美古物的買賣。這些品質吸引了約瑟母親，而以她在那世設定的情況來說，她對之印象深刻，知道那男人的才能會帶給他財富。他的藝術傾向使得他選擇了本身具有潛在藝術能力的房屋掮客。

請等我們一會兒……

當這兩對夫婦交談時，發現了還有其他的「巧合」：魯柏與約瑟最近想過，要在這一帶、卻非特別靠近的一座特定休閒汽車旅館度個週末假期，而這對掮客夫婦曾因惡劣氣候被迫在這同樣的旅館住了一夜；在那時有個通靈者在那兒演出。

這通靈者正確指認出這對夫婦經驗中某些明確的事物，而把他們嚇了一跳，所以這兒也有某種心靈聯繫。再次的，當然，官方的組織頭腦會如此說，純屬巧合。只要不再以預先包裝的方式去組織你的知覺與經驗，你在所有生活裡，可能性的豐富交織是顯而易見的（強調的）。

人類可能有的很多方向現在就存在。約瑟某方面在一個細胞的層面上反應，因為細胞覺知到所涉及的可能實相❻，約瑟覺得他（在馬可家）「賓至如歸」，卻又無法在意識上解釋那種感覺。以某種說法，如果約瑟買了那棟房子，他的母親會覺得心願得償，但這選擇卻仍是他及魯柏的。如果對你認為巧合的事情付出更多注意的話，你就會發現，在你跟隨的被認可秩序之下有另外一種秩序。就人類而言，這在生物上有各種各類的暗示；那麼，你也許能瞭解，個人及群體地，在你們的生活之下也有可能的歷史。

一旦你承認它們的實相，那神經上不被認可的秩序就能顯示它們自己，然後，你們的感官資料就會開始確認至今一直未被確認的東西。

你可以休息一下。（微笑：）我對你的手發發慈悲。

（在十一點二十八分暫停，書的口述到此為止。如我們在課前要求的，賽斯把最後的傳述給了珍和我，他在十二點整結束。）

註釋

❶三週前，在四月七日，珍和我開車去兜風。塞爾鎮距離我們現在居住的紐約州艾爾麥拉只有十八英里，坐落在兩個小村之間美麗的賓州山丘上，南邊是雅典村（Athens），北邊是紐約州的威弗利村（Waverly）。當地人把這三個地方合稱為「谷地」。我們偶爾會去塞爾走走。雖然就路程來講，它很近，但對我來說，它的幾個重要的面向卻很遙遠，遠在多年以前。

它是一個有鐵路經過的古老小鎮，人口以中低階層為主，以前它的重要性多半是因為有幾條重要鐵路在這裡交會；不過，現在也有一家知名的醫院診所設在這裡，這個鎮一直在成長。我和兩個弟弟在塞爾長大，那時候它的人口可能不到六千五百人，今天已經多很多了。我家在賽斯描述的那個街區從一九二二年（我三歲）住到一九三一年（我十二歲），然後搬到這個鎮的另一頭。我記得相當清楚，我很不想搬家；因為小男孩不想要離開他的朋友還有他喜愛的環境。當時我父母的搬家動機，對我來說毫無意義。不過，他們買了「新」房子，而且我們家一直到一九七二年都還保有這個房子。我父親在那一年過世，我母親過了一年也走了。相關的資料，見第六七九節註❾，以及第六八〇節的註❷和❸。

❷帶我們去看房子的那對房地產掮客是一對夫妻，在塞爾有間小型仲介公司。認識之後，我們立刻喜歡上了強森夫婦（並非真名）。參觀馬可先生的房子是個特殊經驗──我絕對沒想到自己正在這樣做，距我上一次在那裡的四十三年之後。當然，珍並沒像我這麼被它吸引，因此，我也就沒那麼熱切了。從我念小學的日子以來，我想我特別記得那房子的大客廳；因為馬可家有兩個與我及我二弟同年齡的孩子；有時，我們四個在這房子會合，然後一同上學。

柏茲家當時住的房子就在那個角落，隔著一條街，從馬可那裡的前門玄關幾乎看不到我家（後來我在我們家的一本相簿裡找到幾張房子的老照片，因此想起了那些日子街道都沒有鋪人行道）。即使到今天，住在附近的家庭和他們的孩子，我多半都還記得。我童年的世界大部分是那幾條街構成的。

現在我和珍開車經過那些樸實無華的街道，我有一股既熟悉又陌生的感覺，很難形容。不管有沒有人行道，已經過了那麼多年，街區居然明顯地幾乎都沒變。我告訴自己，現在樹更高大、更濃密了，而且我體驗到一個怪異的奇蹟，那就是木造屋都還屹立不搖。我也告訴自己，很多人對自己曾經很在乎——其實，現在依然在乎——的環境，一定也有類似的感覺。但是，越來越熟悉賽斯的時間觀念之後，我比以前更清楚意識到，當我們旅行時，那不只是穿越空間的旅程，其間牽涉了更多的東西。

❸我母親不只堅持「高價出售她自己的家」，而且出乎每一個與賣屋這件事有關聯的人，家庭成員、房地產仲介和其他人的意料之外，她成功要到她開的價錢。

❹賽斯在他的序裡面，討論了我母親的死與他剛開始的「未知的」實相；在第六七九節和六八〇節，有一些資料談我母親可能的轉世；在第六八三節，有我在做夢狀態與她的接觸。見每一節相應的註釋。

❺我會說賽斯在這裡說「這是『她』的第二個選擇」，必須要謹慎地解讀。這一節進行時，我沒領會到其中可能隱含的意思，否則，那時我可能會請他澄清一下。因為我的疏忽而沒這麼做，所以一年後我只好重寫這個註釋。

這一節在進行時，我了解賽斯指的是，珍和我在四月二十五日看的第二間房子，也是我母親「當時」為我們找的第二個選擇。後來某一天，我們開始懷疑他的意思會不會是，這第二間房子是多年來史黛拉・柏茲在馬可先生之後，為「她自己」找的第二好的選擇。我們採取保守的作法，而決定這不可能。因為，兩間房子不只得同時賣掉，而且珍和我也必須在同一天去查訪它們，可是塞爾的房子有好幾百間，這兩間一定是好幾年都得分屬我母親偏愛的第一名和第二名才行。最後這兩點與最初的兩點剛好吻合的機率很大，我們認為這兩間房子已經涉及了夠明顯的一連串「巧合」。

可是，不管這一切的邏輯，還是有小小的可能性存在。我母親與這第二間屋子「可能」有某種情感的連結。

討論中的這個地方位在一個幾條街構成的社區裡面，我在註❶描述過，我家在一九三一年搬到那個社區去住。因為它坐落在塞爾主要大街的其中一條，在一個繁忙的街角，我知道隨後幾年我一定經過這裡很多次，可是從來沒有注意到那間房子是個獨立的實體，直到珍和我跟著強森夫婦走到它的前門。強森夫婦告訴我們誰是屋主，那時我只能回答說，我住在塞爾的時候聽過這個名字；一對和我母親同樣年代的夫婦。雖然我想不起我母親有提過他們，但至少她可能認識他們。雙方可能因為共同的朋友而有連結。賽斯說那間房子代表我母親的第二個選擇，那麼，珍和我在小小的程度上可以從那番話玩玩各種推斷。我不能去問她，因為她五個月前過世了，但是史黛拉・柏茲「可能」認識屋主而且去過他們家；她「可能」太喜歡它了……

❻見第一部第六八四節到六八五節。

第六九四節 一九七四年五月一日 星期三 晚上九點二十九分

死後的生命與可能性

（「嗯，」珍說，在我們坐著等這節開始的時候，指著她面前的兩個點：「那裡有書的東西〔在左邊〕，那裡有談我的東西〔在右邊〕。但是很好玩：**我並不認為他在那裡**，只有資訊在。這就好像我等著資料掉進一台販賣機裡頭，然後賽斯在**這裡**——她摸著自己的肚子——『處理它』。

（「我可以感覺到那個資訊在我的外面，比如說，但是我在平常的意識狀態中是拿不到的。當賽斯過來時，他是和資料在同一個層次上，而且他，或說我，接著就能夠把它拉進來……彷彿那裡有一間資訊商店，但我必須穿過一道意識之門才能到達。」）

晚安。

（「賽斯晚安。」）

現在：口述（眼睛閉著，耳語）。請等我們一會兒……

剛才給的比較不重要的可能事件例子及其相互作用，對可能性的一般性質提供了幾個重要線索。的確是有一個組織存在著，卻非你們習於認知的那種秩序。在日常生活的所有範圍裡，這小小的私人經驗以不同的變奏被不斷重複著——那是說，可能事件經常在相互作用，而（熱切的）

透過它們的互動，你們終於有了為自己所接受、被認知的一串事件，稱之為物質實相。

不過，在這被承認事件的秩序下，實際上有個「不斷發生的行動」之廣大領域。這些可能性的領域是你們實相的行動之源；但你們的世界——行動也是這些其他可能性的一個源頭。

這適用於所有的層面，不論是精神或生物上，所以，可能性涉及了原子、分子，以及細胞，它們也涉及了思想以及顯然更具體的事件。你們的身體是個可能性的建構物，它們的存在只因為原子在可能性的某些點出現。然而，在其他層面上，原子不存在於那些同樣的點，而你在那兒的身體（珍前傾強調）並不是這同樣的物質建構，那麼，你這個身體並不存在於那兒。

科學上，以你們所有的儀器，你們至今只能看到在自己的可能性系統範圍裡存在的原子。既然你們實質地透過身體來看——它是原子組成的，那麼當然，你的感官知覺會使你擋掉對其他可能刺激或反應的認知。在魯柏《意識的探險》裡，他提到稱之為「偏見化了的知覺」❶，就這點而言，那是一個絕佳的名詞。

（停頓良久。）請等我們一會兒……（又停頓很久。）

這當中有些很難訴諸語言。在物質之內，原子及分子之內的EE單位❷是覺察到發生行動的可能範圍的。雖然身體的完整性必須依賴可能性裡的一個不斷反覆，且在那可能系統裡維持住某個「常態」，雖然身體知覺大半被導向那兒，但身體系統的基本完整性及意識是由系統外進入這個系統。

（珍在指出所有標點之後，賽斯帶著勝利的口吻結束最後一句話。）

原子們雖然在系統之內表現得中規中矩，彷彿也順從它的規則與假設，無論如何，它們實際上卻凌駕在可能性之上。那麼，你們的時間結構，是與可能的行動及所實現事情的範圍密切相連的，舉例來說，以你們的說法，好像約瑟不可能看到那個房子在出售，直到一連串既定事件發生了之後。看起來好像所有這些是依靠先前的事件，如：多年前當兩人都還年輕時，他母親與馬可先生的碰面；她在往後日子裡的白日夢及幻想；她自己的死亡；馬可先生的年老，及他自己對那房子的割捨。

（十點。）以你們的說法，看起來好像在那房子被拿出來賣之前，所有那些事件必須發生，因此，約瑟在幾天之前路過時才能看到那招牌，而決定去看房子。以更基本的說法，所有事件同時存在，就如原子與分子也同時在所有可能的位置出現一樣。在時間裡，行動的身體用到一個時間結構，並且自然的在其中行動，而它「不變的」結構在時間裡持久下去。所以，在那個架構裡，時間的確被經驗到——在用到那組織結構時，時間彷彿統合了所有那些事件。

給我們一會兒……因為所選擇的那特殊的一種組織，於是，那些事件上升進入重要性❸。而其他幾乎同樣有效的事件看起來則並不重要——不會上升進入知覺或實相，不過，它們存在。舉例來說，在一個實相裡，約瑟母親嫁給了馬可先生，而約瑟繼承了那房子，在那個實相裡，馬可先生比約瑟母親先死，約瑟根本不需要去找房子，因為他已經有了。在那個實相裡，約瑟並沒有娶魯柏，而在這個實相裡〔你與魯柏知道的這個〕，魯柏本能地覺得和那房子疏遠。

（「我可不可以問一個問題？」我不喜歡打斷資料的傳述，但這是個好時機，來提一下自從星期一晚上就一直在我腦海裡縈繞的問題。）

可以。

（「我知道你在上一節說過，我母親並沒有從她那無形的實相試圖強迫我和珍買馬可先生的那棟房子——然而，我一直在好奇，別人會對在我們實相裡感覺到從『另一邊』來的影響這概念怎麼想——」）

把你的問題寫下來，我會回答它。

（「儘管說吧，我可以待會兒再寫。」而賽斯就以他自己的方式去處理這個問題了。）

我說得很清楚，決定是在約瑟與魯柏。但不止於此，有關那棟房子的整個問題，把非常重要的價值與特權考量帶進他們自己的生活裡來。因此，他們在這種問題上必須知道自己的立場。舉例來說，約瑟無意識的覺察那第一棟房子，而可以選擇不開過那條街。但他和魯柏對錢財與社會地位都比較不重視，反倒是一直住在公寓裡，不太在乎外表。然而，在你們的社會裡，永遠有壓力要人去買時髦的房子，物質的擁有常常被認為是能力的勳章。

請等我們一會兒……財務上魯柏與約瑟開始寬裕些了，只有在這時，傳統概念才會浮上枱面。在情感上，那些概念本身就吸引了約瑟母親的某些面，就她而言，很簡單地，她希望兒子成功，那是意味著擁有一棟非常好的房子，就是如此。在她那方面，那是一個夠無邪的野心。

當她感覺到約瑟也有想要這樣一棟房子的強烈欲望時，於是——以你們的說法——她從死後的不同架構裡，開始把那機會帶入約瑟的經驗裡，這並非操縱，不過，它的確顯示約瑟母親的一部分——與她兒子相連的那部分——仍然以某種方式與他相關。它也顯示他想在塞爾有個房子的欲望（更深沉，更有力）有助於帶來某些事件：如果他想要的話，可以有這樣的一棟房子。

這個插曲也反映了他的信念，因為照他的想法，將必須捨棄某些自由，而他並沒有準備好去這樣做。這些事件基本上同時存在，雖然在你們的層面，你們必須在時間裡知覺它們。正如你切身的每日實相可以被可能性涉及並染色，被你自己的欲望及信念帶入你的經驗裡一樣，你們群體的文化、世界的歷史以及人類的取向也被可能事件所染色，那些是並不切合你們對物質實相之官方認可概念的事件。

替代的人、可能的人、替代的你的、可能的你的——這些問題適用於個人，也同樣適用於全人類，而它們適用於你的未來就如同適用於你的過去一樣。

請給我們一會兒……你自己也休息一下。

（停了一分鐘。）最偉大的科學發現永遠是「意外」，它們來自直覺的創造，是當突然之間「先前」無法預知的一種新的重要意義被看到了。你們接受所有適合你們理論的資料，而忽略了相反的線索，然而，在這所有之下，你們是「創造重要意義」的生物，是「模式形成者」，沉浸在時間裡，基本上卻與時間分開，因而，新的洞見進入你的覺察裡，真的改變了在任何既定時候、任何既定實相的特質。

你可以休息一下。

（十點三十四分，珍說她對這本書的種種，都不太有意識的知覺，她的出神狀態非常深，相比之下，她在《個人實相的本質》製作裡則參與得多了。

（我們討論到賽斯講我母親資料的一般暗示——就是說，她不只在「死」後「活」著，並且她的一部分還貫注在珍和我身上。珍容許賽斯以一種比她平常更私人的方式談論這整個情況，結果是，我們有的史黛拉・柏茲的資料，已經比，譬如，珍自己父母稍早前的死亡〔分別在一九七一年和七二年〕還多。我們知道賽斯不會無止境地繼續描述我的母親及她目前的實相；因為這樣一個研究很容易就長成另一本書。另外，珍對給予死後人格的資料有一種很深的成見，附錄十的資料會談到這點。我也認為在這本書繼續時，賽斯會對在她的感受之後的信念說得更多一點。

（賽斯相當有力地傳遞下面三段資料，在十點五十分繼續。）

約瑟母親不只活在另一個實相層面，並且仍在學習。所以，她對約瑟不買馬可家房子的決定是相當覺知的❺。在她的實相層面，她對約瑟很想要那棟房子的事實是知道的，她知道他的一部分想要擁有一棟大房子，即使這會要求他的另一個部分不願提供的維修與注意，因為他覺得那會占用太多他畫畫及我們工作的時間。

約瑟一時想要那房子的那個部分，立即吸引了約瑟母親那方一直有的同樣欲望。在非物質的另一個活動層面上，這重新發動了他們之間的舊衝突。有那麼一會兒，他們的欲望聯合了他們，不過，現在的史黛拉比較能夠瞭解她兒子的反應，透過他在這實相裡的決定，她終於開始瞥見他過去行為的理由，那在以前對她而言是無法理解的。

試著瞭解所有這些反應真是在同時發生的……約瑟在這一端的欲望吸引了他母親相似的欲望。（停頓。）然而，以你們的說法，反應繼續著。

現在，請等我們一會兒……

（十一點整，寫書的工作到此結束，珍隨後對其他幾件事傳遞了相當多的資料。此節在十一點四十三分結束。）

註釋

❶在《意識的探險》的「詞彙」裡，珍給「偏見化了的知覺」下的定義是：把未區分的資料組織成明確、區分好的感官說法之癖好。也可參見《意識的探險》第十四章。

❷見第六八二節註❸。

❸見第六八二節十點二十一分之後的內容。

❹與珍的家庭背景有關的一點點資料，見第六七九節註❹，以及該節的第一次傳述。

❺十個月後補充的註：後來有很多房屋的增建，但是，不只有馬可先生在塞爾的那個地方，珍和我住的艾爾麥拉這裡也有一些。一般來說，我們根本不可能預料到後來會發展出這麼多「房屋的連結」。這些事件發生在賽斯—珍製作《未知的實相》卷二第六部的時候，在該處有一些詳細的描述；它們也是兩卷之間幾近理想的連結。

第六九五節　一九七四年五月六日　星期一　晚上九點二十九分

練習單元二—五．給讀者的一節練習課

（在五月四日週六晚間，珍短暫接通一些她自己的出神資料。至少賽斯並未明顯在場。上回她這樣是早在三月四日那時候，當時她的資料談的是平行的人、替代的人和可能的人；賽斯在口述六八七節的同一天晚上提到此事，為本卷的第二部提供基礎〔資料本身如附錄六所述〕。

（不過，沒有必要引述珍在週六晚間的傳述內容。此事之所以發生，是因為我們在討論彼此已故的父母以及可能性，這和《未知的實相》最前面的兩節（第六七九和六八〇節）有關。賽斯利用我們兩人小時候各一張照片，來為他的新書揭開序幕。然後，我在前天的晚上告訴珍，說我想請賽斯談談她父母——瑪麗（Marie）和德爾墨（Delmer）——早年的照片，看看資料會有什麼發展。

（我們一邊等今晚這節開始，一邊討論上述的資料。「賽斯的書讓我想到一種老式的日記，」我發表意見：「但有一個新的創意，那就是可能性這件事。」我繼續說我有點擔心，因為《未知的實相》的註釋比《靈魂永生》和《個人實相的本質》長了相當多。但是我覺得這樣做是有緣故的，也選擇繼續進行下去。珍同意。她說註釋的本意是幫我們的生活保留一份世俗記錄，賽斯談可能性和其他觀念的資料比較複雜，但這份記錄則與之「平行」。她認為在本書稍後針對

註釋這個主題，他還有話要說。

（在等課開始時我們聊了一會兒。九點三分珍告訴我，「她自己」要口述一些額外的資料，叫我把它寫下來：

（「我們對人類所知的可以與我們作為個人對自己所知的相比，在某一方面，兩個觀念是在相同的層面，而且是與在連續時間順序裡的實相打交道。個人就像人類，都以多重次元的方式存在；而繞著可能性的焦點盤旋，不斷地織入和織出替代的實相。

（「任何人的一張照片，代表了一個經驗過的可能身分，聚焦在被認可的時間順序裡，其有效程度是依賴著其他沒被攝下的、看不見的照片，就如組成一首交響樂的既定音符之所以重要，乃由於沒被實際用到、被暗示的音符。

（「以同樣的方式，人類的一個『畫面』只代表了人類的一個版本。在特定時間順序裡『被拍了下來』。它有效是因為沒被聚焦其上那看不見的實相，但現實卻凌駕其上。」她說，一邊笑著：「但是你想知道什麼，只管問吧……」此時隨著《未知的實相》的發展，繼續記錄這類案例，我們就覺得滿意了。週六晚間的經驗，的確在今晚這一節出現了回響，不過看起來這份資料並不會有珍三月四日那次傳述的那種長期效應。

（在九點十五分，我念筆記上的上一節內容給珍聽，因為我還沒有時間打字。她傾聽時的狀態很放鬆，但是有舉行一節課的意願。「我正在等它變清楚……」）

現在，晚安——

（「賽斯晚安。」）

——口述：

練習單元二

我希望每個讀者試試兩個練習。首先，拿一件你讀這篇文字那天發生在你身上的任何事，把那特定被選的事件，看作由其他可能會發生的事件之龐大庫藏中來到你經驗裡的一個。

檢查你所知的這事件，然後試著從你所瞭解的自己過去生活細線追蹤它的出處，然後，把出自此事而可能在你腦海中浮出的其他事件向外投射，變成在你的可能未來之行動。這個練習還有另一個部分：當你結束了剛才給的程序時，隨之改變你的視點；由另一個也涉足其中之人的立足點去看那事件。不論那經驗彷彿有多私密，總有另一個人會與之有關連。透過他的眼睛看這插曲，然後繼續剛才所給的程序，只不過用這改變了的視點。

沒有一個人能替你做這練習，但主觀的結果可以是非常驚人的，那事件先前未出現的不同面向可能突然明顯了起來。事件的幅度會被更完全的經驗到。

請等我們一會兒……

（現在賽斯談了一下珍在上星期六晚上曾觸及的資料。）

練習單元三

第二個練習，拿一張你自己的照片放在面前。這照片可以是過去或現在的，但試著把它看作平衡在完美焦點裡的一個自己，由底下的次元裡浮出，在其中，其他可能的照片也可能被拍攝過。你看到的那個自己勝利地浮出來，在其經驗裡獨特而不可輕侮；但在面前你看到的樣子裡——這例子裡是指姿勢、表情——也還有微光閃現、染色或陰影，那是屬於其他可能性的回音。試著去感覺那些。

練習單元四

現在：拿另一張與剛才那張不同年齡的照片，只簡單的問你自己：「我是在看同樣一個人嗎？」這第二張照片有多熟悉或多陌生？它與你今晚選的第一張有何不同？有什麼相似性？把這兩張照片在你腦海裡聯合起來，在每張照片被拍下時，你有什麼樣的經驗？在一張照片裡你想到要跟隨，而在那另一張裡沒被跟隨的有哪些路子？那些路子的確是被追隨的，如果它們沒被你認知的自己追隨，那麼以你們的話來說，也的確被一個可能的自己追隨。當你想到這種事件時，在腦子裡跟隨著那個自己可能會採取的方向，如果你找到一條現在希望自己曾追隨卻未追隨的發展路線，那麼深深的去想，那些活動現在可能契入你被正式接受的生活架構方式❷。這種帶著欲望的沉思——由常識支撐著，能帶來在可能性裡的交會點，可引起心靈深層成分的一個新鮮的重新排列。以這種方式，可能事件會被吸引到你目前的生活結構裡。

（九點四十分。）我們一直在談可能的人類，而且也的確有意更深地討論可能的個人，如其適用於你們族類的樣子。然而，人類的事件始自個人，所有在人類裡與生俱來的力量、能力及特性，也都與生俱來地存在於人類個別的成員裡。所以，經由瞭解你自己的未知實相，可以對人類的未知實相學到很多。

練習單元五

現在，選另一張照片，我要你多少有點不同的看這張照片，這也應該是一張你自己的獨照，把這視為在一個特定時間與空間裡，作為代表你們族類的一張你的照片。看著它，如同你會看一隻動物在其環境裡的照片。舉例來說，如果那照片是在房間裡拍的，那麼，把那房間想作一個特殊的環境，與樹林一樣的自然。以這種方式看那張照片中的你：他（她）與這張照片裡的其他成分是混在一起或分開的？把那些其他成分看作那形象的特徵，視它們為屬於你自己的延伸性質。舉例來說，如果那照片是暗的，並且顯出陰影，那麼，在這練習裡把那些視為屬於照片中的你。

想像地，由在照片裡另一處的視點來檢查你的形象，看看那形象如何可被視為那環境的整體模式——那房間、家具、院子或不論什麼——之一部分。

當你看見一張一隻動物在其環境裡的照片時，常常會作出當你看見一張一個人在其環境裡的照片時你不會作的聯繫。然而，每個場所就與任何動物的居所一樣獨特——就這個人及這個人為其一部分的族類而言，一樣的私密，一樣的共享，一樣的重要。只為伸展你的想像力：當你看著你的照片時，想像你是一個族類的代表，正巧以那特定的姿勢被攫住，而那照片的框則代表了「一個時間籠子」。從外面向下看那張照片，你正在你這個樣品被放著的時間籠子之外，而那個樣品、那個個人，那個你，不只代表了你自己，也代表了你們族類的一個面貌。如果你保持住那種感覺，那麼，時間因素會變得與照片裡任何其他物件同樣真實了，雖然看不見，但時間就是那框子。

好，向上看，那照片成了只是你整個視線範圍之內的一小件東西。你不只在照片裡的自己之外，而且現在它只代表了你實相的一小部分，但那照片在自己的架構內仍是不可侵犯的；你無法改變它裡面任何東西的位置。如果你毀掉了照片本身，也完全無法毀掉其後的實相。舉例來說，你無法殺死在照片裡也許被拍到的那棵樹。

請等我們一會兒……

（十點十一分，在出神狀態裡的珍突然安靜了一分多鐘。）

你已經搆不到照片裡的那個人了，你所是的那個你，在你的經驗裡可以做任何你想要的改變：你可以為自己的目的改變可能性，你卻無法改變已走上自己之路的其他可能自己之路線。所有的可能自己是相連的，每個彼此影響，有自然的相互作用，卻沒有強迫。每個可能的自己有其自由意志及獨特性，你可以改變在你所知的可能性裡自己的經驗——那經驗本身就凌駕在無窮盡的其他可能性上。你可以把任何數目的可能事件帶進自己的經驗裡，卻無法否定你實相的另一個部分之可能經驗，那是說，你無法消滅它。

當你在看著個人歷史裡的一張照片時，那代表了你在這個特定實相——或在它被拍下來時，被接受為官方的那個實相——裡的浮出，所以，你是在看著一張代表你們族類、在一個可能性的特定剎那被攫住的照片，那個族類有如你私底下所有的分支與發展。就私人而言，有可能的自己們，就族類而言，也有可能的自己們，正如你有自己認可的官方個人過去，因此在你們的實際系統裡，也多少接受了一個官方的集體歷史。然而，在檢視之下，那族類的歷史顯出了許多空隙及不一致之處，留下眾多有待回答的問題。

現在，你可以休息一下。

（十點二十三分，在休息時，珍和我都不曉得賽斯已結束第二部了。）

Section 03

個人的可能男性、個人的可能女性、在可能性裡的人類以及實相的藍圖

第六九五節 一九七四年五月六日

（續）練習單元六

（在十點四十五分休息結束。）

這是下一部的開始——

（「第三部」——）

叫做（停頓）：「個人的可能男性、個人的可能女性、在可能性裡的人類以及實相的藍圖。」

請等我們一會兒……我們這兒一直在用魯柏與約瑟的私人經驗，不過，現在我要每個讀者去想想他自己的家庭成員，因此，讀者能以更直接的方式在私人經驗裡找到一些我想要表達的概念之實現。

練習單元六

（停頓。）以你們的說法，想一想在你們家庭歷史裡的那些祖先，現在，再想想自己及同代的家人。做這個練習時，試著把時間想像成如同空間的東西，如果你的祖先活在十九世紀，那麼，把那世紀想作一個地方，就如你所知的地球之任何部分那樣確定存在著。把你自己的世紀看作另一個地方，如果你有孩子，也把他們五十年後的經驗想作另一個地方。

現在，把你的祖先們、你們自己及孩子想作一個部落的成員們，每個旅行到不同的國家而非時間裡。文化就與樹木及岩石一樣的真實且自然，所以，把這三個團體的不同文化看作那不同地方或國家的自然環境；而隨後想像每個團體探索他們所旅行到的地方之獨特環境，再進一步想像這些探索同時發生。雖然溝通可能有問題，每個團體與其他團體在溝通上有困難，不過，想像有一個我們團體原先來自的故鄉，而每個探險隊都寄「信」回家，評論它所在的那個地方之行為、習俗、環境與歷史。

這些信件是以原先的家鄉語言寫的，那與在任何既定國家後天學到的語言沒什麼關係。（停頓，幽默的：）換言之，留在家園裡的老媽與老爸知道他們的孩子到那兒去了，他們懷著有趣、驚訝與好奇心情讀孩子的來信。在這個粗略的比喻裡，老媽與老爸寫回信——也是以家鄉話給他們的孩子。然而，當時間過去，孩子們忘掉了他們對家鄉話的記憶。老媽與老爸知道時間是像地方或國家，但他們的孩子也開始忘記了這一點，因而漸漸相信自己和老爸及老媽彼此分開的程度要比實際上遠得多。以一種不同的方式，他們已「被同化了」。老爸與老媽瞭解，孩子們忘了他們能在時間裡移動就像在空間裡移動一樣的容易。

請等我們一會兒……記著，在這比喻裡，那各個孩子代表了你的祖先、你自己及你的孩子們，他們在探索時間的世界。現在，你們的物質世界裡，很明顯的，「大自然」自己越長越多，而在時間的世界裡，時間也自己越長越多。就像你能向上與向下爬樹一樣，所以你也能用同樣的方式爬時間，在老家的老爸及老媽知道這一點。家族樹（family tree——家譜）同時存在——但那株樹只是出現在時間世界裡的一棵樹而已，它有你不攀爬並且不認識的樹枝，那些樹枝對你而言變得不真實了。那麼，那兒是有可能的家族樹，同樣也適用於這族類。

（停頓了幾乎兩分鐘，在十一點十二分開始。）請等我們一會兒……有替代的實相，而這些只因可能性的本質而存在。現在，請等我們一會兒……

「真正自己」的潛能是如此地多次元，以至於它們無法在一個空間或時間裡被表達。任何一個愛另外一個人的人，認知到在那個人裡的無限潛能，而那潛能需要無限的機會；那真正自己的實相需要一個常新、變化的情況，每個經驗都豐富了它，因而也增加了它自己的可能性。以你們的說法，就群體而言，這對人類也是真的。在我們的比喻裡，老爸與老媽代表了一個基本意識單位之內的無限潛能。

那麼，想想你的祖先們、你最親近的家人，以及你的孩子們，而感受到他們之內的巨大潛能。現在，以你所認為的樣子去想像你的族類，並且想像光只是在你知道的領域裡，你的族類那事實上無窮盡的表達與創造能力。沒有單一的時間或空間能涵蓋那創造性，沒有單一的歷史過去可以解釋，作為個人或族類的一個成員，你現在是什麼。現在，請等我們一會兒……口述結束。

（十一點二十三分。近來珍和我要求賽斯在課快結束時談談其他的事，直到我們趕上一直沒完成的一些工作。在十一點三十三分結束。）

註釋

❶再一次，見第六七九節註❹。

❷這裡提到「被正式接受的生活」，讓我想到上一節（第六九四節）賽斯討論到可能的事件在我們的世界歷史上扮演的角色時，用了「你們對物質實相正式認可的概念」這個句子。在第六八六節他提到「官方資料」，那時他視古代人類對某些心理和生物衝動的選擇為物質實相；稍後在同一節，他又用了不言自明的「官方歷史」。在第六八四節，他討論了我們的「官方活動」，那時他拿我們對直覺和預感的反應與我們對正常心理實相的接納作比較。

然後，在第六八一節，有賽斯對個人生物歷史與意識基本的不可預測性質發表的看法。

第六九六節　一九七四年五月八日　星期三　晚上九點五十八分

私人的實相藍圖．神的成分與地球經驗

（今天是珍的生日，她今年四十五歲。今晚我沒叫她上課，但她自願上課，當我們在等賽斯的時候，她談到她父母的死亡❶，她父親德爾默死於一九七一年，享年六十八歲，而她母親瑪麗死於一九七二年，也是享年六十八歲。

（當珍年幼時，瑪麗非常認真的警告她：「當我死後，我會回來纏妳。」在那些日子裡，瑪麗不過三十左右，卻已被關節炎弄得行動不便了；賽斯在一九六四年的一節課裡說，她曾「……常常激烈的說，魯柏的出生是她關節炎病痛的來源……如果魯柏的母親能從頭來過的話，她就不會要這孩子——而隱於成人之內的孩子仍感覺母親確實有那力量，甚至現在，把那孩子強行推回到子宮裡，而拒絕生下……」

（今晚珍說，當她想到那些刻板陳腐的「死人」回來的概念時，仍然會有很強烈的情緒反應，雖然賽斯至今很少談到鬼魂、鬧鬼及附魔的事，但珍早年的家庭經驗似乎並沒有讓她設立任何反對這種主題的障礙。她說：「賽斯只不過還來不及談它們而已，當他談的時候，會成為另一本很棒的書也說不定。」）

晚安。

（「賽斯晚安。」）

現在：口述……每個可能性系統都有自己的一套「藍圖」，清楚界定了其自由及界限，並且展示出可能完成的最好建築物。

這些並非「完美之內在形象」，而到某個程度，這些藍圖❷本身會改變，因為在任何既定可能系統內的行為自動改變了整個畫面，也擴大了它。這藍圖事實上更像是可以隨著環境改變的內在施工計畫，但到某種程度，它們是「理念的實現」（idea-lization）。

那麼，作為個人，你內在也帶著這樣的一個藍圖；它包含了在你所知的可能系統裡，帶來你自己最好的版本及所需的所有資料。這些藍圖存在於生物面上，並且存在於每個層面——心靈、靈性及精神上。這資料被織入了基因與染色體，卻與之分開地存在，而物質結構只代表了資訊的攜帶工具❸。以同樣方式，全體人類在其龐大的內在心智裡也保有這種施工圖，它們與物質世界分開，存在於一個內在世界裡，而由這個，你們汲取那些學說、概念、文明及科技，然後，再將之轉譯成物質形式。

柏拉圖的思想把這內在世界看作完美的❹，然而，如你所想的完美永遠暗示已經做好、完成或無法被超越的某個東西，這當然否定了創造性的確永遠想要超越自己的天生特性。柏拉圖式、理想化的內在世界，終究會成為一個死氣沉沉的世界，因為在它裡面，所有外在模式被視為已經完成了——結束了並且完美的。

許多人曾經把那內在世界視為物質世界的來源，卻想像人的目的只不過是盡他所能物質性地建構這些完美的形象。（非常有力的：）在那個畫面裡——人自己並沒有幫忙創造那個內在世界，或幫忙創造出它的美來，而他最多只能試著在物質上複製它——卻永遠不能跟它一樣的完美。在這樣一個內在—外在實相的版本裡，在內與外之間，那來來去去的流動以及相互取予被忽略了。由於他自己心靈的本質，人是那內在世界的一部分，而自動地參與了那些藍圖的創造，並在另一個層面以之為指引。

（停頓良久，雙眼閉著。）到某個程度，偉大的藝術家們不只抓住了**內在理念**（Inner Idea）的實質畫面，他們也一開始就參與了那理念或內在原型的創造。

以你們的說法，那內在世界的確代表了尚未實現的**理念潛力**（Idea Potential）——但那些理念及潛力卻並非存在於意識之外，它們是被設定在人心中的理想❺，以另一種說法，他也就是那由跨越物理時間的本體之更深知識裡取出那些理想、而把它們放在人心中的人。存在是聰明且慈悲的，因此，以某種說法，意識，認知它自己為人，把它未來的延伸送入時間架構內，使得人會知道並懷著愛心地樹立指示牌，以便自己「隨後」跟隨。

請等我們一會兒……人本身由**神**的成分（God-stuff）所組成，就與由地球成分所組成的一樣多，現在，以那種說法，在他自己之內的神渴望著在神之內的人以及地球經驗。由於不瞭解自己❻，你們曾試著把**神**的概念放在自己及生活架構之外。透過在這本書裡的種種練習，我希望令你們每個人都熟悉內在與外在實相天生的合一性，給你們一瞥甚至在你們生物界限內自己無限的本質——幫助你們看到人成分中的神成分。換言之，這可以幫助你看到你們族類的潛能，並且打破局限思想的障礙。我想要改變你們對人性的概念，到某個程度，這會需要把你們對神性的概念人性化，但微妙的是，如果做到了那點，你們就會看到人性中的神性。

因此，那些先前看來彷彿不能被個人或族類搆到的理想將會改變其個性，而成為可以被有效並且快樂利用之施工原型。

現在你可以休息一下。

（十點三十五分。當賽斯幾分鐘後再過來時，他幽默的說：「告訴魯柏我說：『生日快樂！』」然後他又就另外一個題目給了珍一頁的資料。在十點四十八分結束。

（在那被刪掉的資料裡有幾行，我想放在這裡以為記錄。當珍完成了某些挑戰，賽斯評論道：「……將會有一個彷彿是新觀念的『誕生』，只因為以前他（珍）舊的思想障礙阻止了他做某些重要聯繫，並且也阻止了他在醒時與做夢狀態之間有個更好的溝通系統。」

（也許後者已經開始發生了：珍對她醒時與做夢自己之間的這種互換之回想、參與及受益，在最近幾週裡已經增加不少。所以她的記錄也是，因為她持續詳盡記錄所有的夢活動以及相關的「有意識」事件。這種活動全部看起來都不是一時的。）

註釋

❶珍的家庭背景相關資料，見第六七九節，包括註❹與註❽，以及補充同一節的附錄一。

❷在《個人實相的本質》第二十章，賽斯很簡短地談到這樣的藍圖，見十點二十八分休息結束後的第六七二

節。他用下面這段話作結論：「然而，有個制衡的系統存在，在某些夢裡面可以讓你覺察到這些藍圖。它們也許在你的一生中以特定性質的夢一再出現——啟發的夢；而即使你不記得它們，當你醒來時，目的也會更堅定或突然變清晰了。

「當你在處理信念時，找出你對夢的情況到底作何感想，如果你信任它，那麼就因你有意識的合作，它甚至可以變成你更重要的盟友。」

❸賽斯此處的資料讓我想到，珍上週就告訴我，她自己對資料的具體感知；見五月一日第六九四節開頭引述珍的話。

❹希臘哲學家、詩人也是理則學家柏拉圖，生於西元前四二七年至三四七年。終其成熟的一生，在一系列的《對話》，或說自由對談中，他討論了許多他認為是神賜給人類的觀念。

❺見第六七九節的註❸，關於賽斯給珍的男性名字（魯柏），以及他說「性，姑且不論你們所有的肉體故事，其實是一種心靈現象……」

珍不時會聽到女性讀者說她想知道，為什麼賽斯在他的書經常都用男性，尤其是像今晚第六九六節的那些段落。稍微回想一下就會明白，姑且不論其中暗含「性別歧視」的意味，要用別的方式提出這樣的資料其實不容易，所以才會常常用「男人」、「他」和「他的」。在英語當中，我們經常找不到正確的「字詞」，也就是意思兼顧男女兩性的字，代表人這個族類。很多時候，「humanity」這個字並不適用。而我們也不願意用「它」代替，因為在我們看來，這樣做不但去掉性別，連感覺也沒有了。我們也不想要捲入重寫賽斯資料這件事情裡頭，我們確定他製作用男性塑造的段落時，用意絕不是偏袒那個性別。

珍和我談這個狀況時，她自發地製作了以下這份書面資料：

「賽斯用英語（我的母語）來探討各種議題，而這些議題經常牽涉到用這個語言本身，或其實用任何語言都很難描述的觀念。

「顯然，賽斯的目的是，在那個語言的框架裡盡其所能解釋說明，而不是改變那個語言『本身』，就像在，比方說為了避開它常帶有偏見的性質，而有必要這麼做的時候。這種偏見在性別方面最明顯可見：泛指人這個族類的『mankind』這個字，以及指涉人這族類個別成員的『he』（他）。在語言學上，這樣做把女性冷落在一旁，而且在很多方面也是如此，因為男性的意圖很清楚。

「不過，用那種語言，賽斯的意圖也很清楚，那就是，個人的身分『優先』於性別歸屬。那種歸屬是『女性』元素和『男性』元素的混合體，而這兩種元素彼此互補而非對立。沒有誰比誰優越。男性和女性也代表心靈面和生物面，以及一種性別的立場。賽斯所有的書有一條共通的脈絡：我們的性別偏見是我們身為人類在很久以前開始強調意識的某些面向，忽略其他面向而造成的結果。」

❻除了別處之外，在第一部請見第六八四節十一點十一分之後，以及第六八六節的九點五十五分到十一點二十六分。

第六九七節 一九七四年五月十三日 星期一 晚上九點十八分

理想化、自由意志及人類發展・你如何選擇事件、健康與疾病・練習單元七

晚安。

（「賽斯晚安。」）

現在：口述……那麼，這些理想化（如在上節裡討論的）是發生在不同層面的某種心靈模式。以某種說法，它們變成了細胞對自己生長及發展的私人「概念」、就肉體資料而言在細胞內活生生的畫面，以及細胞結構的一部分。這種理想化提供它們推動力；那是說，它們會向著自己最大的成就生長。

這理想化本身是由「有意識」的成分組成的，那麼，這些並非不具活力的資料❶。可能性本身決定這些成就能發生在其中的那個架構，並且框住了活生生的發展。一方面，可能性的結構提供了一個障礙系統，其中，實際的生長沒被選擇或不具重要意義；而另一方面，它保證了安全、具創造性以及豐富的環境——一個實相——其中，這理想化可以由幾乎無限種的可能行動裡選擇最適合自己成就的那些。

在任何系統裡，理想化已經接受某種事件為重要的，而也已經把其他〔同樣可能的事件〕剔除為不具重要意義的。這只不過提供了一個成就與經驗能在其中發生的可行焦點。

（九點二十七分。）簡言之，你們不會試著去達成在對實相的觀念內你認為不可能的事情，因為以其正常被認為具有的智力，意識心是用來評估在你們世界內的行動之實際性。老實說，你們只會看見你想要看見的東西❷。一方面來說，如果人類相信太空旅行是不可能的，你們就不會有它。但另一方面，如果一個人相信，他真的不可能由大陸一端旅行到另一端、或改變他的工作、或做任何一件事的話，那麼，那件事就變得實際上不可能了。可是，在那人心裡，動作或改變之理想化也許能在任何既定時候不允許被表達——但它卻無論如何會透過經驗來追求自己的表達。這適用於全人類，也適用於個人。以你們的說法，因為你們現在是一個有意識的族類，所以有一些可以接受或否定的種族之理想化。常常，在你們作為一個種族的特定發展階段，這些首先會在你們的世界裡，以小說、繪畫或所謂純理論出現。

思想就如細胞一樣，也有它們自己的那種結構，而且尋求自己的成就，它們向相似的思想靠近，因此，你們有一個思想的內在群聚體（inner mass body of thought）。從個人來說，你的思想是你的理想化之表達；而當在表達那些內在模式時，它們也加以部分變更並且創造性的改變了那模式。你身體內的每個細胞多少隨著你的每個思想改變，而細胞的每個反應改變了你的環境，然後，腦子再對那改變反應，因此，有經常不斷的相互取予。就如在某些層面上，細胞對不斷改變的可能性之流反應，你的思想也是如此。不過，你的身體如你認為它應該反應的樣子去反應，因此，你對實相有意識的信念，與你接受為切身生活一部分之那些可能的經驗很有關係。

你在出生時的個人藍圖，在某種說法上，是比能發生在你們的空間與時間裡的任何一個實質具體化大得多，這提供你選擇的範圍，給了你可操縱性，並且讓種種的可能活動「可能」。就那方面而言，你即那裁判及決定者，所以，當你的概念改變時，當你移向一個可能的自己、而決定將它當作官方的❸自己時，你會永遠有一個可供選擇的可能行為之豐富庫藏。如果只提供了一個，你就沒有選擇，這也同樣適用於族類。現在，給我們一會兒……

（九點四十五分，停了超過一分鐘。）你目前接受意識的一條明顯路線為真，而忽略其他的，這個決定使得這種觀念難以被瞭解。你訓練自己——甚至在生理上——去抑制某個刺激，然而，身體本身常常就對你有意地忽略的那一個刺激反應。然而，藉由對新種類的重要意義打開心胸，你能開始瞥見與之相當密切相關的其他事件秩序❹。

舉例來說，你常常很會處理可能性，同時，因為你的觀念而有意識地對它們視而不見。即使如此，在其他層面上，你無意識的反應會跟隨自己有意識的意圖，舉例來說，你可能在實質生活裡彷彿為了一個理由而去做一件事，也可能無意識地對和其他人之可能行動有關的十分中肯資料反應。因為你並不真正完全接受你能如此反應的事實，所以可能一方面擋掉這非官方的資料——即使同時另一方面，你卻把它納入考慮。你比自己以為的更為覺察在你關心範圍裡的可能未來，這在所有層面上都是真的，舉例來說，如果你的目的不涉及疾病，但如果你又相信傳染，那麼就會自動避開那些可能導致流行病的環境，因此，就可能性而言，那特定一種的流行病不會進入你的經驗。

請等我們一會兒……舉例來說，整體而言，這些對猖獗於整個人類的疾病也適用。

你可以休息一下。

（十點整。珍說她傳述到最後，屋子裡的噪音干擾到她的出神狀態，後來又說，反正她今晚的狀況並不好。就我所知，噪音和她的感覺對資料都沒有任何影響。在十點十四分安靜的繼續。）

在本書裡，我還會對疾病、流行病及群體失序再多說一些。意識的天性就是會繼續擴展。如你們作為一個族類所瞭解的意識本質，無論如何都會帶領你們超越對實相的狹窄概念，因為你們的經驗會設立在目前架構裡無法被解決的挑戰，那些被意識的一個層面設下的問題會自動引起突破，進入其他有意識活動的區域，在那兒，可以找到解決之道。

許多全球性的難局彷彿如此地無計可施，只因為在那些區域，你們已經走到了盡頭——再也走不下去了。就彼而言，那些問題有刺激的作用，但並不表示你們必須經驗災難，它們並非預先注定的，而的確是指你們已選擇了某些經驗，如果你容許的話，它們會自動導向更進一步的創造發展。就你們的族類而言，那理想化就是關於手足之情，以你們的話來說，生理上，身體細胞一同作用來形成個人的肉體結構時，這種「手足之情」在它們的合作裡本能地運作。在你們的觀點，你們對每個細胞之偉大個人性不會賞識。因為細胞合作得如此之好，以致你們認為它們當然沒有個人的獨特性。

然而，以另一種說法——社會的說法——你們尚未達成細胞所擁有同樣一種心靈的手足之情，所以不瞭解你們世界的經驗是與自己個人經驗密切相連的。如果你燒到手指，它立刻會痛，你的身體即刻進行合作性的冒險，在其中做了一些調整，使得傷口開始痊癒。如果人類的一部分受了傷，可能要有一會兒「你」才會感覺到痛，但人類的整個無意識結構會試著去療傷。你可以有意識的促進那個發展，而承認你與所有其他生物的手足之情，如果你這樣做，那痊癒會發生得更快。一種生物上的手足之情存在著，亦即在細胞層面上的內在同理心（inner empathy）把這族類的所有個人彼此相連。這是生物上理想化的結果，它存在於所有族類之內，並且連接著所有族類。

當它任何一個成員死於飢餓或疾病時，人類就會受苦，就好像一簇葉子「不快樂」的話，整株植物都會受害。以同樣方式，人類所有成員都會因任何組成他的那些個人快樂、健康及成就而受益。人類可以覺察到他存在於其中的廣大可能性媒介，因而有意識地選擇最適宜指向他最大成就「理想化」的可能性。人類的一部分無法長久地在另一部分的犧牲之下生長或發展。

（十點三十六分。）請等我們一會兒……或多或少，一張照片是達到某程度的一個理想化之具體化。在另外的層面，你的身體與經驗是一個豐富得多的成就，一個活生生、正在被經驗的具體化，而你們世界的畫面也是一樣。

練習單元七

如果可以，找一張團體照；也許是一張畢業照或俱樂部會員的合照，檢查你在那兒看到的，然後思考你沒看到的。想像當那張照片被拍下來時在場每個人的情感狀態，然後試著去感覺存在於個人之間情感的相互作用。慢慢去做；當你做完時，試著去瞥見每個人與不在照片裡卻同時代的其他人之親密關係。在那之後，讓你的思想繼續去想像這照片未拍之前所涉及每個人家庭內的互動接觸，然後想想看，是由於哪些或被接受、或被丟棄的可能行動，這些（照片中的）人才會在這個時間集合一起。

在生物上，有被避免的疾病，有可以發生卻未發生的死亡。在空間裡，有種種無窮的可能性與決定，人們可以搬走卻沒搬走，或有人的確搬家了，而進入那特定的空間範圍，因此，所有那些決定背後有著無以數計的概念。你形成自己的經驗。廣義而言，那些人決定出現在那個特定的時間與地點，所以那照片是許多決定的結果，代表了升自無數可能性的一個經驗之焦點。而世界的畫面則以更大幅度的方式代表了同一類的焦點。你最私密的決定影響了全人類。你是在時空內的自己之創造者，但也參與了人類經驗之更大創造。

現在：請等我們一會兒，而那就是口述的結束，你可以休息一下。

（「好的。」）

（十點五十分。珍說她的出神狀態在第二次傳述時「好多了」；當然她的態度也比較有力。賽斯在十一點三分回來談些別的東西，直到十一點二十八分課才結束。）

註釋

❶在第二部第六九四節開頭引述珍的資料當中，她從另一個角度談到活資訊的這個概念。亦見第一部第六八二節十點六分，賽斯談意識單位的資料。在《個人實相的本質》裡賽斯告訴我們：「資料不會自己單獨存在。所有那些瞭解它、知覺它或創始它的人的意識，都與它連接在一起。因此，沒有一種客觀的、永遠可得的資料庫般的記錄，可讓你向它調準頻率而接收到。相反的，那些在過去、現在或未來會持有這資訊的那個意識，像磁石吸鐵一樣把它吸了過去……這資訊的本身也希望向意識靠攏。它並非死的或不會動的東西。它不只是你想去抓住的東西，也願被你抓住，因而它就被吸向那些尋找它的人。你的意識會吸引那些已經與那些資料搭上線的意識。」見《個人實相的本質》第三章六一八節後的註記。

❷見《個人實相的本質》第二章（除此之外，還有很多這裡也適用的資料）。

❸第六九五節註❷列出賽斯談到我們對物質實相的觀念時，使用「正式」或「官方」（形容詞official與副詞officially）這兩組字詞的一些方式。

❹見《意識的探險》第十五章：事件的內在次序與「非官方」的感知。

第六九八節　一九七四年五月二十日　星期一　晚上九點二十八分

夢世界、夢藝術家與做夢的目的

（上週三照慣例預定的一節沒有舉行，因為珍的狀態太放鬆了。過去一兩個星期，她常常享有這種鬆懈。不過，週五時，正在意識改變狀態中，她接通了一些談賽斯、夢和其他意識種族的資料；她稱之為〈神奇之作〉，附錄十一有這份資料的摘錄。

（珍一整天大部分是在另一種懶洋洋的心情之中，但是晚餐後她告訴我，她今晚想要舉行一節。在九點十五分，我們坐著等的時候，她收到賽斯確認本節真的會發生的第一次通知。「而且談的是這本書……可是，我不習慣課前這麼放鬆……」後來的發展是一節很短的課，而且與她的預期相反的是，賽斯把一半的時間用在珍本人身上。我事先準備了兩個問題，全都從《未知的實相》資料衍生而來，但我得擱置到下次再問了。）

好，晚安。

（「賽斯晚安。」）

口述：這些實相的藍圖比較不容易被看到，因為你們讓自己忘記了它們的存在。

為了追求某些目標，你假裝那些藍圖並不存在。然而，現在，你們人類的全球情況要求重新取得某些「古老的藝術」，這些能幫助你們再次覺察那些形成個人實相與群體世界之內在理想化，它能讓你變得熟悉事件之其他向內的秩序，以及你們的具體存在由其浮出的可能性之豐富苗床。

這些藝術如果沒被實行的話就是無用的——無用是因為它們一直潛藏著，沒被帶入你們世界的外在架構。去用這些藝術，首先需要知道在你所知的世界之下有另一個世界；與你所熟悉的意識焦點並排的還有其他同樣合理的焦點。

你們每個人都做夢，卻很少有偉大的「夢藝術家」，夢的許多真正目的已被遺忘❶，縱使那些目的仍然被滿足了。創造、瞭解及利用夢的有意識藝術已經大半失落了，而在日常生活、世界事件及夢之間的密切關係，也幾乎完全被忽略了；人類的「未來」在其成員的私人及集體夢裡被計畫出來，但這也從未被列入考慮過。有些古老文明的成員，包括埃及人，知道如何成為夢活動的有意識指揮者，如何潛入種種不同層面的夢實相到創造的泉源，而能在其物質世界裡利用那些資料❷。

（九點四十一分。）細胞的生命受你們夢的影響，因此，療癒能在夢境裡發生，在那兒，另外一個存在秩序的事件改變了細胞本身。魯柏一直在探索夢層面的實相❸，如此做時，他開始瞥見它們的重要性。每個讀者也多少能創始這種私密的旅程，這些夢的探險會令人對個人日常經驗的本質非常清楚明白，而它們也會提供關於可能性運作方式的個人知識。

請等我們一會兒……在這本書裡，我先前說過，你們所知的世界升自基本的不可預測性，然後重要意義才由其中浮出❹。沒有一個實相系統是封閉的，那麼，你稱之為你官方經驗的那特定一串的可能性行動，並不只是懸在空間與時間裡——它與其他你們並不認識的這種一股又一股的行動交織在一起。在醒時狀態，意識心必須頗為單一的聚焦在你們稱為實相的那特定集中點上，只因為如此，它才能在俗世生活裡適當地指揮你的活動，不過，當它不需要擔負明確的存活責任時，也有相當的配備以致多少能在其他實相層面裡指揮你。

因為你們在過去說服自己，說意識心出於必要必須由內在實相切開，認為它必須與夢境疏離。隨著這種信念，你們發現自己把夢想作混亂、不合理的，並與正常意識的方向、目的或作用完全分離。常常，睡眠看起來幾乎像是一個小小的死亡，而心理學家們曾把夢比之為控制下的精神失常❺。你們已如此地隔離了醒時與夢時間的經驗，以至於看起來好像有分開的「生活」，而在醒時與做夢時間之間很少有聯繫，由其中選擇你們官方生活的「可能行動之豐富織毯」也變得一樣看不見了，這是相當不必要的。

休息一下。

（九點五十六分，見本節開頭的註釋。賽斯在休息後回來討論珍近來放鬆狀態極佳的理由。他的資料在這兒大半被刪掉了，但我可以說，她的情形是與想解決由她的身體症狀展現出的挑戰分不開的（如第一部第六七九節註❽所述）。當珍開始越來越瞭解自己的信念系統時，她非常緩慢地繼續身體狀況的改進。那麼，在這一節的個人部分，賽斯解釋她非常有意的放鬆狀態是如何：「在昨晚的夢境裡開始，今晨更進一步的加速，而且剛在課開始之前又更加的放鬆了……那些（近來的）夢也提供了額外的安慰，而當做夢時，身體的狀況被改變了——這是醫生們沒有認知到的事。」

（賽斯最後一句話與他的論點有關，即在夢境「荷爾蒙也自動釋入身體系統裡，而按照整個〔療癒〕過程的特定部分，鼓勵一段活動或安靜的時間。夢在有意識與所謂無意識的活動之間，提供了一個穩定的相互取予，這也是具有很深無意識的創造時刻……」

（在十點四十三分結束。）

註釋

❶見第二部第六八七節註❶。下一段我想要從一個稍微不同的角度回顧一下那裡的一些資料。當十一年前這些課開始時，賽斯就開始談到夢及有關的題目，他的資料使得珍開始做一些自己的實驗：例如見《實習神明手冊》第四及第五章，以及《靈界的訊息》第十四章。實際上，賽斯與珍之夢的資料遍及於他們合作寫的書。

一九六四年九月二十八日的第九十二節是談夢資料的一節基本課，珍在剛才說的第五及第十四章中節錄了其不同部分。而以下是賽斯在第九十七節裡所說的一些接續的夢資料：「夢的世界的確是在內我及具肉體的我之間關係之自然副產品，所以，不是一個反映，而是一個副產品，涉及了不只是一個化學反應，卻是能量由一種狀態轉換到另一種。

「在某方面而言，所有存在的層面或『界』的確是其他這些的副產品。舉例來說，若無存在於內我及具肉體的我之間相互關係所啟動的奇特火花，夢的世界就不會存在。但反過來說，夢的世界對具肉體的個人之繼續存在也是必要的。

「這點是極為重要的。你們都知道動物會做夢，但不知道的是，所有的意識都會做夢。我們說過，到某個程度，甚至原子與分子也有意識，每個那些微小的意識形成自己的夢，就像在另一方面而言，每個都形成自己的物質形象一樣。現在，就如在物質界個別的原子們為了自己的好處而組合成結構更複雜的完形，因此，它們在夢世界裡也組合以形成這種完形——雖然是有稍微不同的性質。

「我說過，夢世界有它自己的那種形象及恆久性，它是物質取向的，雖然不到天生在你們平常宇宙裡的那個程度。以一個個人的肉體形象被建立起來的同樣方式，夢的形象被建立起來。

「夢世界並非無定形、偶發的半結構物。它的存在並沒有很大體積，但的確是有形狀的。這並非矛盾或扭曲。夢世界作為獨立的存在界之真正複雜性與重要性還沒為你們所認識。雖然你們的世界及夢世界基本上是獨立的，它們彼此仍互施壓力及影響力。

「瞭解夢世界是你們自己存在的副產品是很重要的，因為它藉由化學反應與你相連，所以，這在動物及人類裡都使得相互作用的道路保持開放。既然夢是任何捲入物質裡的意識之副產品，因此，這把我們導向正確的結論——樹也有自己的夢，而由各種不同程度的個別化意識單位形成的所有具體物質，也參與了夢宇宙之不自覺的建構。」

❷我們最近在閱讀的時候無意間看到一些資料，裡頭至少有一些和賽斯在此告訴我們的東西有關的線索。

❸見第六九六節最後的註釋，談珍發展中的夢活動。她非常活躍的夢生活，以及隨之而來每天的記錄和解夢，都在持續進行中。她累積了數量可觀的資料（我提醒讀者看一下附錄十一）。

❹賽斯在第一部第六八一和六八二節討論了基本的不可預測性，意義就是來自其中。在第六八一節十一點

四十七分之後，他把這一行放在資料中：「從夢『混亂的』苗床，你每天有秩序、有組織的行動跳了出來。」

❺賽斯說的話讓我想到幾年前在報紙上看到的一篇文章。其實我永遠忘不了它，因為它留給我很深的負面印象；我記得那時候我引起珍注意這篇文章。內容是關於歐洲一位心理學家，也談到他經過思考的意見——「夢是心智的垃圾」。珍和我還是覺得不可思議，一個這種身分地位的人居然會發出這麼沒有見識的議論。

第六九九節　一九七四年五月二十二日　星期三　晚上九點二十二分

「活生生的夢攝影術」

（珍打從這個月初就開始體驗到的那種放鬆的心情，似乎已經過了，至少現在是這樣。今晚很暖，我們坐著等這一節開始。我提醒珍，我有兩個從週一那節縮短的課延到今天的問題要問，但賽斯只有在今晚的資料最後，簡短帶過而已。）

晚安。

（「賽斯晚安。」）

口述：以你們的話來說，一張照片凍結住動作，框住那一刻——或所有你能具體覺知的時刻。

在通常的情況下，你也許會記得自己的照片被拍下來時所感受到的情緒，而那些情緒多少會以姿態或面部表情顯示出來，但那一刻之更大的主觀實相，卻並不具體的出現在這樣一張照片裡，就其在那照片裡的具體出現而言，它是完全的逃開了。同樣的，過去或未來也被關在外面，於是，產生這樣一張照片所必需的特定焦點必然排除了其他資料，那的確是顯而易見的。因為你必得在明確的時間段落裡操作，於日常生活中也在做同樣的事，而在有意識的層面上忽略或排除了否則也可得到的許多資訊。

一方面，一個記得的夢可被比為一張心理照片，一張沒有在物質層面上具體化、沒有被凍結的動作、也沒有被空間或時間框住的照片，所以那些必須留在醒時有意識活動任何一刻之外的成分，有很多就出現了。

一個記得的夢是好幾件事情的產品，但它常常是你對本來就可能與你所記得的事件相當不同的事件之有意識詮釋，到那個程度，你所記得的夢是你的意識心攝下對更大事件的一張快照。夢有許多種，有些比較忠實於你對它們的記憶，有些則否——但當你記得一個夢時，你自動把某部分主觀事件由其他的抓開，而試著就你通常取向有意義的方式把它們「框在」時間與空間裡。可是，即使如此，夢事件是如此的多次元，以至於這個企圖常常失敗，也許在此，如果你把一個夢裡的景象比之為一張照片裡的影像會容易些。一張照片裡會顯示出某些對它被拍下的時間而言很自然的事件，舉例來說，它不會顯示出一張在十字軍東征時一個土耳其人的照片，但一個夢的景象卻可能正描繪了這樣的主題。

反過來說，如果偶爾你去想像栩栩如生的夢中意象❶，好像它在一張照片裡的樣子，會很有幫助。就如在你一生裡，蒐集好些組自己在不同時地拍攝的系列照片，所以在夢境，你也「蒐集」一種不同的主觀照片，可是，它們並不是順序出現。然而，在有意識的層面上，它們可以提供關於你的未來與過去之有價值資訊。

以那些正常且被一般接受的說法，照片裡的影像並不會改變、移動或變更彼此的關係，可是，夢活生生的主觀照片提供了一個架構，在其中，這些「影像」有其自己的可動性，它們代表了與你通常所瞭解遠為不同的創造性。你明白所謂實質性的東西是什麼（熱烈的），因為你們見到生自你們肉體的孩子，卻不會以同樣具體的方式體驗你們夢中的孩子，也不瞭解你們的夢中生活是連續性的。在其自己的層面上，夢有你們不理解的組織，而自其豐富源頭汲取你們藉以形成日常經驗的大部分能量，你的意識心即那經驗的指揮者。

然而，以你們的說法，不管你是活著或死了，都會做夢。當肉體上來說你是活著時，你所認為的做夢變得附屬於所謂的醒時生活，那麼你總是由一個「陌生的」立足點——偏袒平常醒時狀態的立足點——來檢查你的夢。夢的情況於是乎就以扭曲的方式被體驗了，它常常顯得不很清楚，在與醒時意識對比之下，可能顯得模糊、不精確或焦點沒對準。但這也並不永遠適用，因為在有些夢裡，警覺的狀態是不可否認的。

（九點五十分。）為了許多有些在這兒談到過、而有些還沒提過的理由，你們到一個很大的程度，把夢關在你們生活之外。你們當然必須保持在時間與地點裡的準確點，但仍沒有基本的理由使你們必須如此地將自己與夢經驗分離。

請等我們一會兒……有些習於直接與創造性資料打交道的發明家、作家、科學家與畫家，十分覺察他們許多的創意點子是來自夢的狀況這個事實，且在實際的物質生活裡看到了夢活動的結果。許多其他人，雖然沒受過訓練，卻也能把醒時生活裡的某些決定溯源到夢裡，不過，很少人瞭解到個人實相像是完成了的產品，由發生在做夢情況裡的龐大製作升出，魯柏稱之為〈神奇之作〉❷是個相當恰當的比喻。在醒時生活裡，你的意識有波動，以你們的話來說，有更警覺或較不警覺的時段，有時你們的注意力由當前的問題晃開了；或者相反的，有時你們的確是極端集中在當下。所以，在醒時狀態的意識有其階段，而通常你很少去注意它們。

你們所接受的官方❸意識路線漫不經心的忽略了任何歧出，而當這種事件發生時，常是快活的繼續下去，好像什麼都沒發生似的。夢境裡，此種波動也會發生，你們在那兒可以由一個時間跳到另一個時間，這應該是很明顯的。

可是，這裡面涉及到更多東西，因為你可以說，意識是一股一股「分開」的❹，那是在夢境裡自然地被追求的，而這些是可以透過某些訓練與用功而被追隨的。它們涉及了可能的「系列」事件，舉例來說，如果一個特定的夢事件被選擇來具體實現的話，那麼，在你們的實相裡，時機一到，其他事件也會出現，並且是以一連串系列的形式。

你可以休息一下。

（十點五分到十點二十五分。）

口述：作為個人以及一個族類，曾為你們認為是自己的實相繪出一幅夠美的畫面，而所有你們的機構、信念與活動也都彷彿證明了那畫面，因為在整個「框架」之內的每件事，似乎都一定會彼此一致似的。

整個來說，那畫面是相當簡單的一幅，在其中，每個意識都假定會被導向特定的焦點，都藏匿在一個身體裡，其存在於一端被出生所限，而於另一端被死亡所限。（停頓。）很不幸的，那幅畫面就與你們任何一張照片一樣的有限。你們習於由「清醒」狀況的視點檢查你們的夢境，但有時，在夢裡試試看去檢查你們正常的醒時世界，就只給自己這樣去做的指令就夠了，你可能會對其結果相當驚奇。我儘量簡單的講，並且用那些你們能瞭解的觀念，讓我這樣說吧：在另一邊——那被籠統稱為夢境的狀態裡——有一個與你們自己同樣有效的存在，而從那觀點，你們可以被視為做夢者。「你」是你集中在這個實相裡的那部分，你由資料及能量形成這個實相，而那能量一方面有來自這系統之外的源頭，另一方面也經常不斷地流入這系統裡來——因此那樣來說的話，兩個系統是連在一起的。

請等我們一會兒……這同樣也適用於任何一種意識，那麼，以一種說法，你們的細胞也做夢，就細胞而言，並且就原子與分子而言，也有現在還不能被覺知的電荷之微細變化可以點出這種波動。

很明顯的，以你們的話來說，原子不會夢到貓在追狗，然而（熱切的），的確有自物質焦點的「放鬆」，那可比喻為你們的夢境。請等我們一會兒……在那些情況裡，原子們追求其自己的可能活動，而的確做出令人驚愕的計算，來把必要的可能行動帶入你們的確實性裡，以確保官方的生命形式。但它們其實沒有被限制，因為它們其他的可能方向也被確實化了。那麼，在夢境的不同層面，你也主觀覺察到其他的可能實相，有意識的意圖被無意識地帶入夢境，而那意圖幫助你整理資料（見註❹）。

所以，從其他的確實性之流裡，你選擇想具體實現的那些事件，而按照你對實相的本質信念去做這個。一張照片被拍下來，在你面前就有了一張以你們的話來說已經發生之事的照片。在夢裡你拍下許多主觀性的「照片」，而決定你想在時間裡具體化哪一個。因此，到某個程度，夢是你後來的快照之藍圖。

現在休息一下。並且（幽默的）告訴魯柏他可能會對這本書的組織大吃一驚。

（十點五十分。珍的傳述相當好。在十一點十七分，賽斯又過來對另外一件事講了相當長的一段話，他在十一點四十三分以下面這行話回答我準備問他的問題來做結束：「我祝你們晚安，而且我知道什麼時候才適合回答你的問題。」既然我認為他的意思是這些問題要稍後才會進入這本書的計畫裡，所以我把其主題簡單的記在下面。

（一、賽斯在第六九七節九點二十七分之後提到，我們的族類是「一個有意識的族類」，我想要，至少從我們的角度，瞭解我們怎麼可能會處於「有意識」的狀態以外的狀態呢？但我很難具體想像這樣的一種情況❺。

（二、一張珍三歲時和她的雙親在一九三二年夏天拍的照片，而就我所知，那是他們那個家庭保留的唯一合照，我預期賽斯會對照片中三個主角隨後採取的一些可能路徑說些什麼。從在本書第一節〔見第六七九節，以及與珍及其家庭背景有關的註釋。在那一節，賽斯告訴我們，照片中十二歲的珍，對我最後相遇並迎娶的那個珍來說，將會變成可能事實。〕賽斯以同樣方式討論到珍與我分別的童年照片時，我心中就一直有這個問題，除了賽斯對她的雙親能告訴我們的不論什麼事之外，我還很好奇三歲時的那個珍是否可能是——或者注定要變為——另一個可能的珍……❻。）

註釋

❶賽斯談夢景象的資料引人深思，讓我想到一九六五年，也就是賽斯課開始舉行的一年半左右，寫的一首詩也同樣引人深思，內容談的是做夢的自己。我一直希望看到這首詩的發表；我認為它的主題和視覺內容都非常豐富。

〈我那做夢的自己〉

我那做夢的自己
望著窗
看到我在床上
月光灑滿
我睡著的頭顱
我裸身躺著，一動也不動。

我那做夢的自己
進來
然後四處走動。
我感覺彷彿門把被扭開了，

房間豁然開啟
在我的腦袋裡。

我那做夢的自己
有雙眼睛像鑰匙
在黑暗中閃閃發光
沒有一個衣櫥
在我的骨骼裡
是它們打不開的。

我那做夢的自己
走過
我靈魂的架構。
他走到哪裡燈就開到哪裡
在外面，夜
又黑又冷。

我那做夢的自己
躺在床上。
我敬畏地站在一旁。

「為什麼，我們兩個是一體，」
我說。他說，
「我想你知道。」

❷補充見第六九八節的附錄十一。

❸見第六九五節的註❷。

❹在第六八五節的附錄四裡，珍寫到她嘗試在做夢狀態中清理出自己多次元、可能的資料，而且說到它們是如何被收集在經驗的邊池裡等著被處理，「之後才流進『官方的意識之池』」。稍後不久，她又補充說，繞過直接的神經活動，並利用「資料尚未被處理的邊袋或邊池……你可以『同時』接收到幾個其他的意識束，但是可能不容易保留它們」。

但是當然，在寫這個註釋時，我發現賽斯今晚的資料以及珍在整個附錄四的資料，讓我想起我稱為雙重夢的資料。見第六九二節以及該節的註❷。

❺在五個多月之後加的註：賽斯**的確**在第二卷第五部第七一八節回答了這個問題。

❻在一九七五年四月《未知的實相》卷二完成之後加的註：雖然這問題很有趣，我卻從未追問下去，而賽斯也沒有自動提供資料。

第七〇〇節 一九七四年五月二十九日 星期三 晚上九點二十八分

真正的夢藝術科學家

（星期一晚上沒上課。）

晚安。

（「賽斯晚安。」）

口述：你們首先必須瞭解，不論在肉身之內或之外，你自己較大的實相都存在，而你們的主觀經驗也有比具體大腦本身所容許的更大範圍。

當然，你是一個在時間與空間裡的生物時，這——在肉體的生活之外——仍繼續著，可以說，它代表了你的大腦並沒記錄下來的非肉體平行存在。然而，在睡眠狀態裡，你身處連接的區域，在那兒會發生滲漏。

實相的藍圖不會在外在宇宙裡找到，有些其他文明以一種與你們所熟悉不同的科學來做實驗。他們試圖瞭解實相本質的企圖獲得了不同程度的成功，而的確，他們整體的目標是與你們不同的，這種人把他們意識的焦點集中在完全不同的方向。你們自己的行為、習俗、科學、藝術與鍛鍊，以某種方式來說，是你們獨有的，然而，它們也對才能的種種不同組合可被用來探測「未知的」實相之方法提供了一瞥。

以最真實的意義來說，藝術也就是一種科學，就像生物學一樣。如你們認為的科學把它自己與手頭上的對象分開，藝術則與對象認同。那麼，以你們的話來說，其他文明把藝術當作一種細緻的科學，而以這樣的方式去用它，以至於對實相的本質繪出了非常明確的畫面——人類的情感與動機在其中扮演偉大角色的一幅畫面。

你們的科學家花了許多年接受訓練，如果同樣多的時間被花費在學習一種不同類的科學上，你真的可以發現更多有關已知及未知實相之事。有一些人開始研究夢，在「夢實驗室」裡工作，但這兒又有了偏見的感知，因為科學家們是從外面研究別人的夢，或強調在夢境裡發生的身體變化。問題就在許多從事科學的人並沒有理解到內在實相的存在，（熱切的：）它不只與外在的那個一樣有效，同時是其根源，就是那個世界才提供你答案及解決之道，且會透露出存在於你們所經驗世界背後的許多藍圖。

（九點五十三分。）真正的做夢藝術是久已被你們世界遺忘了的一門科學❶。當你去追求這樣的藝術時，就會訓練你的腦子有一種新的意識——那是在兩種存在裡都同樣自在、同樣安住和安全的一種意識。在這種藝術—科學裡，幾乎任何人都可以變成令人滿意且具生產力的業餘玩家；但其真正成就需要多年的訓練、強烈的目的感及一種奉獻熱忱——就與任何真正的天職沒有兩樣。

到某個程度，一種天生才能是這樣一個真正的「夢—藝術科學家」的先決條件，而大膽、探索、獨立與自發性的感覺是必要的。這樣的工作是一種喜悅，有些這樣的人相當不為你們的社會承認，因為涉及的那特定天賦重要性被視為零。即使如此，那才能仍然存在。

請等我們一會兒，並且讓你的手歇一下……這種古老藝術從業者首先學習，如何在睡眠狀態裡變成正常說法裡的有意識，然後他❷會對當前開始、發生及結束時發生的不同主觀變化變得敏感起來。他使自己熟悉自己夢的象徵符號，而看到這些與出現在他和其他人共享之醒時生活裡的外在象徵是否相關。稍後我會再多談談這些共同象徵，因為它們能變成協議過的路標。

那麼，就有內在的會面處，作為內在交往與流通點的內部「地點」。在完全不同的脈絡裡，它們頗可被用作像是物質世界裡的任何城市或市場一樣，這在此書稍後會再詳加說明❸。我們的夢─藝術科學家正學著去認出這種關連點。

以一種說法，它們的確是學習中心❹，舉例來說，許多人曾夢到他們在另一種實相裡上課，不論這種夢有無被「扭曲」，它們有許多代表了有效的內在經驗。不過，這些對我們的夢─藝術科學家只是開始而已，因為他隨之開始認識到，人涉及了許多實相與活動之不同層面及種類的事實，他必須學著去孤立這些，把一個與另一個分開，而再試著去瞭解統御它們的法則。當他這樣做時，也學到這些實相有部分幾乎與物質的那個重合，也學到在某些層面，舉例來說，有部分事件在未來變得具體了，而同時其他的則否，於是，他就開始略略看到你們所知世界之藍圖。

（誠懇的：）休息一下。

（十點十分。「他停下來只是為了讓你的手指休息一下，」脫離一段非常棒的出神狀態之後，珍說。她的傳述速度不快不慢。「真的很好玩，我現在可以感覺還有一大堆就在那裡，等著給出來——但在這節之前，什麼都沒有。這本書不一樣，我必須用某一種謹慎而且對其他書〔《靈魂永生》與《個人實相的本質》〕都沒有那樣的方式處理它。」珍打了幾次響指。「在ESP班，賽斯過來的速度快如扣扳機，和昨晚的那幾次一樣。但不是這裡；我一開始就想要一直繼續下去……」

（在十點二十六分繼續。）

現在：你們製造產品，而那是你們花了好幾個世紀才達到的科技成就。那麼，一般來說，對你們而言，東西好像是來自外面的——畢竟，難道不是在你們的工廠與實驗室裡造出它們的嗎？以一種說法，彷彿「人工的」或合成的布料是不自然的，因為你們是由外在製造它們的，然而，你們的世界是由相當自然的產品組成，那些東西對你們而言，幾乎是奇蹟式的從地球的內部浮了出來。

你們運用已經由大自然準備在那兒的材料，而混合、改變並重新安排那已經給了你們的，不過，整個物質宇宙是由一個「內在」浮現，若非有那些很久以前就出現為原料的東西，你們的製造業連一樣物品也提供不了。木頭、植物、所有大地上的物種、四季及地球本身，均來自這無以名之的內在，而具體事件也有同樣的來源。

（十點三十五分。）請等我們一會兒……真正的科學家瞭解到，他必須刺探內在而非外在宇宙；他會理解到，無法把自己由他必然為其一部分的實相裡孤立出來，如果那樣做，充其量也只表現了一個扭曲的畫面。以相當真實的說法，你的夢與你窗外的樹木有個共同要素：兩者都是由意識內部躍出的❺。

（十點三十九分。）只當作一個比喻，讓我們這麼來看：你們現在的宇宙是為群體共享的夢，頗具有效性——以某種角度來表現實相的夢；這個夢最重要的是，它是有意義、具創造性的，而且，並非建立在混亂上（以一個會心的眼神），卻是建立在自發性的秩序上。可是，若要瞭解它，你必須到意識的另一個層面——在那兒，也許，夢暫時看來彷彿不那麼真實似的。從另外一個角度，在那兒，你甚至可以更清楚的看它，把它當作你手中的一張照片一樣；同時，也可由那更廣的視角看到，你的確站在夢的脈絡之外，卻又在另一個「裡面」，而因為照片本身的限制，那是無法在照片中顯現出來的。

現在，就是口述的結束。請等我們一會兒，我們會再繼續。

以下是個人的資料，不過，首先這本書將打開許多非常重要的區域，而提供一些指導原則給許多人遵循。

（現在珍透過賽斯繼續傳述了給她自己的三頁資料，這一節在十一點二分結束。

（今晚大部分的私人資料，就是那種終究會出現在珍「自己的」作品裡的東西，其中關於她能力的某些更一般性的層面有些暗示，那可以在這兒講一下，賽斯說：「魯柏只剛開始他自己的夢之努力，那無法認真的開始，除非他先學到對自己的存在有信心。」〔附錄十一包含珍將近兩週前寫的文章〈神奇之作〉的摘錄，談賽斯、夢和我們的實相創造。在我為〈神奇之作〉寫的註釋裡，我描述珍自己最近幾個系列的夢，順便一提，這些夢仍持續進行中。〕稍後賽斯又說：

「在我們的情形裡，魯柏幾乎『變成了』他由我這兒收到的資料，如果某些其他的有利改變發生了，且魯柏那方面也有進一步瞭解的話，我們或許可以在意識的其他層面相見——在夢境裡，當他不在進行製作我們的書之時。」因為你可以說，珍從未在夢裡與賽斯面對面相遇過，與這種情形最接近的是，她在夢境為他上一節課，就如清醒時一樣。

（現在，作為今天書的部分資料參考，譬如剛才給的夢之資料，以下這些例子表現出《未知的實相》與珍的日常生活是如何的交織在一起。

（一、在十點三十五分那段末尾，當賽斯觸及「意識的裡面」時，我認為那個資料呼應了在〈神奇之作〉裡珍自己的想法。

（二、然後，緊接著十點三十九分之後，當賽斯提到「混亂」時，他對那個字相當狡黠的強調並沒逃過我的注意力。目前珍和我正在看一本由一位生物學家寫的書，它包含了許多好東西，但當我們看到那些段落，當作者把「生命」描述為與「非生命」相對；或當他假設一個終極的混亂——宇宙退化成物質最終漫無秩序的分布——不可避免時，我們覺得很不安。我們認為這種觀念是一種狹隘人類觀點之投射，相當的具誤導性。而且，當珍和我各自獨立地長大時，我們逐漸捨去生命是由機遇發生的這種傳統科學概念；我倆創造性努力之情感本質使我們質疑這種理論，現在，即使是以一般的科學說法，我們也不認為那是真的。

（這生物學家之混亂和賽斯的「不可預測性」也非同一件事，如賽斯在第六八一節告訴我們的：「科學喜歡認為它處理的是可預測的行動，可是，它知覺如此小量的資料……以至於任何分子、原子或波之偉大的內在不可預測性就不明顯了……」與此相連的，我們建議讀者特別去研究賽斯在同一節裡由十點到十點三十六分的資料。）

註釋

❶見第六九八節到九點四十一分為止。

❷因為從這時候開始，賽斯討論到人類代表就用男性主詞「他」，我請讀者參見第三部第六九六節註❺。

❸稍後加的註：很不幸的，賽斯沒有實現他的諾言去詳述夢／象徵的會合處。

❹在《靈魂永生》第九和十章，有很多夢的相關資料。至於死後訓練中心舉辦的課程，相關資料見第九章第五三七節。有些來自我們這個實相的人，像珍就是其中之一，會在睡眠狀態出體時，協助那些剛過世的人調整自己，適應各種不同的新環境。而且在第五三六節，賽斯說：「……我已經花了許多世在我每日的睡夢中，在另一個嚮導的指導下學做嚮導。」

❺樹也會做夢。見第六九八節註❶。

第七〇一節 一九七四年六月三日 星期一 晚上九點十七分

真正的精神物理學家．動物與科學．練習單元八

(今晚的晚餐之後，我已經做完上週三晚上那一節內容的打字工作了。事實上，八點五十分坐著等這一節開始之前，珍剛好有時間把它讀一遍。

(輕柔的：)晚安。

(「賽斯晚安。」)

好，請等我們一會兒：我們輕一點說話，以使魯柏保持在一種特殊狀態——但(向前傾，幽默的)我們也不耳語。

(停頓良久。)那麼，物質世界的外在是與多重次元的「內在性」相連的，不過，那個外在世界是按照你們有意識的欲望、信念與意圖向外衝，而投射到你們的實相裡，因此，記住你心目中意識心的這個立場是很重要的。每個具體經驗是獨特的，雖然它的創造及能量來自內在，但如果它沒被如此外在化的話，那個經驗原始、個別卻又共有的特質就不會以同樣的方式(更強調的)存在。

那麼，那外在化有了不起的目的與意義，而帶來了一種不同的表達方式。雖然在這本書裡，我可能會強調內在實相的重要，卻完全無意否認俗世經驗之偉大有效性及目的。這本書裡的任何

練習，應當有助你豐富那俗世經驗，並且瞭解其架構與本質，而這些練習沒有一個應該被你們用來試圖「逃避」自己世俗實相之內涵。

無論如何，藍圖是隱伏在內的。請等我們一會兒……很快的，還會再多談談我們的夢—藝術科學家（見上節）；不過，也有其他重要方法可以被用來研究實相的本質，其中特別有一個是不涉及做夢狀態的，不過，它的確包括了意識的操縱，到某個程度，它包括了與被研究的東西認同，而非分離。

請等我們一會兒……愛因斯坦❶那個人雖然與你們自己的文明相連，在這一點卻最接近上段所言，因為他能相當自然的與宇宙種種「機能」認同，傾聽物質的內在聲音，而被直覺與情感引導到他的發現上。他背靠著時間，而感覺到它讓步且動搖了。

真正的〔精神〕物理學家❷將是一個大膽的探索者——不是用小工具去戳戳宇宙，而是容許他的意識流入許多打開的門，那是不能用工具卻只能用心智找到的。

如你們所認為的自己意識，當你與它熟悉之後，如果你容許，它的確有助於把你領到比對時間的同時性本質❸更大的瞭解裡去。反之，你常常用到工具、儀器及行頭——但以那種說法，它們並不會感覺到時間，而你卻會。研究你自己有意識與時間之經驗會教給你多得多的事，就是如此。

（在九點四十分暫停，珍的聲音以非常漸進的方式，增強到幾近正常的音量。）

練習單元八

不過，把你的意識用為一個門檻，你還可以發現得更多。打個比喻，站在你在的地方，而把那意識上覺察的一刻想作一條路，然後，想像許多其他這樣子的路全都交集在一起；再次，在腦海裡想像你採取了其中之一而跟隨它，並且不帶批判性地接受你的任何經驗。到一個很小的程度，你是在「改變」意識。（半幽默的：）當然，你根本沒有「改變」它，只是以一種不同的方式來用它，而把它集中焦點在另一個方向上——不論有多短暫。這是個最簡單的練習。

假定你終其一生都站在一個點上，而你必須這麼去做，是因為人家告訴你必須如此。在這樣的情形下，你只能看到直接在你面前的東西，而眼角餘光也許會給你兩邊有什麼東西的暗示，或你會聽到從背後來的聲音，物體——好比說，鳥——也許由你身旁飛過，而你也許會臆測牠們的動態、重要意義及來源；如果你突然向右或向左轉一吋，不會改變你的身體，而只是改變了它的位置，增加了你整個畫面，非常謹慎地由你最初的位置挪開，所以，上面那小小的練習就是如此這般。

請等我們一會兒……目前你們對意識的幅度——你們自己或那些彷彿在你們自己「之下」的——少有覺察。真正的物理學家就是那個膽敢在自己意識之內轉過身來的人。請等我們一會兒……在物質之內有內在的結構，它們是能量的漩渦，而其目的不只一個，那些結構是由意識組織或意識單位形成的。舉例來說，你們對一個細胞或原子的本質有最親密的知識，因為它們組成了你的血肉。以某種說法，那兒有「意識的連續」存在，而你目前的肉體生命是其一部分。你與自己的細胞有某種交流與心靈上的溝通，在意識的某個層面上你也明白這一點。真正的物理學家會學著去隨心所欲地達到那個意識的層面。以你們的說法，遠在任何科技能夠看到細胞結構之前，就有了它們的圖畫。

請等我們一會兒……當你的眼睛閉著時，有一些形狀及構成物會出現，那是原子、分子與細胞之完美複製品，你卻沒把它們認知為如此。也有一些畫——所謂的抽象畫——許多是由業餘畫家無意識地畫出來的，那也是這種內在組織的絕佳代表❹。

魯柏有時候能把他的意識投進很小的具體儀器裡（例如電腦的零件），而在好比說，電子的層面上感知那些零件的內在活動。以你們的說法，稍假時日，用這種技巧，對所謂粒子結構之知識會有同樣清楚的瞭解，可是，現在你們的術語無法描述這些。然而，你們的用語卻正是那囚禁你們的東西，而把你們引到「錯誤的」問題上。

（好笑的：）可是，在你們的文明裡，且以你們的信念而言，那種錯誤的問題正是對的問題，因為你們本來就想要停留在那個結構裡，因此，現在才正開始去質疑你們的方法，甚至你們的問題❺。真正的物理學家會由他通常的意識狀態問他的問題，然後再把那意識轉到其他方向，在那兒他會被帶入「實相的探索」裡，問題本身會被改變，然後，答案會被感受到。

（十點八分，整段都非常的強而有力：）但大多數物理學家並不信賴感受到的答案，感覺被認為遠不及一張圖表有效，看起來，彷彿你們無法靠感覺來操作世界——但你們試著靠圖表來操作也做得並不怎麼樣呢！

許多情形裡，你們的科學家彷彿有一些奇怪的想法，比如說：可以藉由毀掉一個實相而去瞭解它：可以藉由殺害一隻動物而去覺知生命的機制；或可以藉由把自己與一個現象分離而能檢視它到最好的地步。所以，你檢視人腦性質的嘗試，常常是透過破壞動物的腦子，把動物腦的一部分與其他部分分開，孤立它們，去侵擾那整個動物的完整性及你自己的靈性過程。我這樣說是指：每一個這種企圖，都把你與你自己、你的環境及其他物類分得更開了，可以這麼說，雖然你也許能「學到」某些所謂的事實，卻被驅離得距任何偉大的知識越遠了，因為那所謂的事實橫阻在你的路上。你們尚未瞭解意識的獨特性。

（非常強調的：）相信你們可以藉由毀掉意識而學到有關它的什麼東西是很荒謬的；而當你的追尋使你毀了生命，卻相信可以學到有關生命內在實相的一丁點什麼時，這也是很荒謬的。你明白嗎？以你們的說法，破壞本來就預設了一個對生命的誤解。

你的手累了嗎？

（「不累。」我說，雖然這速度有點令我吃不消，但珍正進行得很好。）

有與動物、原子及分子認同的方法；有從動物學習的方法，舉例來說，可以用一些方法去發現不同的物種如何遷徙，然後，如果你想的話，再去以科技做到這類事情，這些方法並不包括解剖，因為以那種方式學到的東西你將無法利用（聲音更低沉而且更大聲）。

以一種說法，你們只不過是活力過於充沛，就像孩子們在玩新遊戲一樣，然而卻會發現，你們至多不過是在用兒童的積木而已。有些人已經得到了那個結論。當這本書繼續的時候，我的確會給你們一些起步的建議大綱，那是關於可以用你的意識去瞭解實相本質的方法，並且使內在的藍圖清楚些。

休息一下。

（十點二十八分到十點四十五分。）

現在：即使以你們的歷史及順序性時間的說法，作為一個族類，你們已嘗試過與物質世界打交道的種種方法❻。在這個最近的冒險裡，你們發現外在的操縱是不夠的，而光是科技並不是「那答案」。請瞭解我的意思：一個有愛心的科技並沒有錯。

如果愛因斯坦是一個更好的數學家❼，就不會達成他所做到的突破，就會太過畏縮，然而，即使那樣，他的數學的確曾令他裹足不前，而在他的直覺裡造成一個缺陷。你們常常視此為當然：直覺知識是不實際的、發揮不了作用的，或不會給你圖表的；可是，令科學如此自豪的那些同樣的圖表也能是阻礙，而給了你一個死的而非活的知識，因此，圖表可以是相當不實際的。

我承認在這兒我取了一個巧；但如果你們不感覺有必要去殺動物來獲得知識的話，那麼，你們也不會有戰爭了，而會遠較瞭解大自然的平衡。

如果你們不覺得有任何需要去破壞實相以便瞭解它，那麼也就不會需要去解剖動物，而希望發現人類疾病的理由。你們早就會獲致活的知識，在其中，疾病本身根本就不會發生，你們早就會瞭解心與身、感受、健康與疾病的關連性了。

我並不是說你們就必然會有一個完美的世界，卻會更直接與實相的藍圖打交道。

（突然的：）口述結束。

（十點五十六分。珍馬上轉到一些給我的資料上，而在十一點十六分結束此節。）

註釋

❶今天珍一直在看愛因斯坦自己的書裡頭講的相對論（《相對論》〔*Relativity, The Special and the General Theory*〕）。她很快就把它擺在一邊，跟我說除了很努力運用意志力這部分以外，她都看不太懂。書中包含的數學完全難倒她了。上個月她說有興趣看一下之後，我就訂購了這本書。愛因斯坦死於一九五五年，享年七十六歲。

❷這一節舉行之後半個月，我幫賽斯的用詞「真正的物理學家」加了「〔精神〕」（mental）這個形容詞，因為他的確在接下來的三節課裡提到「精神物理學家」（mental physicists）。

❸五個月之後加的註：賽斯早期談到時間的一些資料，見《靈界的訊息》第四章第十四節（一九六四年一月八日）的摘錄。我在《未知的實相》卷一的序中間（還有卷二第七二四節之後），引用了同一節的幾句話，也思考了我們試圖理解賽斯的同時性時間這個觀念的一些想法。介紹本卷的註釋也包含其他與珍製作賽斯書的出神時間有關的適用資料。

❹身為藝術家，我自己偶爾也會想知道，某些抽象畫是不是有這樣的來由。很可能我跟珍談過此事，可是我不記得在某個特定時間這樣做。

❺不過，在物理學上，質疑肯定是當今的模式，就算從它本身的角度看來。兩個月前，東岸一份知名的報紙刊登了一篇長文，談的是，因為近期在原子和次原子層次的新發現，現代物理學自己本身感覺到的「混亂」和「迷惑」。這些新的事實很多都與受人敬重的舊事實相牴觸，也引發前所未聞或是被人駁斥的問題。那些問題與這種幾近零次元過程，像是繞著原子核活動的電子，以及組成原子核本身各種「較重」粒子的內在架構有關。

現在，有人懷疑，至少有很多情況是如此，有些自然的基本法則無法直接用在我們身上，也懷疑，我們的世界提供給我們的只是它種種基本特質的一個近似的代表物而已。科學需要新的理論，盡可能把四大自然力（重力、電磁力以及原子的「強」和「弱」力量）都統合起來，而不是像過去那樣把它們分開。他們現在告訴我們說，簡單是關鍵。

（而且，很簡單地說，黑洞的「事相面」可能發射出偵測得到的光，這個概念可能就是統合上述一些自然力——重力和電磁力——的第一步，因為在相對論和量子理論當中都是分別看待這些自然力。見第六八一節的註❹和第六八八節的註❹。）

❻見第一部第六八三節到十點十一分的內容。

❼顯然，愛因斯坦並不是個了不起的數學家，他常常談到他差勁的記憶力。他大部分透過直覺與意象來從事他的工作，在一九〇五年，他發表了狹義相對論之後不久，據說愛因斯坦將其完成的功勞，至少一部分，歸諸他對時間與空間的數學所知甚少的這個事實。

在一九六四年四月二十日第四十五節裡，我發現賽斯說：「愛因斯坦向內心旅行，而信任他的直覺，並且運用自己的內在感官。如果他還能更信任直覺，而能把他的學說之所謂科學證明留給較差的人，給自己更多內在自由的話，他本來還可以有更多的發現。」

第七〇二節　一九七四年六月十日　星期一　晚上九點十九分

客觀的科學與有愛心的科技・意識、次原子粒子與電子的自旋

（上星期二下午，珍和我接受一個紐約市電視台的訪問，而主持人和攝影師也留下來拍了那天晚上珍ESP班的上課情形。賽斯在課間透了過來，而顯出了他最快活——及最嚴肅——的一面，珍也唱了蘇馬利的歌。

（這將是賽斯首次出現在電視中，因為《靈界的訊息》在一九七〇年出版之後，我們做了一些推廣的工作。那時候，珍在東岸幾個城市的兩個場合替賽斯說話。反應極好，她不時還接到特別因為其他一個節目而來的電話或信件。我可以補充一點是，自從賽斯在那一年二月著手進行《未知的實相》，珍和我又履行一次電視節目的訪談約，還有，她也成了一集歷時頗久的廣播節目訪談的對象。但是工作的壓力，加上我們自己對於個人宣傳這件事的態度保守之故，其他這類的機會都被我們放掉了。

（隔天晚上，週三，為了讓珍休息一下，原本預定的那一節因此沒有舉行。）

晚安。

（「賽斯晚安。」）

現在開始口述，請等我們一會兒……

你們利用儀器，以及把儀器當作研究實相更大本質之工具的先入之見，終究會教給你們一個重要的教訓：只有在丈量它們本身存在其中的實相層面時，儀器才有用❶，就是如此。

可以說，儀器幫助你以水平的方式詮釋宇宙，但在研究那宇宙之內及「之後」更深的實相時，那些儀器不但無用，而且會誤導。不過，我並不是說儀器是無用的——只不過指出其涉及的天生局限性罷了。

所謂的客觀科學給了你一個畫面、一個模型，那以其自己的方式是滿有用的，好比說，使你們能旅行到月球，並且在你們暫時致力的科技上有所進展，然而，如目前存在的客觀科學架構裡，甚至科技也會碰壁。即使作為一個方法，客觀科學也只暫時有用，因為它會經常撞上更深的內在實相，而只因它的方法與態度❷，必須把內在實相丟在一邊，而加以忽略。舉例來說，沒有單獨一個客觀科學或精采科技能夠維繫住一個人的生命——如果那個人已經決定離開血肉之軀，或在日常生活裡找不到快樂了。

（停頓。）再說一次，有愛心的科技永遠會增益經驗在品質及靈性上的加深，而存在的內在秩序會與真正的科學同行。真正的科學家並不害怕與他選擇研究的實相認同，他明白只有那樣，他才敢開始去瞭解其本質。有許多非公認的科學家——在那方面來說，是真正的科學家——並不為這個時代所知，以外在的說法，他們有許多是十分平凡的人，並且有著其他的職業，然而，較偉大的發現常常是由「業餘者」所做的，這並非意外，因為那些業餘者比較不受制於公認的教條，在既定領域也不受向前進的壓力。因此，創造力自由且自然地流入他們感興趣的區域。

（九點四十二分。）等我們一會兒……在沒有與土地、地球及季節認同的情形下，所有科技都不會幫助你們瞭解大地，或有效的利用大地，更別說充分的利用大地了；在沒有與整個人類認同的情形下，沒有科技能救人類（停頓）；除非人與共享這世界的其他種類生命認同，否則再也沒有任何科技能幫助他瞭解他的經驗了，我是以非常實際的說法來說的。精巧的小機器最終並不能教你一丁點有關自己意識的幅度，甚至當你用它們（好比說，「生物回饋」）來獲致意識的改變時，是在給自己設定程式，而從你自己走開。

請等我們一會兒……只有當這些小機器為你們顯示這種改變天生是可能的時候，它們才有用；否則的話，以你們對應用科技之概念，那些小機器就會成了主角，而操縱的想法會被強調。換句話說，除非在客觀科學背後的想法改變了，否則的話，機械製造的意識改變狀態幾乎一定會被用來操縱，而非釋放意識。

這兒我並非在作預言，而只是指出存在著一個可能性。在你們的行星❸上，曾有過與你們一樣瞭解行星運行及星辰位置之文明——他們甚至還預言了「後來的」地球改變——卻沒有你們這種科技，他們利用的是一種精神性物理。在你們之前就有人旅行到月球去，而帶回同樣「科學的」與恰當的資料；也有人遠較你們瞭解太陽系的「起源」，有些這種文明並不需要太空船❹，反之，那些受過高度訓練的人綜合了夢——藝術科學家及精神物理學家的能力，在不只是經過時間、並且經過空間的旅行中合作。有些古老的地圖是由二百哩或更高的上空畫的——這些是在由這種旅遊返回時精心製作的。

也有原子與分子的素描，是由受過訓練的人在學習了與此種現象認同的藝術之後所畫的。在許多古物店裡的檔案藏著一些具重要性的東西，那是沒被你們認出來的，因為沒想到其適當關連性——而在有些情形，你們則還沒進步到足以瞭解那資料。

請等我們一會兒……可是，你們自己科學之特殊動力與方向，一直是直接的相反於這種內在科學發展，以至於至今在那個方向上採行的每一步，多少都會把你帶得離另一個方向越來越遠了。然而，所有科學都建立在對知識的欲望上，所以，即使在最分歧的路途上也有交會點；你們就正在這樣的一個交會點上。

你們自己的科學曾把你們領到合它邏輯的結論上，但那是不夠的，有些人則懷疑其方法及態度具天生的不利之處。可以說，物理學家們正越過自己，到了那些甚至他們的儀器也無法追隨、所有的規則都不適用的地方。甚至先知愛因斯坦也沒領得他們夠遠。當你從一個實相站開時，最多只能畫下它的圖表而已，不會瞭解它活生生的心，或其本質。

舉例來說，電子的行為會逃過你們的科技知識——以最深的說法，你們覺知的東西將是一個外觀、表面或幻相。到此為止，在遊戲規則之內，你們一直能令關於電子的「事實」適用，不過，去追隨電子多次元的活動則是另一回事了，老實說，你需要的是更快的方法。

（暫停。）實相的藍圖甚至藏在電子的活動之下，只要你以（次原子）粒子去想的話，基本上就誤入歧途了——或甚至當你以波來想也一樣。當然，相互關連的場域概念是比較接近事實的，然而，甚至在此，你也只不過是拿一種說法與另一種相似而只略微不同的說法交換而已。在這些例子裡，你都忽略了意識的實相、其完形的組合及具體化。那麼，你一直在自己知識之前設下明確的障礙物，直到你覺知任何「可見」或「不可見」的具體化背後天生具有之意識。

休息一下。

（十點二十分。「我不曉得他對電子以及那類東西說了些什麼，」珍一脫離長達一小時的出神狀態就立刻告訴我：「但是，這一切都是一般知識，接著會談到更多東西。我能維持多久就盡可能維持多久。也許我們休息之後會收到更多資訊……」

（我覺得賽斯在他今晚傳述的最後一段談到次原子波和粒子，非常有意思。這類概念涉及到物理學家一直以來對自然抱持的二分法觀念，比方說，光是由波還是粒子組成的？當代的一種被稱之「互補」的調整，使得實驗者接受了兩者都是事實的結果。上一節的註釋提過，那天稍早珍試過拿愛因斯坦講相對論的書來讀。今晚這一節開始前，我們簡短討論了愛因斯坦的作品和一些類似的主題，但我沒有要求她透過賽斯提供物理學方面的資料❺。不過，以她自己的方式，珍對於這個領域相當感興趣，也和科學家一起做一點工作。在《未知的實相》稍後的篇幅裡，我們對那些努力可能還有話要說。

（不過，現在我們的時間只夠稍微碰觸一下涉及電子的資料，因為珍告訴我，她突然覺察到同一個主題還有更多資料。賽斯已經準備好了，「這件事我會盡我所能，」她說，一面摘下自己的眼鏡。在十點二十二分繼續。）

魯柏的詞彙並非公認的科學詞彙，而為了我們的目的，他也不應該那樣——因為那種詞彙是有局限性的。

以盡可能簡單的語言，並且多少以你們的話來說，電子的自旋（electron's spin）決定由你們觀點來看的時間「順序」，那麼，以那種說法，反的旋轉是反的時間順序，有許多是你無法觀察到的。有許多是極難解釋的，只因為你們的語言結構本身就預設了某種假定。不過，電子同時在許多方向旋轉❻，這是你們不可能覺知的一個效應，而只能把它當作一種理論來討論。有一些「由此而被達到並且維持住的電磁動量」，那是某種在運作並維持它們自己完整之穩定性，雖然這些可能在這旋轉的所有部分並不「均等」，然而那不均等「之間」有其均等存在。

那麼，以你們的說法，時間正在嶄新地向後旋轉，就如它正嶄新地旋入未來一樣的確定，而它也同時地向外及向內旋入所有的可能性。

（十點三十四分，我忘了關掉電話鈴，因此電話響了兩分鐘之久，令我非常煩躁，我想我們最不希望被干擾的，就是當珍在處理目前這種資料的時候，然而，她繼續替賽斯說話。）

不過，在所有方向上有不均等的衝力，然而，藉由只集中於這旋轉的某些部分，可確定其「均等性」。

你可以休息一下。

（十點三十六分。「我聽到電話響，設法要透過它維持出神，」珍說：「但是我不了解這本書，也不認識讀這本書的一般人。我就只是任由它全部出來……不過，非常好玩。我覺得好像我人在事物的中心，現在才過了十點三十分不久，可是打從這一節開始到現在，我覺得自己真的走了好長一段路……」

（我用傳統的輪迴字眼，半開玩笑地問珍，她有沒有做過，比方說夢這門學問的科學家，或是精神物理學家。她說她不知道。〔附帶一提，我們幾乎從來不曾談過彼此在輪迴方面個人的涉入情形，不管任何一世是不是以賽斯說的同時性與可能性這樣的概念，還是以時間是一連串接續的時刻為根據。〕不過，珍的確知道這節剩下的時間都會留給她。她說得沒錯，賽斯在十點五十五分過來，然後在十一點三十分道晚安。

（一個註：珍做的幾個系列非常豐富生動的夢仍然持續中，而她也繼續做詳細的記錄。有時候這件事的紙上作業讓她一天要忙上一兩個鐘頭，比方說，她記錄了昨晚的五個夢。我上回在為第六九八節做補充的附錄十一提到她最近的夢，其中包含〈神奇之作〉的摘錄，亦即珍上個月在一種意識改變狀態中寫下的資料，這份資料至少有一部分是受到她這些系列夢的啟發。這幾節被刪掉的部分有一些賽斯頗為長篇大論地討論了珍的夢工作與相關的活動。他今晚又說了一次，這裡有一個必須一提的重點是，珍與夢相關的經驗包括一些對她而言，既是全新又令人非常興奮的心靈發展。）

註釋

❶再次（就像上一節的註❼），我由第四十五節裡摘錄賽斯的話：「任何對基本內在宇宙——那是唯一真實的宇宙——的調查，必須盡量由你們自己扭曲之外的一個點來做……要到你們自己宇宙的外面去，你必須向內

旅行……你們所謂科學、客觀的實驗能恆久持續，但它們只會越來越以偽裝的〔物質〕儀器探入一個偽裝宇宙……的確，潛意識也有自己的扭曲成分，但這些比那使你們科學實驗負荷不了的上噸扭曲偽裝大氣要容易避開得多了。」

（有關賽斯在早期課使用「偽裝」這個詞的情形，見附錄十一的註❸。）

❷賽斯談到通往內在實相的科技和科學的資料，讓我想到最近透過閱讀而注意到的兩個相關案例。第一個涉及到的內在實相比第二個更切身，但是兩者都呈現了有趣的問題。每一位讀者都可能提出類似的實例。（不過，就像我在附錄一寫的，「我的興趣不在批評我們的科技，而是指出我確信一樣重要的那些同時存在的內在因素」。）

我的第一個例子是關於一九六〇年代生物反饋機的發展。透過這些機器，必要時，一個人可以學會控制自己的血壓，或身體任何一種非自主的功能。賽斯在上一節最後一次傳述當中談到的「愛的科技」，而這種自我監測無疑是其中一例。但我現在了解到，早期生物反饋的主張其實頗為誇大。在一個比較合理的背景之中，這種科技將在我們的醫學系統找到自己的位置，但在每一個案例當中我們學到的東西一定會突顯出，我們需要了解自己個人的內在實相，也就是一開始引發高血壓的原因到底是什麼？

我的第二個例子是從最近一本談天文學的書衍生出來的。對於我們觀察得到的這個由行星、銀河、類星體等等構成的宇宙起源為何，作者在書中解釋了不同理論，並提出支持或駁斥該理論的證據。可是，在我們的宇宙出現「之前」何者占上風（或它是否「永遠」存在）這個問題一冒出來，他們就告訴我們，科學不處理終極的起源與結尾，而且要我們去神學和（或）哲學領域裡頭尋找可能有的答案。

我想，雖然奇怪但不可避免的是，發展生物反饋和天文學原理的那個意識心，會發現自己被帶回到它自身的內在源頭。

❸四個小註，最後兩個稍後加的註來自《未知的實相》卷二：

見《靈魂永生》第十五章，賽斯談魯米納（Lumina）古文明的藝術和科技（以及在它前後那些文明）的資料。他告訴我們，即使是現在，魯曼尼亞人的屬性也都涵納在我們自己的傳承裡。

從卷一第二部第六九二節的十一點八分開始，賽斯討論了一些「意識族類」。

在卷二第四部第七一五節：「有心靈的文明，而只有藉著學習這些，你才能發現有關你們星球『遺失』的文明之事，因為這種實質的文化，都甚至與你們現在擁有的心靈之相應部分相合，並且由其中浮出。」

在第六部第七四二節：「亞特蘭提斯是一個你們想要居住的大陸，出現在你們的文學、夢及幻想裡，作為發展的推動力……它也帶著你們恐懼的戳記，因為故事說亞特蘭提斯已被毀了。你們把它放在過去——雖然它是存在於你們的未來。不單只是那毀滅，並且整個模式是透過你們的信念架構而被看到的。不過除此之外，很多文明曾以多少同樣的方式來了又去，那麼，以你們的說法，亞特蘭提斯的「神話」多少是建立在具體的事實上。」

❹在一九六四年四月一日第四十節裡，賽斯說了一些關於太空旅行會帶給我們文明挑戰的是：「……就太空旅行而言，你們被所涉及的時間因素非常嚴重的阻礙了……以你們的說法，要到你們想去的地方得花太多時間了，因此，科學家們會開始尋找更容易的方法，即使現在，他們也正被強迫去考慮把心電感應當作一種溝通方法的可能性，而會被迫越來越往這些路上走。

「很可能在你們本想作一個太空探險時，結果卻發現『旅行到』另一個〔可能性〕層面了，但一開始你們不會知道其不同。」

二十天之後的第四十五節裡：「……你們目前有關擴展性宇宙的理論是錯的。當科學家發現你們所知的太空是個扭曲時，而由一個所謂的銀河系旅行到另一個，是藉由拋棄那偽裝的〔物質〕身體而做到的時候，太空旅行就會被放棄了。所謂太空旅行之交通工具是精神與心靈的可動性，這種可動性是以心靈能量轉換來說的……」

❺見上一節以及註❶和❼，談愛因斯坦的資料，以及註❺；第六八四節有關賽斯的意識單位多重次元活動和變動、電子和其他這類現象的資料；以及第六八一節，還有特別是註❼談科學、可能的原子以及在所有的實相系統背後那基本的不可預測性。在同一節，賽斯也像今晚休息之後那樣，對珍的用字發表他的看法。

❻在第六八一節，賽斯說：「原子可以同時朝著一個以上的方向移動。」在那一節的註❼，我寫說，身為藝術家，我對這番話的直覺反應是，把原子這種多方向的能力與賽斯的同時性時間和可能性的觀念聯想在一起。因為電子是繞著原子核移動的粒子或過程，所以我現在對它們也有同樣的聯想。據賽斯說，因此，我們有了最複雜也最深奧的單位或本質之舞，而這樣的行為其實不太能夠轉化為文字。見第六八八節談到時間及意識單位向後向前、向內向外移動之資料。在一九二五年物理學家們談到電子的自旋，那是在他們開始考慮組成原子核本身各部分旋轉的不久之後。然而，這個旋轉並不是電子圍繞著一個核心的軌道移動，實際上，卻更有一點像是（非常短暫的）電子的電磁場。

時間逆轉或粒子對稱、時間與空間的相等，是相對性物理及量子理論的教義，然而，在我蒐集有關電子自旋的資料裡，卻找不到對賽斯以下概念之任何討論：一、電子的逆轉以及隨之而來的時間逆轉，或二、電子同時向許多方向旋轉。這種與電子自旋有關的觀念也許會在物理學家的著作裡談到，但對我而言是相當不熟悉，或在我有限瞭解之外的，我也確信，一般而言，珍對它們也一無所知。反之，我會說，在休息之後的賽斯資料，是由她自己對「時間與空間是交織的」直覺性、神祕性瞭解生出的。

第七〇三節 一九七四年六月十二日 星期三 晚上十點一分

完全的醫生・健康、疾病療癒與死亡

（耳語：）晚安。

（「賽斯晚安。」）

電子的多重次元面向無法在你們三次元系統裡，用事先已設定或已設好焦點只去度量某種效應的儀器來覺知。

雖然這可能聽來相當的褻瀆科學，藉著用某些意識的焦點是可瞭解到電子本質及更大實相的：舉例來說，以一個精細聚焦並且對準的意識之「電射」（光束）來探測電子——在本書稍後對這點還會說得更多。至今，在你們的任何研究裡，一直以刺探外在的情況來尋求其內在的本質。

為了闡明這點，舉例來說：當你解剖一隻動物時，仍然只是處理外在實相的「內面」（inside）或處理另一層面的外面（outsideness）（停頓）。以一種說法，用你們的儀器探測天空時，你也是在做同樣的事。在這個與所有物體從中躍出的「內裡（withinness）」之間有所不同，實相的藍圖是在後者被找到，研究實相有許多不同的方法，讓我們舉個非常簡單的例子。

假定一名科學家發現了第一個橘子，而用了每一種可用的儀器去檢查它，但只因為怕失去了

科學的客觀性，卻拒絕去觸摸它、嚐它、聞它或以其他方法與之產生個人關連。

以感官上來說，他會對那個橘子學得很少，雖然也許能分離其成分，預言其他橘子在哪兒可被找到，對它的環境有一番理論——但那橘子更大的「內裡」，也無法在果皮內的任何地方被找到。種子是未來橘子的物質攜帶者，但形成那些種子的，卻是橘子未來實相的藍圖。在這種困境裡，你永遠被帶回到哪個先來的問題裡，而開始一個狗尾巴的遊戲，因為你們以連續時間的方式來思想，好像看起來就必須有第一個蛋或種子似的❶，不過，實相的藍圖卻存在於沒有這樣一個時間順序的次元裡。

你們離我所說的「內裡」最近的一點，就是你們自己的意識，雖然你用它作為檢查外在宇宙的工具，但它基本上是不受那個實相限制的，不局限於生與死的傳奇裡，而在其他層面處理自己物質存在的藍圖。

由細胞到「自我」意識的整個完形裡，有廣大的知識領域——其大部分現在都能被「無意識地」提到——用來維持身體在時空裡的完整性。以意識心作為指揮者，大部分的這些知識沒有理由不能變得正常而自然地被得到。因此，有一個相當有效、有活力、真實且極具創造性的內在實相，以及一個向內事件之順序，而你們現在的宇宙與生命是由其浮出的。任何真正的科學家終究必須學習進入實相的那個領域，而所謂客觀手段，只有當你在處理所謂客觀效應時，才可能有任何的作用——你們的物理學家正學到，即使在那個架構裡，也只有某些頻率之內❷，或某些條件之下，許多的「事實」才是事實，而留下來給你們的，只是能幫助你在自己後院裡「可用的事實」，但當你試著冒險到自己宇宙社區之外時，這種事實就變成了偏見，而會發現你預先形成的、本土性的想法，在它們的脈絡之外並不適用。

由於你們的心態，概念對你們來說彷彿不像物體那麼真實或實際，思想也沒被給以像岩石、樹木、啤酒罐（此時正有兩個在我們的咖啡桌上）或汽車同樣的有效性，因為以你們的說法，一輛汽車有用，因為它能載你到想去的地方，你並不瞭解思想的偉大可動性，或領會到思想的實際本質，你們造成你們的世界，而以一種重要方式，你們的思想的確是它切身的個人藍圖。當你操縱物體時，你覺得有效率，但操縱思想卻是更為實際的，以下是一個小小的例子。

（十點三十六分。）你們的醫學技術也許能幫你「征服」一個又一個疾病——但有些病事實上是被同樣的技術引起的——當你們做心臟移植，或打擊一個又一個病毒時，你會覺得非常有效率，但所有這些只不過讓人死於——也許其他尚未「被征服的」疾病罷了。根據內在的指揮及作用方式，當人們準備好時就會死，不管有什麼醫學治療，一個準備好要死的人就會死（強調的：）；一個想要活的人會抓住最微渺的希望而反應。健康的動力與預防接種無關，它們住在每個人的意識裡。以你們的說法，它們是被情緒、欲望及思想調節的。一個真正的醫生無法是科學性地客觀的，他無法把自己與病人的實相分離。反之，通常醫生的話及所用的方法真的使疾病和病人自己分開了，那個疾病幾乎被視為一件與病人本身分開的事情——卻被丟到他身上——而病人對它沒什麼控制力❸。

病況被分析了，血液被取樣了；對醫生而言，血液變成了「一個血液樣本」。那病人可能心中暗叫：「那並不只是一個血液樣本——你們在抽的是我的血。」但他並不被鼓勵去與肉體的血液認同，因此，即使他自己的血液彷彿也變得陌生了起來。

實相的藍圖：廣義來說，是住在你之內，就個人而言，它們是你存在的一部分。到某個程度，我正在這本書裡建議一個不同的方法。到今天為止，實相的藍圖大半是未知的，你們的方法使得它們不為人所見，因此在這兒，我建議了一些使未知的實相可以變得已知的方法。我已提到過夢─藝術科學家以及〔真正的〕精神物理學家（在第七〇〇與七〇一節），然而，在此我想加上「完全的醫生」（complete physician）。

請等我們一會兒……完全的醫生會是一個學會瞭解人存在的動力學、靈魂─身體關係的人——一個自己身體很健康的人。不快樂的人無法教你快樂，病的人無法教你健康。精神科醫師有很高的自殺率，你為什麼認為他們能幫助你快樂的活著，或增益你的活力呢？醫生顯然不是最健康的人❹，你為什麼認為他們能治好你呢？

（以強調的語氣：）現在，在你們的信念架構裡，精神科醫師及醫生是有助益的，因為他們對所有人都同意的技術比你們知道得多。當社會接受這些技術時，那麼，你們就多少會依賴它們，而在你放棄它們之前最好三思而行。但在更大、更重要的問題上，一個病了的醫生，並不會比一個「未受教育和訓練」、但卻健康的人更瞭解健康——而我是以相當實際的說法來說的。一個健康的人瞭解健康之道，但在你們的架構裡，看起來好像他的瞭解對你並沒什麼實用價值——好比說，如果你不健康的話。但真正的醫學專業應該是真正的健康職業，它會找出那些健康的人，而從他們那兒學習如何增進健康，而非如何圖解疾病。

不過，這是在最表面的層次。一個真正療癒或健康的職業，會密切處理心靈的「力量」來治療身體，並處理在欲望、信念及意識心活動之間的相互關係及其在細胞行為上的效應。「未知的」實相，不論未知與否，它都是你們正在處理的東西。

你可以休息。

（十一點九分。珍這次的深度出神持續超過一小時，但是我還沒寫完賽斯的最後一句話，她就出來了。在傳述這份資料時，她得以全面一瞥《未知的實相》計畫，但一休息它就不見了。這一節之前我們一直在談這本書的組織。

（現在又一次，珍想不通，為什麼要傳述這本書，她的出神就要「具備謹慎或複雜的特質」，正好與她在《個人實相的本質》經歷的「比較容易」的出神相反。我建議她忘了這樣的比較，而把《未知的實相》想成單純需要不同的手法，不管基於哪些主觀的理由就好了，再者，她持續不斷的質疑，隨著本書的進展也會一一釐清❺。

（珍在傳述時也「收到」賽斯很快會完成第三部，而且開頭這三部會構成本書的卷一。目前為止，賽斯尚未指定或表明何者為卷一❻。珍接收到更多資料，但她不太清楚內容：「……和我們每個人怎樣成為自己的夢科學家、精神物理學家，以及全科醫生。還有更多資料談的是人的三種分類，賽斯在哪一節稍早的課上提過……還有通往我們古代文明及其現在如何嵌入我們心智之中的那種心智領地知識，我想……」

（那「稍早的」一節就是第六八七節，在第一部，其中賽斯提到平行的人、可能的人與替代的人。但其實其間的資料〔第二部的局部標題〕是出自珍在第六八七節舉行之前自己接通時的討論。見附錄六。

（賽斯在十一點四十分回來，傳述一些與我的繪畫有關的資料，也談了別的主題，最後在十二點十五分結束本節。）

註釋

❶在第一部第六八二節討論可能性和意識單位時，賽斯告訴我：「單獨一個宇宙的這種概念基本上是荒誕無稽的。你們的實相必須在它與其他實相的關係裡被看待，不然的話，你就永遠會被『宇宙是怎麼開始的？』或『它什麼時候會結束？』這種問題攪住。所有系統經常不斷在被創造。」

❷物理學家給我們宇宙裡的所有物體——銀河系、恆星、行星、次原子、波／粒子等等——都分配了一個頻率或週期性的振動，而形狀被認為是頻率的一個表現。有些科學家現在說，類似的「振動」媒介談的都是代表或模擬這種性質。賽斯在這些課一開始舉行不久，就首次提到頻率。

對我來說，這類週期性的活動與賽斯在第一部第六八四節的資料之間是有關連的：「你們的身體就像光一樣的閃爍明滅……就此事而言，物質宇宙也是一樣。」

至於原子和分子——換句話說就是意識本身——如何階段式進出我們的可能實相，相關資料見第六八四節註❸。

但是，我很少聽到珍說振動（用流行話來說就是「vibes」）或頻率。

❸見《個人實相的本質》第十七章第六六一節，尤其是賽斯在十一點二十三分之後講的資料，他討論醫病關係，以及一個人在生病時可能有的無力感。

❹目前的統計資料顯示，在美國，精神科醫師、醫生和牙醫的自殺率，比全國其他人高出三到四倍。現在除了可能導致一個人輕生的人格特性或衝突之外，對於醫學界人士遭受的過多壓力和挫折，也有很多的討論。譬如，一個醫生的自殺，導火線可能是他無法扮演社會期望他扮演的角色。

《個人實相的本質》有很多資料談到信念的本質，以及在個人和群體層面，因為有那些信念而被創造出來的物質環境和心理環境。在那本書當中，接著有許多節不是探討健康和疾病，就是用各種方式處理那些主題的題目。尤其是第十六和十七章，就包含賽斯稱之為自然催眠，以及西方醫學、醫生、與醫療保險和「健康」文獻有關的暗示、飲食、生育、醫院、自然死亡、善與惡等等資料。

❺分別見第一部和第二部的兩處註釋：第六八六節的十一點二十六分，以及第六九四節一開始。

❻稍後加的註：當然，最後的結果是《未知的實相》並沒有第一單元（Part 1）。反之，我在序中解釋過，珍和我決定把前面三部合為一卷出版。

第七〇四節 一九七四年六月十七日 星期一 晚上九點二十七分

再談真正的夢藝術科學家、真正的精神物理學家及完全的醫生

現在，晚安。

（「賽斯晚安。」）

（許多停頓。）口述：未知的實相、可能的人、夢、電子的自旋、實相的藍圖——所有都是密切相連的。

你日常的個人生活，都被存在於那些現象之中的相互關係所觸及、所改變、所創造。當然，你們的群體世界也受到了影響。你們的確有自由意志，而以某種方式，它可以說是仰賴可能性的本質，以及電子多次元的行為❶。

不可預測性並不意味著混亂，反之，所有秩序都是由不可預測性之創造因素升出的。事實上，只因為集中在你宇宙實相這麼小的一部分上❷，所以你宇宙裡任何物體的行為才變得「可預測」。不可預測性確保了獨特性，且是預先決定的動向之反面。被認知的具體活動之偉大傳奇，是升自未被認知、不可預測的廣大次元，在其中，可能性被許以完全的自由。

在這兒，其全面的實際暗示應該被瞭解：沒有一條路是不可挽回地被設定或已無法改變的。不過，在你們通常運作的有限架構之內，是可以做出所謂預言的❸，而且到某個程度，它們也將

會成立，可是，以更深的說法，沒有一個行動是固定而無法改變的。未知實相是已知實相的源頭；如果你想「發現」事情是如何運作的話，那麼，你的旅程終究必須引你進入隱於所知世界之內的次元。

所以，你必須探索心靈，而那活生生的意識將會領你到「內裡」。在所有領域裡，這都並非不實際的努力，卻是非常實際的。科學上來說，這種研究會大大擴展你們的觀念，使得有愛心的科技能追隨心智最美麗的地形線，升上人類能力之天然山嶽，然後再更容易的進入完成。

醫學會溫和且內行的鼓勵療癒過程，因為它更充分地瞭解心靈偉大的情感性存在與需要。學習會利用到主觀性自己潛藏的內在知識，而幫助他以肉體生活的方式詮釋那知識。夢境可以被視為資料之一個無窮無盡的泉源。那麼，可以做些努力去瞭解並詮釋私人的象徵，而在社會之內的個人會被教導去利用他們自己的內在資料，以豐富他們的個人生活，並且幫助那社區。

我知道這當中有些聽起來「很退步」，因為我甚至在建議一種情況，其中，政治家們會學著去「聰明地」做夢——而對心靈、人民的群體心靈變得覺察起來，能夠傾聽每個人民的「私人神諭」（private oracle）。

且說，這些對許多人而言顯然聽起來很不科學，然而，我大多數的讀者早已經認識了一種不同版本的科學本質，不然，他們一開始就不會看這本書了。私密神諭：那是什麼意思？它與未知的實相有什麼關係？更有進者，它與實際的世界又有什麼關係？私密神諭是內在多次元自己的聲音——這內在的自己即是每個人那不完全涵括在他個人性之內的部分，未知的「自己結構」那部分，個人性及其「肉體聯盟」由其中躍出。基本上，心靈的那部分是在時間與空間之外的，同時卻使你能在其內運作❹，它密切的與可能性打交道，而那是所有可預測行動之泉源。

因為它所處的位置，所以在作為接收者及發訊者兩方面，它都有偉大的溝通力量。不幸的是，在你們時代裡，科學發展的結果形成了對個人的不信任，而在主觀上使個人背負著無力感，即使當科技增加了一種彷彿的客觀力量感時也是如此。我是說它彷彿地增加了一種客觀力量（在一個快速傳遞中熱切的說），舉例來說，你們熟練的科技容許你們說，天氣的狀態該有場旋風，而你們會有一個觀測（如我們不久以前在艾爾麥拉區所作的）；或你們的儀器會收到微弱的地殼顫動，而追蹤斷層線，於是「預言」地震將發生在另一個地區，因此，看起來好像你們對所處的環境有一些掌握力。當缺水時，看起來好像你們能把化學物灑在雲裡並帶來雨，因而獲得相當實際的主宰環境力量。你們相信需要科學的行頭來達成這種結果——然而，許多動物都會覺察此種現象，而且沒有此種儀器。然而，人類本身天生就配備好去「預見」這類潛在災難。

物質的有機體本身（即肉體）也是這樣配備的，所有人血壓都上升了——就荷爾蒙而言，壓力的信號已經啟動了，你們卻沒被教會去認知這些天然信號。在大自然的各部分之間都有互動，你們就與動物一樣的自然，並且也一樣地對大地的深沉韻律「調準頻率」——那韻律是你有意識的覺知及那些被你的身體意識所覺知，卻被「官方心智」排除掉的。

我只不過建議你們變得更自然。因為科學已對那種感受的方法造成了有效的阻礙，使得力量彷彿住在精巧的機械之內，而非人裡面。舉例來說，人不再與一場暴風雨認同，失去了與它的相關感，因而也失去了天生主宰它的力量，這同樣適用於心靈的暴風雨。夢—藝術科學家、真正的精神物理學家、完全的醫生——這種稱謂代表了可以讓你們瞭解那未知進而成為已知實相的那些訓練，因此覺察存在於物質宇宙背後的藍圖。當然，空談不如實證，大致來說，彷彿你們的科技大部分時候都有用，舉例來說，讓我們來看看醫藥。

（十點十六分。）你們的醫生能指出被先進科技所挽救的生命，你可以指出因為預防接種或其他預防措施——諸如服用某些維他命或衛生方面的措施——而消滅的疾病。若暗示一個人本身有任何抵抗疾病的有效保護，似乎是愚蠢至極的事。（停頓良久。）幾乎任何人都能提出一位親友，他在三、四十年前死於一種現已完全被克服的疾病，看起來彷彿這些生命會被現代的措施所挽救，因此，在你們的社會裡，時不時的必須要來個健康檢查。

再來，許多人會滿懷感激地讚美某位醫生「適時的」診斷出他們的病情，採取有效的反制措施而治癒疾病，當然，你們無法確知否則會怎麼樣，對那些想死的人又會發生什麼事。如果他們沒死於疾病，可能會變成一場意外的「獵物」，或死於一場戰爭，或一次天災裡。

不論他們有沒有接受治療，可能都會「被治癒」，並繼續去過正常的生活，只是你不知道罷了。一個準備好要死的人，如果從一場疾病被救回來後會很快碰上另一場，或找到一種實現那欲望的方法。你們這方面的問題取決於活下去的意志，以及心靈的機制。一個完全的醫生會試著去瞭解生命力的內在機制，而盡其可能學著去鼓勵這些。

他會試著去確定心靈的模式，並且順著它們；他會鼓勵病人去調準到那私密神諭，以確定病人自己在肉體生命裡的目的，並且加強他靈性的力量。完全的醫生會是一個個人，他有超級的健康，因此他本身瞭解在靈性活力與身體健康之間運作的特殊動力學。（熱切的：）那會是他的專長。

從你們的觀點來看，我們這兒的確是在談一個多少有點理想化的情況。然而，你不能藉著把自己放在一個醫院裡而學到健康的機制，你的那個特殊疾病也許被治好了，但除非對你存在的動力學學到更多，否則你只不過會成為另一種病的「獵物」，這同樣適用於所有的活動層面。藉著與一個快樂的人交往，你也許會發現怎麼活得快樂，卻一定不會藉由與那些淒慘的人交往而發現答案，因為他們只會教給你不快樂是什麼樣子——如果你還不知道的話。

每個人是個「小包裝」的宇宙。（停了一分鐘。）正如具體的行星按照秩序運行，同時卻仍是個別的，所以也能有建立在個人健全性上的社會秩序。但那個秩序會認識到自己的內在有效性；而那形成肉體健全性的不可見之內在秩序，也同樣會形成社會整體的健全性。那自己、那個人，既然已是完成了的自己，因此，會自動地為了他自己及社會的好處運作。所以，個人的好處就是社會的好處，也代表了靈性與物質的成就。不過，這預設了對內我的瞭解，以及對個人心靈之未知實相的探索。

你可以休息一下。

（十點四十二分到十一點五分。）

口述：到某個程度，每個想要覺察「未知」實相的個人都能開始覺察，都能變成他自己的夢

——藝術科學家、精神物理學家或完全的醫生，而開始去探索那些真正是新領域的心靈天地。

這樣的旅程不僅會照耀實相之私人面，而且也會照耀人類的經驗。此節結束。

（十一點六分，後來加的註：《未知的實相》卷一到此結束，這節在卷二中短短的繼續了一下，然後在十一點二十一分說晚安。）

註釋

❶見第七〇二節的十點二十二分之後，以及註❻，還有第七〇三節的註❷。至於原子在實相當中的變動，更多相關資料見第六八四節的註❸。

❷見第六八一節的十點之後。

❸在第六八一節的註❻，我引述賽斯談他自己的預測能力（但他很少耽溺其中），以及一般的預測。在一九七一年一月五日的ESP班，他也以一種比較好玩的方式，談論預測。見《靈魂永生》的附錄當中的紀錄：「在你們來說，時間是可塑的。大部分的預言是以非常扭曲的方式作出來的；它們可能把公眾導入歧途。不僅如此，而且當這些預言者一敗塗地時，對『理想』一點幫助都沒有。實相並不是以那種方式存在的。你能調整頻率而感知某些可能性，從而預言『它們將會發生』，但自由意志永遠在運作中。沒有高踞在一座巨大象牙塔裡的神說：『這在二月十五日的八點五分將要發生。』而如果神都不預言了，那我看不出來我自己有什麼道理要這麼做。」

❹一個後來加的註，珍在她《意識的探險》第二部裡談到她對內在多次元自己的「個人看法」。賽斯之私人神

諭與她基本的非具體之源頭自己相似，從其中很多「**面向**（aspect）自己」同時露出於種種不同的實相裡。一個源頭自己之所有**面向**是彼此溝通的，即使只是無意識地進行。那出現在我們實相裡的「面向自己」是以肉體形式「地球化」了的焦點人物。

那麼，以非常簡化的說法，珍把賽斯看作一個「個人圖表」（personagram）、「存有」或源頭自己另一**面向**之多次元個人化，而由靈媒表達出來。她在第十一章裡寫，像賽斯這種**面向**：「會透過焦點人格之心靈資料來溝通，必須以符合我們對個人概念的樣子出現才行，雖然他們自己的實相也許以相當不同的方式存在著。我想我對賽斯一直有這種感覺。並不是我不信任這賽斯人格，但我覺得他是另外什麼東西的一個人格化——而那『另外什麼東西』以我們的說法來說，並不是一個人。然而，以一種奇怪的方式，我感覺他是比那更多，或代表了更多；並且他的心理實相跨入各種世界……我感到一個我無法定義的人格多次元性。」

附錄一（六七九節補充）

賽斯談珍「深深的神祕天性」及她自己的評論．她早年的生活與宗教環境．給她外公的一首詩

（一九七六年四月。在這個附錄裡，我集結一些珍、賽斯和我自己談神祕主義的資料。第六七九節舉行後不久，我首次試驗性質地為它寫了註釋，那是一九七四年二月，心想若有必要稍後再做補充。隨著事件順利進行，我了解到這些補充的註釋很適合當作卷一的第一個附錄。這些註釋可能有它們自己的次序，但和大部分附錄資料不同之處是，它們並非按照時間順序排列。和序一樣，我也想要強調珍身為創作藝術家，在傳布個人對更大實相的觀點，以及她對至少那個實相的一些面向擁有的直覺、有意識了解上的角色。因為我們西方導向、物質至上、科技掛帥的見地，有可能輕易就忽略掉這樣的了解。

（但是，我沒有興趣抨擊我們的科技，而是想指出並存的內在因子，我相信那些因子一樣重要。畢竟，我們的科技要為這本實體書的存在負責，因此賽斯、珍和我才有可能和很多其他人溝通。

（自從珍開始傳述資料，我對於創作上〔意指藝術上〕的努力之起源相關問題愈來愈感興趣。當我們開始從平常的角度搜尋這種起源時，我們最後通常回溯那個對象的童年。但矛盾的

是，在那裡，在一般的背景中是找不到也無法理解那種起源的，因為據賽斯說，它們位在物質生命的範圍之外。若不探究賽斯的時間同時存在，或是任何努力都是創作的這些觀念，我在此處討論的種種起源就不會有起點也不會有終點。很有可能的是，人格在出生之前或是在肉身狀態之外就選定那些起源了。

（當賽斯在第六七九節談到珍「深深的神祕天性」之後，我馬上想到他在六個月以前給我們的一些個人資料，我稍微重新安排了那節的摘錄，而陳述如下：）

在我們的工作開始之前，魯柏的能量在某些時候，甚至在他的詩裡，就令他遠遠超越了「他自己」。他試圖壓制自己，因為覺得那能量如此之強，若容許它在任何一個方向自由，它會把他帶入與別人的習俗及方法之衝突裡。

實話實說，魯柏是個了不起的能量接收者，他吸引它，能量因此必須通過他，而被轉譯成外在的經驗。他是他自己，無法把他自己或他的能力關掉……無論把他的能量聚焦在什麼活動層面，他的活動都會很強，與其他人比較起來都會很誇張。他是個了不起的神祕主義者，那是說，他天生就是個了不起的神祕主義者，那經由他的詩，也同時經由我們特定的工作反映出來。因此，不論有無那些特定的課，那種表達也會透過詩及其「精神恍惚」經驗而表露出來……

（就在私人課舉行的時候，我們讀了一本談到過去一些知名神祕主義者生命歷程的書。他們大部分都是在宗教架構內運作，珍和我看到了他們形形色色的環境如何為他們的超凡經驗賦予色彩和形狀。〔我要補充，那些經驗進而明顯地讓那些環境更為豐富。〕但是，不管賽斯資料，珍告訴我：「我不是一個神祕主義者，我一點都不認為自己是，不像那些教會的人。」她微笑。

「我沒有每次想作什麼重要的事，就會出現意象。」

（「事實上，」她繼續說：「賽斯稱我為神祕主義者——很好的一個，我是說——像那種，讓我很不好意思。不管是不是天生自然的……」相當不情不願地，她同意我把那個私人資料放在這裡，但是，我想這只是因為她了解我想提供我認為適合賽斯書的背景資料那種欲望。不過，同時，她可能跟我說：「我比誰都希望更進一步探索意識。」❶

（我提醒珍說，既然她現在已不屬於任何教會〔她十九歲時脫離了天主教會〕，她的神祕天性會選擇一個宗教之外的表達管道，譬如說，在這些課裡。我提議說，也許事情的發展會是，她主要的努力之一就是去擴大「普通的」神祕經驗本身的範圍，而表現出它在被接受的宗教架構之外運作的樣子。我又說，在那些宗教界限之內，歷來全世界的神祕主義者都以幾乎相同的字句講出相同的概念，而作為一個「獨立的」神祕主義者，珍可以用更自由、更個人性的角度去做她所做的：她可以對那顯然是人類普及的、統一的狀態之一加入新鮮洞見，因為神祕主義的方式確然道出了我們的來源❷。

（不過，有點諷刺的是，就算是在不知不覺或「無意識」的層面，珍與生俱來的能力首度開始出現，卻是在天主教信仰那種非常自律的結構之內。而她要求從公立小學轉到天主教小學，更加強化了那個架構。

（依著賽斯在六七九節裡對她神祕天性之描寫，我問她關於童年的感受，珍告訴我說，在那些年月裡，她完全沒想到自己可能會是像「神祕主義者」一般奧祕的人物，她只不過是她自己。透過她與天主教會的關係，她變得覺察到與教會聖人相連的所謂「神祕主義」——但她仍然沒想到把這樣一種特質歸給自己，她的渴望及動力是要去寫作。

（我指出所有這些的意思，珍與她同代人之不同比她領會的更多。對她而言，顯然在她年輕時，她的朋友沒有一個寫詩，或談到她自己詩的那些主題❸，然而，那時珍直覺地**感受到**自己的天性，卻並沒有試圖去界定它。同時，小時候她會在晚上去散很長的步，一邊禱告，尤其是在她「不乖」的時候。

（不過，在她長成的那些年歲裡，珍的外公，她叫他「小爹地」（Little Daddy）一直扮演著一個重要角色，在珍兩歲時、父母離異之後，他多少代替了珍的父親。約瑟夫・柏多（Joseph Adolphe Burdo）有著加拿大與印第安血統，而以法語為母語，他祖先的家族姓氏原本拼法是「Bordeaux」，在某些方面珍強烈地與他認同，如賽斯在下面一九六四年一月八日第十四節的摘錄裡解釋的。

（當賽斯給我們這資料時，課才剛剛開始，但卻可以立刻將之與我們的生活拉上關係，尤其在這個例子裡，賽斯的洞見「符合」珍有意識的知識，並且以最有趣的方式將它延伸。

（〔在第十四節裡〕為了給資料起個頭，我問賽斯：「珍很好奇，想知道關於她外公的一些事，你能幫她忙嗎？」賽斯回答：）

他是個非常強而有力的存有之一部分。不過，在這一生極端的不擅表達，那是由於無法合成在過去世中所獲得的東西。

（「當珍是個孩子時，為什麼和他那麼親？」）

除了正常的理由之外，他還有通靈的傾向，那是當珍還小，而自己還很接近一次前世時。她感受到他深刻個人性的內在覺察力，那令她困惑不安，因為他的不擅表達也和他內心的想法契合。他感受很強，卻無法解釋。以他孤獨的天性，那很接近神祕主義者，但他無法把作為約瑟夫·柏多的人格與整個社會甚至家中其他人發生關連，很遺憾的，此路不通。他強烈感受到自己與宇宙整體及所瞭解的自然之關連，但對他而言，自然並不包括他的人類夥伴。除非那孤立是在與人類認同之後產生的，否則圍困（那的確是圍困）著他的孤立對任何人格而言都很危險。

那是說，在他與一切萬有的一體感裡，他排除了其他人類，而在你們的層面上，人格必須與其同類相連，只有在這種關係建立之後，那種性質的孤立才有益。不過，珍感覺到她外公與大自然之認同感，而既然身為一個年幼的孩子，她還沒發展出強大的自我人格，因此不像其他家人那樣感覺到被排斥，當他講到風，她覺得自己就像那風，就像任何孩子會不自覺的與自然力認同一樣。

她的外公對他自己對珍的吸引力反應，由於她不是一個大人，所以他的心胸能向她的方向開展。他在某方面基本上像個孩子，然而，卻討厭大多數的人，如果他活到看見珍成熟，那麼，在他們之間的情感很可能就已消散了，因為他無法與另一個成人交往；而當他眼裡的珍加入了成人行列時，他就會無法維持對她的強烈喜愛。

他從未原諒自己的孩子，因為他們「竟敢」長大……然而，至少一直到最後，他都使自己的身體與大自然保持著非常好的關係。他認為他的老去就像一株樹那樣的老去，但卻變態地感覺其他人是為了使他難堪才變老的……不過，從很小的時候，珍就吸收了他與自然的一體感，而這與她後來的發展有極大的關係……

（約瑟夫‧柏多在一九四八年六十八歲時去世，珍那時是十九歲。在兩年之後她寫了下面這首詩。

〈我將在春天死去〉

我將在春天死去，
時間，外公。
大地，哺育她的欲望，
將歡迎那仍溫暖的身軀。

會有涼風，
那將是我的思緒，外公。
它們會衝過我的頭顱，
如陰影或灰鳥。

等我且傾聽我，外公。
如我們一度行過樹林那樣，
牽住我手。
永恆之風吹過我髮，
而我感到它以寒冰觸我手掌。

我將再度成為大地的春天的一部分，外公。
我將再成為風，我將成為樹和花。
我將再度解脫。
外公，為何這令我痛？

（即使如此，在就學期間，珍並沒有與母親、後來變得很熟的神父們甚或外公特別談到她的想法或她感覺到的內在能力。珍反倒是把內心世界寫下來，她有男友，但卻不做結婚、生子或持家的夢。於是，基本上，在她經常想寫作的欲望裡，她「感到孤單」。

（在她離開教會之後，她不信任一般有組織的宗教，而完全沒想到她的寫作會導致任何一種「神祕經驗」。事實上，當賽斯開始談到永生時，珍覺得不安，而說她要這些課遠離任何宗教性的內涵。

（她並未經歷威廉・詹姆斯在他《宗教經驗的種種》（*The Varieties of Religious Experiences*）一書中描述的那種典型的宗教皈依❹，但是不只一次，她曉得自己有她自己的狂喜或深度意識改變、啟發的形式，一個人要怎麼稱那種經驗都可以。在《靈魂與必朽的自己在時間當中的對話》以及《意識的探險》當中，她從兩個觀點相當簡短地描述一次這樣的事件，但那個事件其實持續了好幾個小時❺。

（珍常常喜歡在一日之始單獨起身，看著窗外天空漸漸亮了起來，傾聽鳥的初啼。如她在一九七六年四月三日剛為我寫的話：「我總是感覺到一種奇怪、正當又有點扎實的滿足感，就好像有人應該起身來守候一日的來臨，而那就是我。」

（在我寫這些註的前一晚，我們談到神祕主義及其他的事，因為我們的討論，那天早上珍起得很早，是為了幾頁的資料。當我起來時，我在她寫下的東西裡拿了幾段放在下面，它們是這附錄的一個非常好的結尾。雖然她以對自己的神祕狀態再次表示懷疑來開始，我認為她自認是一日、大地及時間一部分的理解，根本就說明了她對神祕方式的獨立追求。珍寫道：）

「但當羅問我關於神祕主義的事時，我很難把這個字與自己聯想在一起，因為我會把放在這個字眼上的種種定義或暗示弄混。對我而言，它是一種……對了，一個人與宇宙的扎實聯繫……一種一對一的關係；一個想參與存在意義的渴望；一個想欣賞自然，並且在增益它時也同時向它致敬的欲望；卻也是那知識，即大自然也是我們及世界由之躍出的深不可知精髓之顯現。

「但就我對這個字眼詮釋的瞭解而言，我並不是個神祕者。一般而言，那個狀態暗示了，比我所擁有更多的同情與善良；一個我感覺到但卻極少達到的內在慈悲；一個我所缺少的對人的耐性；它也是一種我不喜歡的虔誠。這些是基督教的講法，但它們常帶著某種狂熱成分，那是我最受不了的。反過來說，有些形式的禪讚賞喧鬧幽默的美德，比較為我所喜，但就我所知，不論東方或西方的神祕哲學都充斥著『棄絕』的概念……

「在我自己涉足於我們的課之前，女祭司的想法曾經令我著迷，但我所想的是女祭司──詩人，而當我遇見羅的時候，又與當個女主人的念頭混在一起。我們的住處對我而言是很重要的；一個福地；我們在宇宙裡的家居舞台。

「……現在我對自己比較有同情心與愛了，藉著使我自己更好，我真的可以做些事來……改變世界的一小部分，也許那就是我所有的責任了──真是個怪想法──除此之外，我還能有什麼責任呢？但如果人們愛造成他們身體的那部分土地，那麼他們會更溫和的對待自己，而土地也會知道；就像當我守候著黎明來臨時，我覺得它也知道一樣。

「當我回到床上時，最後那行突然提醒了我，我仍然與小女孩時有同樣的感覺；黎明的某部分，的確是個人化的為**我**而來；到某個程度，在我出生以前時間並不存在。我的出生將以前不曾在那兒的某種成分帶到這世界裡。就我而言，我帶來了時間。當任何一個人出生時，都發生這種事，但大多數人都沒感覺到它……我們所有在地球上的人一起形成了時間，並且對它的設計及歷史貢獻了一份心力。不論何時，當我們心中的一個人出生或死亡時，這都會發生。我猜我一直有那種感覺。

「我認為生命是一個天賜的禮物，而隨著它，我們又被『贈與』了自然世界，我一直為此感恩。我覺得每個人都有一個目的，但我並不認為你必須去尋找它，因為我自然的想要寫作；而那就是我的目的，我對這點從未有疑問。」

註釋

❶珍和我談到蘇格拉底的「精靈」（daemon）或守護靈（guardian spirit）時，她說的一番話。這位雅典哲學家（西元前四七〇至三九九年）相信，快樂是目標、人應該要「適度精靈化」（well-daemonized），還有，生命的指引來自神。

❷神祕之道是在身體與心靈之間運作的自然回饋系統之一，賽斯在《個人實相的本質》第十章如此提醒我們。見一九七三年二月十四日第六四〇節：「沒有穿上教條外衣、自然的『神祕』經驗，是原來的宗教治療，這種治療太常被教會組織扭曲，但它卻代表人天生認知到他與自己存在與經驗的根源是一體的。」兩年後，當珍在寫《心靈政治》的第二十二章時，她自己寫道：「沒有一個人曾真正試著測繪過心靈的**自然**輪廓線，甚至很少人曾好奇過這能不能辦到……那些與種種不同的宗教與神祕教條不合，不以基督、耶和華或佛陀的字眼來表達的看法，很可能代表了一些在官方畫面裡的洞，透過這洞會漏出內在實相的一點微光……但再次的，〔對一個心靈或神祕事件〕實事求是詮釋之堅持也一直追著我們不放。」

❸舉例來說，珍在十六歲時寫道：「神祇們沒有迷失掉，我也沒有！」還有：「我每處都找過了，卻找不到時

間……」她在學校裡的朋友們卻請她為她們當時的「迷戀對象」寫情詩。

❹一九〇八年由Longmans, Green and Co.出版。

❺在《靈魂與必朽的自己在時間當中的對話》第二單元〈紙與穿過一個內在花園的旅行〉以及《意識的探險》第九章，珍談到她深奧的意識轉變。

附錄二（六八〇節補充）

羅可能的運動員自己・他的家庭背景與個人挑戰

（在談到我的「運動員自己」時，賽斯說的是他在一九七四年一月三十日——剛開始《未知的實相》幾天前——的一節私人課裡，所給有關我的三個可能自己的資料。那節課提供了許多我現在體認為十分真實的個人洞見，但即使沒有賽斯的幫助，有趣的結果也能來自對「可能自己」這觀念之覺察：讀者可以開始直覺思考他的可能自己，或與他在心靈或身體上密切相關的那些人之可能自己。不過，我在這兒並不是想要以一個或更多個可能自己的存在，來合理化這個實相裡的個人短處，卻只是用這個概念來擴大我們對人類潛能的基本看法，見第六七九節的註❶。

（這是在那一節賽斯對我說的：）舉例來說，你可以在某些運動上有出色的表現，然而，魯柏則沒有這種傾向。你選擇專注在藝術性的努力上，當你經由種種領域及時期來成長並學習時——那是說，你嘗試且享受運動及寫作；而在不久之後，你決定以繪畫的自己作為在其上建立生活的特殊焦點。

你可能曾是的那個運動家，會由同樣的背景裡蒐集符合他自己的觀念，及他的核心焦點之其他態度和想法。兒時露營的背景被當作豐富的資料來源，能以你選擇的任何方式被利用。運動家、作家或畫家——任何一個都會不同地利用那背景，卻都利用得很好，並且以這樣一種方式，會使得它特別適合他們每一個人。

請等我們一會兒……你父親的發明才能也會以同樣方式作為來源資料，被你選擇去變成的不論哪一個你利用。有許多選擇，在此，我只用了三個來讓你看到，人格的那些主要面向如何在你目前的情況裡運作……

且說，繪畫也天生的涉及了走向戶外，雖然你很少在大自然裡畫風景畫，不過，你會下決心要有足夠的自由去這樣做。你可能是的那個運動家仍然住在你之內，舉例來說，他在你之內的程度，足以使你自動地保持健康及柔軟。

如我說過的（在先前未出版的課裡），你父親的創造性有神祕、隱密及孤獨的一面……你創造性地與他的隱密天性認同。寫作的自己就像那運動員一樣變成隱性的，然而，寫作的自己與那畫家是密切相連的。有時候你感覺矛盾，但你從沒想到那兩面可以彼此釋放——一個照亮另一個——而兩者都被完成，反之，你把它們視為基本上是互相衝突的，認為花在寫作上的時間意味著沒花在畫畫上的時間。你相信那畫畫的自己必須受到保護……就如感覺你父親必須在家庭裡保護他的創造性自己一樣……

已經到你該擴大焦點的時候了。你必須明白，說：「為什麼瞭解需要花這麼多時間？」或：「我們為什麼一直這麼看不清自己？」或在你的情形裡，「我為什麼花了這麼長的時間才成為一個好畫家？」是沒有用的。

有些無法言說的理解與明覺，那是由解決彷彿與原本無關的問題或挑戰而升起的結果。但這些是當你解決那看起來是主要問題的時候、所發生不可預測的成就，它們是由既定情況升出的成就，同時，以你們的說法，那既定的挑戰常常好像沒被解決似的。

有些不可預測的瞭解層次，那是你採取某些行動路線的創造結果。不論那路線本身看來是否有利，這些都能存在，而以那種說法，它們甚至能蓋過一個成功的路線可能會帶來的利益……那麼，雖然看起來你可能像是造成了錯誤，但那些錯誤本身是創造性的，而帶來了沒有預見到的可能性，那些可能性正在豐富——並且也改變——你原本的路線。魯柏的寫作能力因為他的心靈經驗而綻放了。你的繪畫能力也是如此……心靈能力的突破並非就這樣發生了，而是你們最深的本質把它由可能的順序叫出來，而進入共同的實相裡——為了以下這個理由，因為你們每個都知道，它最能幫助你們去發展各自的能力到最圓滿的地步，而且也能幫助其他人。

附錄三（六八一節補充）

珍最初遇到「巨大」的種種心靈經驗，它們與內在感官的關連

（珍發現她「巨大的感覺」——如她所稱——不只有心靈上的教育意義，並且當它們包含了具啟示或超越性質的意識狀態時，也的確令人興奮。在一九七三年四月的一天裡，她與巨大感有一連串的接觸，其中有許多都具備那些額外的性質；見她自己在《個人實相的本質》第十三章六五三節的註裡寫下來的整個冒險。

（在我為一九六四年三月三十日第三十九節之前所寫的註裡，我形容了珍在賽斯課開始之後所經驗的第一次巨大狀態。那資料包含了在這兒顯得特別有意思的段落，而我把它們組合在以下的摘錄裡：）

「在八點四十五分我走進客廳叫醒珍來上今晚的課時，她繼續安靜的躺在沙發上，眼睛閉著，但幾分鐘後告訴我，她剛才有過一種最奇怪的感受。由她對它的描述，我認為她也許探索了一個與內在感官有關的能力。到今天為止，賽斯已解釋過其中的六樣（幾年後，珍在《靈界的訊息》第十九章列出九個這種內在感官）。珍說，在她慢慢由小睡中醒過來時，有『越長越大』的一種非常怪異的感受。她一邊笑一邊說，覺得她『像一頭象那麼大』。她覺察力的界限彷彿也擴展了，她把兩手舉在頭的兩側，指出了一個差不多三呎的寬度；對她而言，就真的覺得她的頭有

那麼寬。

「珍又說，當我們閉著眼睛時，我們覺察到某一種已習以為常的『黑暗區域』。但當她在剛才這不尋常的狀態時，那區域擴大了許多——她用『無限大』這個字來描寫它。珍說，就好像是她的雙眼實際上挪得更開，以造成這種擴大了的覺察及無限的黑暗範圍。在這個區域裡，她沒有感受到任何東西，卻認為如果她有更多知識及經驗的話，可能會有所感受。她並沒有被那感受嚇著，只是順著它。現在她的眼睛張開了，那感覺也消失了，然而，身體上放大的感覺曾如此強烈是毫無疑問的。」

（在那第三十九節裡，賽斯表示珍是在實驗一種內在感官，令人驚奇的是，她調準到一個他還沒充分告訴我們的內在感官上：組織囊〔Tissue Capsule〕的擴張或收縮。）

我對魯柏在這個時候撞上了這個相當驚訝，因為它通常是頗難得到的能力……魯柏在一個身體層面上體驗到這個，試圖把內在資料轉譯成可以被外在感官認知的感受。這第七種內在感官代表了自己的延伸，其有意識理解的加寬……或把自己縮進一個微小的囊裡，使自己可以進入其他領域。

（而由第四十節……）組織囊實際上是一個能量場的界限……在同時，它保護全我避開那些在此與你無關的某種輻射。在任何層面上活著的意識都有這種組織囊包圍著它……對其他可能與你們相通層面〔實相〕的一些居民而言，他們眼中所能看到的你們只是這個囊而已，因為這種居民對你們特定的那種偽裝〔物質的〕結構沒有經驗，所以，你們的偽裝模式對他們而言是不可見的，但那組織囊則否❶。

在某些情況下，這些囊可以被你們看見，而曾被稱為星光體（astral body）……一個我不喜歡的名詞……

（所以，在賽斯課開始之前，珍體驗了一連串不太大的心靈事件。稍早的註釋提供了這些事件的一些細節。她在一九六二年首次有了巨大的覺受之後，這些現象才在一九六三年出現：我們八月在約克海灘的經驗；她九月接收到〈物質宇宙即意念的建構〉；她十月的巨大感覺；她為《實習神明手冊》製作的大綱；以及十一月賽斯課的開始；經由我們的努力，有一些實驗列入那份大綱裡〔珍在《靈界的訊息》第一章有說明〕。在〈物質宇宙即意念的建構〉事件發生之前，我們並沒有想到要為那些事件貼上「通靈」的標籤。像我在此處這樣把它們列出來，也容易會人工地把它們從珍從小時候就開始寫的詩當中那股內在洞察之流拉出來。當然，一切其實都是相關的。

（最後，我可以指出的是，近年來我自己也有一些與第七個內在感官有關的經驗。這些經驗非常愉悅，但遠不及珍的經驗那麼深入。在潛入它們之中的時候，我對聲音向來都極為敏感。）

註釋

❶在一九六四年四月八日第四十二節裡，賽斯對實相與實相之間的感知還有更多要說的：「……在不同的層面上形式也有改變，其可見或不可見是按照你自己的情況而定的。一個被你視為堅實的形式在另一個層面上可

能被視為一個電磁單位（electrical unit），或在第三個層面上被視為顏色。舉例來說，在這一刻你是被其他層面上的人感知的，但對他們而言，你卻不是以你所熟悉的形象被看見。

「如你們所想的宇宙包含了無可數計的層面，以你們的說法，全占據同樣的空間。在這些層面裡的形式是不斷在動的，就如那些層面本身也一樣。換言之，在一個層面與另一個之間有持續的能量與活力之交換，以及實際的原子與分子之交換……甚至一個層面穿過另一個的互動與動作，也造成了能以種種不同方式感知的效應……如必然的界限之扭曲，在某些情形就像是一個層面被水包圍而造成的一種流動似的，或在其他情形則像充電似的。但在每個層面上，這種能量的交換會染上那特定層面的偽裝〔物質外表〕。

「運用在一個特殊層面上發展的感官去感知其特有的偽裝模式時，它幾乎不可能看穿這些界限的效應，內在感官天生是配備來做這件事的，但為了許多理由，它們卻沒做到。所以，一個在擴展的宇宙之外觀也是被這扭曲的疆界效應引起的……

「在有些情形裡，這扭曲可以被比為一株堅實的樹在水中的倒影，外在感官觀察那倒影，可能會試著由樹的高度來判斷水的深度，而假設它的深度和樹的高度一樣……」

附錄四（六八五節補充）

意識的邊池·可能的神經聯繫與新的記憶

（就如她在近來課後常有的情形，在第六八五節之後，珍發現自己在睡眠狀態傳述賽斯資料。這次她的參與是如此的栩栩如生，而且持續很久，所以第二天早上，我要她用自己的話把它寫下來，以放在這個附錄裡，光是那個要求就有些非常有趣且具創造性的後果。珍寫道：）

「一九七四年二月二十六日。自從開始這本賽斯書的第一節（第六七九節）以來——並且在我們知道它是一本書之前——我一直在每節之後的睡眠裡得到關於它的資料，也還有幾次當沒上課時，我也這樣做了。在某方面，昨晚是不同的，雖然現在我幾乎不記得任何事了，我只知道我相當生氣的說：『我的意識無法處理……這個東西……這個方式，』或諸如此類的話，因而『吵醒了我自己』，我對那句話的頭一部分很確定，卻不確定最後的部分。那資料談的是可能性。我想，我看到它有些被寫下來了——是我在寫它嗎？不管怎麼樣，我一下子得到太多資料了，我不知道……把它放在哪兒……或如何以我這種意識去表達它。

「現在我**真的**想起一些事了：我得到一整堆的資料，它是多次元性的。我被弄得很迷惑，我認為它的一部分適合已經給了的東西……卻是以一個……可能的方式。我不知道它如何可被嵌入正常的文稿，因為它有這額外的次元，就在這兒我氣了起來而吵醒了我自己。當我睜開眼睛時，發現那資料還沒有在《未知的實相》裡給過——雖然在睡眠狀態我確知它已被給了。

「在我最後被我的抗議吵醒之前，那整件事已經進行得有一會兒了，先前我也醒過來好幾次，坐了起來而且吸吸菸。每次當我再躺下時，那資料又開始來了，因此，最後一次我說：『嘿！賽斯啊，如果你想把我帶到某些這種可能性去，那好極了，可是你也要帶路啊！但我的意識太難去處理我們在做的任何東西。』然後，我睡著了，而資料也停止了。」

（在她結束了她聲明的十五分鐘後，珍自發的開始寫第二個更長的聲明。她在一種意識的改變狀態——雖然是一種不悅的狀態，如她下面筆記所顯示的——裡寫下了它。她認為其接收方法，以及其內容代表了她的一種突破；而因為那接收與內容兩者都與《未知的實相》有關，所以我們在此摘錄了相當多的部分：）

「一九七四年二月二十六日，我在得到一些這樣的東西……即資料多次元地傳給我們，然後由神經聯繫過濾，在那兒它被轉變成區段時間或成串的經驗。接著，它流入我們可能的〔物質〕實相（其本身隨『時』在變）。我們天生擁有不同的經驗口袋或經驗池（在生理上就與細胞的其他特徵一樣實有），那是資料在流入『官方意識池』之前集合以備處置的邊池。

「有些方法可以繞過這種過程，而直接伸入這些邊池裡。

「通常的記憶除了別的作用之外，也還是一種過濾的過程，其中，經驗的強度在變化——有時候在神經上來說是『活的』，有時則否——只為把我們的意識集中在一個或一系列的可能行動裡。（打字時我加上：我們忘記任何與我們選擇的那串可能行動不相干的事。心靈知道它自己的部分；賽斯在自己的書裡這樣說，但我們卻問心靈那些錯誤的問題。）

「在這些邊袋裡，所謂的記憶並不是這樣結構的，它始終存在的活生生成分，生長是很明顯的，資料一直是新鮮的。在此，過去仍然在發生。我們通常透過神經聯繫而經驗到它，那時它看來是栩栩如生或活潑潑的，但其實一直都是如此。過去的動作與行為仍在繼續，而非重新發生——這很難解釋——那些過去的行動仍在探索其他可能性，同時，神經結構使我們聚焦在所選擇的這個（物質的）可能實相裡。對我們而言，那些其他的行動似乎中止了……但那只因為我們通常無法跟隨它們。

「因為寫作是一種線性形式，所以在這兒它本身必然具有一些限制。

以我們的說法，這些『過去的』可能性都沒有活起來，但它們是燦爛地集中在自己的生命中。在撒拉托加經驗❶裡，我覺得自己像個鬼魂似的，因為在那兒我是一個將來的可能性……在意識的某些層面，藉由繞過直接的神經活動與衝擊，你於是可以瞥見自己可能經驗之其他部分——在未來及過去兩者裡。

「以你們的說法，利用這些資料尚未被處理的邊袋或池，你可以『同時』接收自己好幾個其他的意識束，雖然也許很難保留住它們。把這經驗解釋給正常意識聽，會自動地幫助它（正常意識）擴展，使得這個過程每次都變得更容易些。直到經過練習之後，由幾個區域來的經驗與資料可以同時被留住。於是，困難就在如何以線性方式去詮釋它，因此在撒拉托加事件裡，魯柏會遭遇到困難。」

（珍後來告訴我，她在這兒開始進入一個不同的、難以說明的、「奇怪的」意識改變狀態。同時，她開始以第三人稱寫下她的資料。魯柏、「他」等字眼跑進來了。但她並不是由賽斯那兒收到資料：）

「現在，身體上，神經行動是其他行動的一個密碼，那些其他行動因為先前提到的選擇性而無法同時被經驗❷。

「那鬼影似的、偏離中心的撒拉托加冒險，繞過並模糊了通常的神經過程，而容許他溜了過去。那模糊也是必要的，以幫助他將之與正常被接受的實相作區分，尤其是在這種活動開始時。他調準到神經上可能的具體化……那是正常神經結構裡天生就有的鬼影……在生物上是細胞實相一部分的潛在聯繫。他進入了其他的選擇性。在大多數情形下，真正完全的衝擊是不太會發生的，雖然可能會有種種不同程度的干擾與混合。

「昨晚魯柏的困擾、憤怒與不耐❸，是由於把多次元經驗轉譯成線性方式及思想模式的原始問題。新鮮的資料還在過去裡重新生出來，而他不知道如何將之契入他的時間架構裡。」

（那麼，這裡在最後一段是個中肯的線索，而且是珍沒有問賽斯就得到的：自從她開始《未知的實相》以後，就常常經驗到這種翻譯上的挑戰——所以她在許多這些課前都談到，在她開始替賽斯說話之前要獲得的那個「某個清晰的焦點」或「意識裡最清晰的一個地方」。

（我讓珍忙個不停！那天下午在我們討論過她那天的第二個聲明之後，我叫她寫下她接到它時的情形，所以那天她第三次又開始寫：）

「一九七四年二月二十六日，今晨在羅的要求下，我寫了一個聲明，那是關於昨晚我在睡眠狀態裡的經驗。今天，星期二，是我ESP班上課的日子，那意味著我寫作的時間少了些，因此，在給了羅那短短的描述後，我想要打一章《意識的探險》❹。最近因為出書的事，加上我試著趕工給讀者回信而損失了一些寫作時間，所以我特別想要回到《意識的探險》上。

「反之，我覺得自己進入了另一個意識層面，我咕噥了一會兒，心想到底要順著它或結束它而打字呢？然後我想，可能有些重要的事會出現；而我『知道』這個——不論它是什麼——是與我昨晚經驗有關的。所以，我順著它寫了今天的第二個聲明。

「在寫它時，我感到微微的興奮，我的意識在這種時候有一種平順感、一種輕鬆感，但也覺察到我在昨晚睡眠狀態裡感受到那同樣的勉強；就像我在試著去做一件困難的事，或轉譯距離我們一般觀念比往常更遠的資料。我幾乎覺得固執，像個心不甘情不願的小孩，想要做這事，同時卻又不想費力。然而，那種輕鬆終於占了上風。

「在第二個聲明快結束的時候，有那麼一下子，我想那也許涉及了賽斯的層面，但用字遣辭並不像賽斯那樣自動且順溜，而我也並沒感受到他的個性。然而，那資料稱我為魯柏，就自動地意味著它是由比魯柏『更高』或是其他層面而來的。但我不喜歡我在這兒用『更高』這個字所招來的涵義。

「事實上，我認為今天的經驗是對我昨晚睡覺時發生的事之另一個不同的接近方式……當我看完所有這些資料之後，我看出在兩個場合裡我都在實驗它所描寫的過程——試著直接浸入資料的一個『邊池』裡，而繞過**通常的**神經聯繫。」

（珍作了結論，只要她能找到時間去研究的話，在這兒是有很多可學的。一個有趣的問題是：按照她在第三個聲明快結束時所表達的感受，賽斯本人顯然不在這樣的意識邊池裡——但他與這種邊池又有什麼關連呢？我們還沒問他。）

註釋

❶在第六八二節開頭的註釋，珍描述了她所謂的「撒拉托加經驗」。見第一段。

❷再一次，參考第六八二節的十點三十六分。

❸見第六八五節開頭的註釋第二段。

❹第六八〇節的註❺。

附錄五（六八六節補充）

再談可能的神經聯繫・珍用一種新的意識組織傳述《未知的實相》

（這附錄是六八六節開頭那幾句話的延伸。

（九點十分，在今晚的課開始前，珍開始自己的口述，說當她昨天在打為附錄四所做的聲明時，她「瞥見」賽斯將要在《未知的實相》裡講的一些觀念——但它們立刻就由她的意識消失了，以至於所剩下的只是：她知道自己曾體驗到那洞見。

（當我們坐下來等上課時，她立刻開始傳遞她的資料，因此我花了幾分鐘去拿我的紙和筆，但從這兒開始，我就能記錄下她大半的話，以下這些很接近於逐字的記錄：）

「現在，我同時這麼快的由這麼多地方得到想法，以至於我無法將之完全表達出來。我需要你來幫忙，問我：『現在發生了什麼？』來使我集中在一個頻道上……因為我們的思考習慣自動擋掉這種資料，我們只認知一系列的神經事件——訊息跳過神經末梢（突觸）要花時間，而我們只認知**一種速度**：其他的訊息跳得太快或太慢，使我們無法聚焦在它們上面。然而，藉由改變我們的意識，像我現在正學著去做的樣子，可以把我們的焦點與這些其他『鬼影』訊息排成一列，那些資料就與我們通常接受的神經效能一樣真實。」

（到現在，珍已在很穩定的口述，幾乎像替賽斯說話時一樣。）

「好，剛才我說的每件事是一閃而來的，同時我在等你寫下你剛寫下的字句；但最初我得到的是像一團線那樣的東西，因此，當我解釋它時，那線才鬆開變成字句……

「當我在洗碗時（不到半小時之前），關於這個我有各式各樣突發的念頭——關於賽斯的書，以及，以一種奇怪的方式，我滿難得到這本書的資料。它是新的，也許它會涉及本身就違反通常有意識的思想——它們想要照順序走——的那些觀念。就好像我的意識正試著去用一種新組織——對它也對我而言——因而，有一種不熟悉感。沒有科學語言會被用到——老實說，我也對科學語言一竅不通——除非它會組織我想做到的東西；而也許，無意中，科學語言會導致我進入一種科學教條而沒認出它來，此外，那也會帶給讀者不必要的負擔，使他們覺得需要特殊語彙。用正常詞彙會把這些概念盡可能的放在一般人可及之處，雖然大多數人也許要努力一下才能瞭解這資料，但就字句而言，卻沒有必然的困難。」

（九點二十四分。）「現在，當我說這些話時，我是在某種無法十分認清的意識改變狀態裡。我猜，那種狀態之所以那麼奇怪，是因為我好像無法用語言明確的指出它來。（珍笑了起來，把她的句子調來調去。）我無法得到它，而為了那個理由，當我談到它時，可能會頗為惱火。然而，我覺得所有這些也是今晚的課之一部分。」

（她又笑了。）「我還有一種恐怖的感覺：賽斯會給我某種指示，關於我要在身體上做些什麼才能夠得到這資料，因而適應這種接收東西的新方式……但別把那個放在筆記裡……

「我幾乎覺得，如果你在一天的任何時候問我：『珍，妳現在接收到什麼？』我就可以調準到任何這些資訊區域，而告訴你……當訊息跳過神經末梢時，它們形成某種脈衝；我們認知這些為訊息，而忽略其他的。我覺得好像在學著跳進被認知的脈衝之間，而揀出通常無法搆到的部分。試著把所有這些訴諸語言是非常困難的。」

（一旦在珍心靈能力裡的新發展開始顯露它們自己時，一個人就能開始回溯而去找到可能的源頭。我認為她自己對多重頻道的覺察，是由她最初感覺從**賽斯**那兒能得到的那些頻道而生出的，如在《個人實相的本質》第二章六一六節裡描寫的；而她談到神經速度的資料與蘇・華京斯在《靈魂永生》對珍的觀察有關；見那本書附錄裡的第五九四節。我也認為對早期課的澈底搜尋會發現許多其他線索，而預告了這兩件事的發生。

（在這兒我想補充的是，最近由珍流出的資料洪流——在出神狀態之內及之外——是非常不尋常的，而我是以一個習於她強烈創造活動迸發之身分來說這話的，它似乎永無止境。她這個月在ESP班也非常活躍，唱了許多蘇馬利——她自己在出神時的音樂語言❶——的歌，並且在每堂課裡還透過賽斯講了很長的話，要傳述那些資料真的要花上實際的時間及了不起的體力……）

註釋

❶在珍的《意識的探險》第七章以及她的小說《漫遊前世今生》附錄裡，可以看到很多蘇馬利的資料。

附錄六（六八七節補充）

珍談平行的人、替代的人與可能的人的資料・意識的族類與「正在形成的人」

（昨天在一家數一數二大都會報紙的副刊裡，珍和我讀到談古代人進化的一個長篇報導——「古代」在此是指至少二千五百萬到三千萬年前的「真人」——除了關於通常線性方式的「進化」是否已被科學證實這問題之外（關於此點珍和我都有許多保留），我們被那個題目吸引，是因為我們想其「事實性」的資料可能終究會給賽斯《未知的實相》內容作些補充。可是，我倆結果都更增加了火氣而非知識；在我們看起來，即使以它自己的說法，那篇文章也包含了許多不能辯明的結論，至多也只是建立在非常薄弱的證據及假設上。

（昨晚看電視時，我們約略談了一下在那篇文章裡包含的陳腐想法。然後，當我們準備休息時，珍宣稱她正「得到」關於古代人這主題的資料——但並不一定是由賽斯來的。她問我是否要她繼續這樣做。我倆都累了，但我很想知道這個會不會變成和她在上節前經驗到的那個插曲一樣，即她口述感受到的形形色色神經行動或速度的資料（見附錄五）。今晚的機會與一個我們如此感興趣的主題有關，暗示了一些好得不能錯過且必須調查的東西。我在珍的桌上找到一枝筆和一些紙，我們在十二點十分坐了下來。

(珍告訴我，在這本書裡會有下列資料，關於：

一、平行的人。

二、替代的人。

三、可能的人❶。

(她補充說，今晚的情形是像附錄五的資料裡她所提到的那樣，她對我的暗示開放：如果我逼她一下，她就可以馬上進行一節，而得到那資料。她繼續說：)

「有很長一段時間，這些形形色色的古代人以各種方式分享我們的地球及歷史。然而，現在我們的時代，所有我們可能擴展成的種種不同意識都與我們同在……它們有些看來像是病態的……

「我們把任何看來彷彿不尋常的意識都當作病態的。許多個人顯示出那些實際上代表意識之未來發展的變奏；我們在實驗這些可能性……真正有意識的**族類**，但我們並未認出它們，然而它們卻形成我們神經學的歷史。」

(十二點十九分。)「沿著我們的歷史路線，人—動物的某些實驗沒有成功，但那些可能性的朦朧記憶仍然在我們的生物結構裡流連，而以我們的說法，可以隨著環境被啟動。

「自我意識的成長本身就設定了挑戰與限制兩者。這自動意味著，在那個架構裡，正在出現的人必須放棄某種的動物性理解，那就**整體而言**是極為有價值的，卻可能會抑制『自我』的成長……在形形色色的人與動物族類之間，有好幾個世紀都沒有清楚的區分……當然，在具體人類的出現裡還有平行的發展。再次，以你們的說法，有幾世紀之久，有數不清『正在形成的人』之族類；各式各樣的姿勢，甚至使用器具的方法，以及大腦尺寸與活動上的變化。在有些人當中，以不同種的感官為主宰，同時，在所有層面上——譬如，包括植物——發生了一個了不起的互動。因此，生物們與地球一起造成對將出現的特定種類發展最適合的那種穩定性。

「我們現今已知的族類，是那更大區別與活動的一個微弱提示。」

（十二點二十七分，珍停了下來，她說還可以繼續，但我們決定就此打住，雖然略有遺憾。我沒有建議賽斯過來，以便可以看看沒有賽斯她能講出些什麼。她說：「我在一種意識改變狀態下給了那資料，但不知道它由何而來。它彷彿是『賽斯型』的，但也真的很奇怪。就像我那一天得到的東西，也許現在正在打開，以至於可以用這種方式得到部分資料，就與經過賽斯一樣。一個怪異的經驗……」

（我應該補充，昨天報上有篇文章談到，在東非最近發現的骨架碎片顯示好幾種古代人與類人〔preman〕的共存；後者是看來頗為像人的生物，但學者相信牠們的腦子還是似猿的。這部分的文章差不多符合幾小時之後珍傳過來的資料。可是，她的資料並沒被這新聞故事影響，因為差不多在一年前，賽斯—珍為《個人實相的本質》講了一課，談到動物與人的混合：在第十二章。我認為今天晚上珍對那一節又加以詮釋——尤其是對那時在十一點三十分休息時間裡她所給的印象，談「動物醫生……動物與人類之間的橋梁」。不過，幾年以來，賽斯一直說，甚至以我們的說法，也沒有一個很明確的演化途徑是從我們古老的狀態導向現在的狀態。）

註釋

❶有人可能說，賽斯自己為珍在此處的資料作了準備，在之前的六八一節，他就談到平行的事件、交替的實相以及可能的自己和可能的世界。

附錄七（六八九節補充）
《健康之道》——珍收到一本可能新書的大綱．一些章名

（以下的資料一部分是在《個人實相的本質》裡描寫的某種效應之延伸；見我在第六一六節裡的筆記。我摘錄她的話，說她相信：「賽斯可以同時寫三本書，每次一本寫一章，而在其間沒有混亂。」

（在那節後❶，當珍繼續口述《個人實相的本質》時，她對賽斯的多重頻道有些其他洞見，然而，我們繼續以為那新發展大半只是理論上的興趣而已。幾乎有十八個月過去了，然後在三月十日早上——前兩個星期日——我們才知道也許必須重新考慮賽斯—珍在同時製作不只一本主要作品的想法；因為在那天珍收到另外一本書的大綱，連同知道她需要賽斯的幫助去製作它的這件事。這本書的書名是《健康之道》（*The Way Toward Health*），珍在那時寫下它然後告訴我，她幾乎覺得「那書可以是《個人實相的本質》第二部」，她又說「得到它」的經驗，不僅與她有時能由賽斯那兒感受到不只一個資料之流的能力有關，並且與上個月底她自己對準到談神經速度的資料有關。

（那個星期日早上，珍一旦覺察到在發生什麼時，她就盡快地打了《健康之道》的三頁總論及內容大綱，包括每章的標題，然後寫了這整件事是怎麼發生的極濃縮聲明。我們在下面會展示

這聲明，以及從大綱摘錄出的例子，以便顯示當她在製作《未知的實相》時的一些其他活動。於是，她至今在這本《健康之道》上收到的所有東西都已在檔案裡，準備好可以用了——如果她選擇要進一步追隨這新想法的時候。然而，目前我倆都還無意這樣做。

（然而，截至現在為止，我得說她並沒有多少意願想這麼做。而我也沒有。或許，就算知道珍和我們一樣明白珍獨特的創造能力，我們每個人多少都被我們在意識上一次是有可能專注在兩個這樣的計畫上這個想法嚇住了。我的確相信珍可能有辦法同時一邊透過賽斯傳述《未知的實相》和《健康之道》，一邊進行她自己的「慣常」的寫作，因為我認為我們還不知道她的能力極限〔不過，隨著她繼續發展這些能力，她也增進我們對人類潛力的了解〕。此時她正在進行她自己那本談心靈事件的理論作品《意識的探險》第五章。

（在附錄裡，重點多半放在珍是在何種狀況下接收這本可能新書的大綱上，而不是這本書的內容上。因此，我以反向的次序先提供她在接收一完成就寫下描述那個過程的聲明，然後才回到大綱本身。）

「一九七四年三月十日，星期天，下午三點五十分。

「早餐之後，突然之間我就有了一本新書的全部資料。在報上讀到，集中注意力在疾病上會引起疼痛，提醒了我關於昨晚的一些想法，然後今早在洗碗時，我有個感覺：一整本談健康的書就在那兒或這兒了。我走到書房多少寫下了每章的標題及大綱，但我還不知道如何弄到它的其餘部分；我幾乎覺得那是一本賽斯書，而我需要他來帶它來。但賽斯正在寫一本書啊！我知道這本新書對我最為實用，給了我掙脫自己模式的方法❷，我可以感受到這本書的厚度及在場，但也因我只能弄下來這麼一點而且是粗略的東西而感到挫敗——**當它已經在這兒時**。然而，它必然是在**那兒**，而我必須把它弄來**這兒**。我感覺被困於放鬆——想要躺下——及雄心之間，覺得如果我只坐在**這兒**，這書就會不知怎地以某種方式清楚地爆出來。羅好奇地說，不知它是否《未知的實相》一部分，但我並不認為如此。」

（現在，在我略微動了些手腳後，這裡是珍給《健康之道》三十五章標題中的幾個例子。有些章節的內容被點明了。）

一九七四年三月十日，星期日，上午十點

疾病及神經上的偏見。

刺激與指揮「可能的細胞反應」之思想與信念。

把身體當成一個行星。

身體的概念與信念之考古學，身體對歷史的個人概念是活在細胞記憶裡的，而身體的現狀建立其上。有成見的官方歷史。

「疾病的命名」作為把經驗結構成永久的狀態及社會承認的樣子。

醫藥及治療法是用來使疾病永續的。

社區對疾病的認可。醫院作為一個社會機構。

疾病作為一種聚焦方式——經驗、皈依、愛等等的組織者，作為一種替代的組織者。給經驗一個組織結構的需要。

如果一個消失了，則當一個新的在成形時，一個疾病可能會取代它。

興奮病狀提供了必要的張力。

自我意識目前的發展，以及我們為什麼會在這個狀態，它與健康及疾病的關連。

危機點、自我療癒的機制，及心靈。錯誤的同情常使病人並不想痊癒，而醫生也明白。

疾病之創造面。

症狀取代問題時所涉及的步驟。

童年及老年的疾病。

年輕人之精神分裂症與衰老之間的關連。小孩試圖把內心情況向外投射，而發現外面的結構太小。

疾病的解決之道？

一個書名或一章的標題？不，那是消極的，我情願更積極些：《健康之道》。有個感覺，這可以是《個人實相的本質》第二部。

（在珍寫完了她的大綱及聲明之後，她睡了幾個小時。醒來之後，她告訴我，她記起上週在兩個夢裡收到關於可能的新書暗示。她如常把那些夢寫了下來，一邊猜測它們的重要性，卻無法加以解釋：「但這資料並非是給《意識的探險》的。」她在一個夢之後寫道，因為她首先就想到了那個可能。

（珍這麼迅速地寫下了她的聲明，以至於讀了它之後我產生了幾個問題，在那個星期日晚上，我記下了我們關於它的談話。是的，她在收到《健康之道》時，的確是在意識的改變狀態，「一種真正的亢奮狀態」——當它的大綱正在過來時，同時也當她在描寫那過程時，不，當這在進行時，她應沒有聽到賽斯或感受到他的在場；她只是瞭解到，如果她決定要寫這本書，就必須要賽斯幫忙。它也與《未知的實相》無關。她說：「我寫下能從那整本書抓過來的東西，但我知道所得到的與在那兒有的東西完全不能比。如果我可以即刻地**說出**那整個東西，它應該會馬上就被做好——這就是令我如此苦惱的原因！當我在意識改變狀態時，不僅感受到那本書實質的體積，並且也感受到它內在的實際內容，而那些內容是立即可得的。我無法告訴你當時這令我覺得如何的煩惱——如何的鬱悶。」

（我們且等著瞧，關於《健康之道》會不會有什麼發展。）

註釋

❶在《個人實相的本質》，分別見第十二章、十五章和二十一章的第六四八節、六五七節和六七三節。

❷回頭看第六七九節的註❽，會顯示出珍為何覺得《健康之道》可能對她也有價值。

附錄八（六九〇節補充）

賽斯討論同時性時間與心理實相的價值氣候．進化與轉世

（在這些課程於一九六三年底開始之後不久，賽斯便開始談存在於傳統進化論與他關於時間與存在的同時性概念之間的兩難之局。他在一九六四年四月二十日第四十五節裡，非常發人深省地談到這對立的兩者：）

心理實相之價值氣候，可被比喻為所有意識都存在於其中的一個海洋，有各式各樣可以深深投入的層面，各具形形色色的生命形式，不同且陌生，但無論如何，卻彼此相連相倚。我喜歡這海洋的比喻，因為它讓你想到沒有明顯分界的連續流動。

正如在不同深度的海洋裡溫度會改變、甚至水及動植物群的顏色也會改變，因此在我們的價值氣候裡也有品質的改變，以及配備來投射及覺知那改變的感官。由於外在感官的限制，所以有扭曲存在，但內在感官❶卻不會扭曲。內在感官直接住在我們價值氣候的大氣裡；它們看透那流變不已的偽裝〔物質〕模式，以及那明顯變化之波動與流動。在我們的課裡，到某些很小的程度，你們投入這價值氣候的海洋，而你能脫掉自己那偽裝衣服到什麼程度，就可以真正覺察這氣候到什麼程度。

不過，所需要的比脫掉那些衣服還要更多。要投入這大海，你還要把你的肉體留在岸邊，而

當你回來的時候，它還會在那裡。你們的偽裝模式，可以被比為那些由太陽照射而投影在流變不居波浪上的模式。只要你心裡記住那個模式，你就在創造它，而它就在那裡。如果你把頭轉開一剎那，之後迅速向回看，你只能看到那波浪。你們的偽裝及世界是由意識的聚焦及無意識的集中所創造的。唯有藉由把你的頭暫時轉到旁邊，才能看到那在你看來彷彿堅固模式之下的東西。藉由投入價值氣候之海，你可以潛入偽裝系統之下，而向上看到它是相當沒有根的，在你上面漂浮、移動、形成，而由意志的風、潛意識的集中與命令的力量所引起不斷變動的幻相所指揮的。

然而，這種偽裝模式也必須遵循內在宇宙的基本規則，並且反映它們——即使是一種扭曲了的方式。價值擴展因而變成再投胎、演化及成長，內在宇宙所有基本定律也在每個層面上被遵循，由最細微到最巨大的每一階層反映出來。

當你集中在自己的偽裝宇宙上時，就只能分辨出那扭曲的模式，而由這模式歸納出你們的因果、過去、現在與未來的概念，以及一個會膨脹、正在擴張的宇宙概念。

註釋

❶見《靈界的訊息》第十九章。

附錄九（六九〇節補充）

賽斯談相對於完整個體性的傳統性別概念

（這個附錄的內容是在第六九〇節舉行過後一個月內得到的。

（在四月十六日ESP班上的一個學生請賽斯評論「如我們所瞭解的男人與女人之間的區分」。賽斯回答得很長，清楚的闡明了這一節資料，如我們可在這附錄裡看出來的。〔這有時會在ESP班上發生：賽斯詳談書的資料或由一個不同觀點來討論它，而這又轉而令珍與我想把它用在書裡。〕）

所有時間都是同時的（賽斯告訴班上的同學），所以你們同時是男性與女性。那些在你們社會上不被官方承認的宗教，是以你們所認為的女性宗教占優勢的，那些人不以工業的方式進步，是因為太明白在自然裡的角色，所以他們無法解剖自然。

那麼，你們對性別的想法是追隨著宗教與科學，這兩者也是你們創造的。但你們永遠知道自己在做什麼，在大地以及你們的存在與靈魂裡有一個週期，因而，你們是在重新統一自己，並且在發現「人性」這個字義的過程中。你們正在發現個人性的意義，那是個比你們所了悟到更為重要的字，而當你們了悟那意義時，那麼，你們自己的個人性就將會以自然的方式表達自己。就性別角色而言，不論什麼字眼被放在你的經驗上，你都將是一個完全的人。當人瞭解了有意識與無意識的心智時，你們就再也沒有性別上的問題了。

現在，我只不過在給你們所涉及的問題一個簡短概念，而我期待每個人以你們自己的方式去貫徹，去看看其聯繫，並且思考一下。那麼，當下眼前你看到了什麼？一個女人或男人？你看到違反了傳統對性別或意識概念範圍的人——違反了傳下來給你的所有概念，並且向你們每一個人挑戰，要你們去找自己存在的實相。

你的性別是一個焦點，只此而已。為那些需要聽這句話的人，我現在要說：「女人就和男人一樣的具有理性；男人就和女人一樣的具有直覺。」你選擇你的性別焦點是有理由的，那個理由與意識的彈性比你們目前瞭解的更有關係，它與積極和消極〔攻擊性和被動性〕之真正本質有關❶，而你們已讓自己忘了它……出生是一個積極的經驗，而被動性建立在對自然攻擊性之喜悅的認識上。你們被帶著跑，每個人必須對自己非常有把握，以你們的話來說，要容許自己享有現在所謂的一種被動之奢侈，必須對自己的實相與力量之本質有信心，否則的話，被動性會令你害怕到骨子裡。

把你們對於自己性別的概念與對存在及意識的那些概念連在一起想，並重組概念，所以當你們想到性別時，就自動想到它與你們宗教及科學的關係。你們曾將「女性」這個字與無意識聯想在一起，同時，又朝向一個你們現在認為以自我為中心的意識努力。在我說的這些話裡，有比你們目前瞭解更多的意義。除非瞭解你們的宗教歷史，否則每個人都無法思考自己性別的真正意義。在你心中澈底的回想一下，試著對自己誠實，在那些早年經驗中，由於大人告訴你必須如此，你就勉強自己去做出不同的行為……你最好瞭解自己個人性美麗、獨特的品質，否則就會把你害怕是自己的那些能力與特質投射到異性上——不論你是哪個性別——或者把那些你希望擁有卻害怕自己並沒擁有的能力及特質投射到異性上。

每個人必須發現性別是什麼，包括它所有的面向，並且把它與你們的意識及存在本質相連，答案必須來自內心，現在，你們面前就有某些暗示與徵兆，去用它們。而你們所有的人，那些把我看成一個了不起的邏輯思考象徵、因而以你們的說法是男性取向的人，請聽：

（珍沒有停下來，就直接從她的賽斯出神狀態轉入另一個非常具創造性的意識狀態。差不多有五分鐘之久，她對班上的同學唱蘇馬利，那是她在幾年之前創始的出神狀態語言。我發現她蘇馬利❷的表達有很高的品質，每個歌都是獨特而震人心弦的，不論它是弱音或強而有力、旋律性或生動的；常常那特定的傳遞是由這些特性的一個組合造成的，就像今晚一樣。班上同學短短的討論了那首歌，然後珍又一次以蘇馬利傳過來，但這次她是以說話的方式❸，不久她就結束了，而賽斯也回來了。）

你們聽而並沒聽見，但你們的內在自己傾聽而聽見了。剛剛告訴你們的東西並不是以精確的英語、知性的用語、段落或句子來給你們，給你們的東西把你們帶到與自己情感的一個接觸裡——那些你覺察及藏起來彼此不相通的情感。（帶著幽默的強調：）而我不會給你更多理性上的線索了！

老師們利用許多方法，因此我們也用許多方法。我們是男性與女性，古老且永遠常新，而你們也是！

註釋

❶除了《個人實相的本質》的其他部分，還可參見第八章的六三四節和第十一章第六四二節。

❷蘇馬利是珍在一九七一年十一月二十三日的ＥＳＰ班，首次接觸到的意識家族之一。她和我兩人都是蘇馬利家族，珍在《意識的探險》第七和第八章描述全部的發展，在她的小說《漫遊前世今生》的第二十章與附錄裡，也可以見到各種不同的蘇馬利實例（而且，稍後我可以寫道，在《未知的實相》卷二第六部第七三二節，賽斯相當詳細地傳述意識家族的資料）。

❸珍也用蘇馬利文寫詩，而且可以翻譯成英文。當它們被記錄下來時，她的蘇馬利歌曲和我所說的口頭散文也可以這樣做。稍後，我們討論她在這個附錄的資料使用蘇馬利，那時我問她，她能不能形容與她這麼快速從賽斯轉到蘇馬利，以及保持有條有理的能力有關的主觀感覺。

「我沒有什麼可說的，」她寫道：「除了這種轉變現在對我而言太順暢自然了，因此事後我很難，甚至幾乎不可能，說清楚自己的感覺。我『認為』是賽斯開始像這裡那樣唱一首歌的時候，他的能量把我推進蘇馬利。我就是感覺到很大的一股能量，從一個『投幣口』轉變成另一個『投幣口』。」

附錄十（六九二節補充）

賽斯談珍對我們社會中輕信者與懷疑者的態度

（在第六九一節之後的兩週，珍一直在幫著找那個失蹤的人；見那一節的註記。除了其他的事以外，她還常常在深夜打一連串很長的電話。她獲得了幾次了不起的神通性「命中」，也造成一些錯誤——但她最後認為，她表現出來的能力常與社會教我們在人類活動裡什麼是可能的相衝突。珍告訴我，有時候她很渴望得到涉及事件中的其他人的瞭解；然而，由於她的參與，她對於自己能做什麼的信心增強了不少。而當這搜尋仍在進行時，賽斯非常簡短的談論了一會兒，對一群外地來的訪客說起珍在努力去用她的神通能力；而她由自己的努力所得到的信心，會比讓賽斯自己「做所有工作」要有價值得多。

（我想由兩個不同角度闡明關於珍需要其他人瞭解的感覺，來為這整件事情做結論：

（一、「有時候，」她最近跟我說，並沒有帶著沾沾自喜的味道，「當我對一群人講話——好比說，在一個星期五晚上，也許有也或許沒有涉及神通——我有一種怪怪的感覺，好像同時在九或十個不同層面運作：至少在我與屋裡其他人之間，所交換的意義與瞭解全都如此地不同。那些人根本無法明白我是如何詮釋他們說的一些事，由於我所能做的事之性質本身，的確使我認為比他們對這點要覺察得更多——但我無法向他們每個人解釋。沒有時間，而且也會太令我筋疲力盡了。」

（二、這個註是八天之後加上的，是在一九七四年五月一日第六九四節之後我們收到一些個人資料裡的一部分，賽斯這樣說：）

他（魯柏）下了決心要探索實相的本質❶……他想要保護自己，直到有足夠的知識去瞭解他在做什麼；他為人們的輕信感到害怕，並且對他們的迷信感到合理的可怖——就與你一樣，約瑟。的確，當魯柏變得覺察他真的知道的那一點點時，他驚奇於自己的膽量，沒有一個他可以向之求教的人，我本來也許能更進一步地幫助他，但我卻是他正在調查的東西之一部分……

（賽斯繼續說：）他在社會裡也開始看到兩極：其一是非常傳統封閉的，在其中，他看起來會像是江湖郎中；而另一個，渴望卻輕信的，願意相信任何事，只要它提供了希望，在其中，魯柏的活動會被誤解，對魯柏而言，他會覺得這像欺騙……因此，他必須為自己造出一個中間地帶……去造一座橋，通到那些心存懷疑、卻維持著一些自由與自發性的知識分子，以便搆到另一端的那些人。這需要一些對任何人而言都是最困難的運作，以及一個經常不斷的制衡系統。

（我想，因為珍在這一生選擇去發展那些能力性質本身，她將永遠發現這種運作是必要的，而且它們的確是很困難的。）

註釋

❶在我寫的序當中幾個不同段落以及附錄一，都探索一些珍與實相對抗的事情。

附錄十一（六九八節補充）

〈神奇之作〉：珍對一本談夢和實相之書的想法，建立在她神奇之作的夢系列上

（珍在上週五，五月十七日早上坐在她書桌邊時，第一次想到〈神奇之作〉這個標題，立即明白這是與她這個月一開始就有的一連串不尋常的夢有關。〔至今這些夢已積了三十三個，它們的數目仍幾乎每晚增加中。我在最近的註記中幾乎很少提到它們，除了於第六九六及六九八節中提過，但賽斯在目前的個人資料中對它們可說得不少。〕這些夢有許多是相當長而複雜的，我認為其中有些是它們那類的典範；珍自己的象徵符號精采地說明了夢可以對真實的具體挑戰提供洞見與解答的方式。在此，她整個的夜間冒險是非常實際的，值得在另一個地方被進一步地研究。

（當珍收到那個題目之後，她立即就神奇之作這想法寫了一篇直覺性的文章，而用上了兩張打字紙。當她在記述這資料時，是在「一種微微的意識改變狀態」，以下從她文章裡的摘錄，顯出在她日常活動之下的統一性；因為她認為自己的做夢經驗，《未知的實相》以及〈神奇之作〉——用最近的例子來說——是如此的相互關連，以至於實際說來，想把它們分開是徒然的。

（我們也看得出，在珍這個月製作〈神奇之作〉以及三月裡製作《健康之道》那本書大綱之間的創作聯繫，她也是在一種出神狀態孕育及傳述了後者。而就如對《健康之道》一樣，她也不

知道是否會把〈神奇之作〉再做下去。

（由〈神奇之作〉裡的摘錄：）

「創造性的表達，由其直覺的一閃到具體的呈現，在我們的個人實相裡，反映出宇宙被不斷創造之方式。

「神奇之作——就在平常意識之下的內在經驗——包含了不同類的事件❶，而真的是所有創造性素材的縮版。

「夢的資料變成真實的方式，所涉及的過程，就與宇宙本身在我們眼裡及經驗裡變得客觀化是一樣的。宇宙是由某種意識聚焦的結果；其素材，即物質，是由內在神奇之作裡升出來的——而我們每個人的神奇之作都是其中一部分。

「如果我們真的瞭解夢是如何運作的，並且容許自己去探索夢的層面，就會看到宇宙是如何形成的。宇宙是我們個人及共同夢之集體創作……我們的世界對其他種類意識屬於夢的層面；那麼，它多少是被分享的，而能被用為一個會合點。

「賽斯跨著許多這種點，而在別人的個人象徵層面上出現在其夢層面之中，我尚未達到夢經驗之更深層面，在那兒我可以與賽斯直接碰面。在出神狀態層面，我們交會卻並不碰面。賽斯——珍在出神狀態裡的這種交會也在夢裡發生——當書的課在那兒發生時。不過，有時有一點分離，就如當我覺察到有一個賽斯在給我資料時……可是，賽斯是一個古老的存在體，當他進入我的夢，那自動的交會就發生了，所以我沒有分開地覺察到他。

「……要個人的與賽斯碰面，我必須去到另一個層面，我試過一次，卻被嚇到了❷。在我到達的那個地點，賽斯並不為人所知；他可能分散成幾個『靈性嚮導』；那是他的實相在那個層面會如何被詮釋或顯出來的樣子……

「意識的其他族類在不同『層面』獲得它們的經驗；通常我們在夢境碰到這種意識，然後以錯誤的事件規則去詮釋它們的行動……按照自己的偽裝系統❸……我們的身體只是意識之物質部分的焦點……我最近的夢正在給我一幅有關非物質的內在神奇之作畫面……」

註釋

❶見《意識的探險》第十五章。

❷珍尚未發表與她刻意開始尋找賽斯那時發生的事有關的文章，不過，她並不是因為特定的理由才拖著不做這件事，而且她還認為最後她可能在自己的書裡描述通靈之旅。

❸在第六八八節註❷，我簡短引述賽斯談他附加在「偽裝」這個詞的意義（在一九七〇年）。不過，珍此處在她自己的資料裡相當不尋常地用了這個詞，因而讓我們回想到很久以前，一九六四年的一月十五日，我們第一次聽到賽斯說這個詞的時候。在一九六四年一月十五日第十六節裡，我們第一次聽到「偽裝系統」這個字。

賽斯那時告訴我們，基本的非物質實相是「像某種變色龍似的動物，經常偽裝其真正的外貌，藉由採取了每個鄰近森林區域〔或世界〕的外在表象……」因而，這主要的活力在我們環境裡具體的表現它自己。

對我們而言，「偽裝」在那些早期課裡變成一個熟悉的字眼，我們認為就賽斯的目的而言，它是一個非常好的字眼——但很奇怪的，在近年來除了偶一用之外，賽斯大半不用它了。

〈跋〉

時空的轉變

羅勃・柏茲

我在一九七六年夏天結束了卷一的前言，之後不久就開始了這一篇。那麼，到現在《未知的實相》卷二已經快要接近完成了。賽斯在一年多前就結束了卷二他那部分，而從那時起，我一直在小心檢查我最初為它寫的註，我幾乎重寫了所有的註（常常寫了好幾遍），為的是把它們做得恰到好處。在我的前言裡，我想最重要的部分是珍寫的那段話，討論到她與賽斯的主觀關係。

讀者可以在卷二裡找到很多好東西，而經由給出它包含的三部之標題，也許我可以挑起你們的興趣。那些部分的篇幅多少會超過卷一的三部，而且相當的複雜。

第四部：探索。研究心靈與私人生活及人類經驗的關係。可能的實相作為個人經驗的一條路線。與人類「過去」及「未來」文明有關的個人經驗。

第五部：如何進入「未知的」實相：小步與大步。短暫一瞥與直接接觸。

第六部：轉世與對等人物：透過意識的馬賽克拼圖看「過去」。

當然，這些標題只不過是對每個之後的大宗資料略微暗示而已，但正如我們討論在哪裡分隔

《未知的實相》之六個部分時，珍熱心的提出：「卷一提供了一般的背景，以及在卷二裡的練習和方法所倚仗的資料。」然後，她提醒我賽斯為這卷一所說的最後幾句話（在第七〇四節十一點五分的休息之後所給的），而我建議讀者們現在回頭去看看那資料。

那麼，在第四部裡，賽斯繼續發展他的理論：「就生物上而言，人類是配備好去處理不同的時間順序，同時仍能在一個特定時間架構裡操縱的」，他對CU及EE單位、細胞意識、古代人、進化、太空旅行及其他彷彿不相干的主題，還有更多可說的。讀者被邀請透過夢的研究及練習單元以體驗自己的「未知實相」，並且嘗試心靈旅行到其他的實相裡。珍在做自己的旅行：她描寫了當她在某種意識改變狀態裡學著去造訪那個「心靈圖書館」這件事，以及那圖書館與她的書《心靈政治》誕生之關係。

先前在一九七二年九月，珍旅遊過一些意識的改變狀態，其中之一令她開始了獨特的「緩慢」與「快速」聲音的第一節課，然後導向談比光更快的粒子、黑洞、白洞及「死的」洞之資料。這整件事在第四部的一個附錄裡都談到了。另一個附錄裡，我探索了珍與賽斯之間的關係，用到了許多以前未曾出版的課之摘錄。

在第五部裡除了其他資料外，賽斯給了相當多的資料來幫助讀者達成心靈的旅行；在這裡還有他談夢及夢的攝影的課。他還列出了更多的練習單元，並且討論語言、個人性、物理及一些我自己的轉世經驗。珍以舉例來開始談「世界觀」的資料：賽斯界定那觀念為在我們每個人的不朽心智裡持有「對實相的看法」，那存在於時空之外並且可以被別人感知的「活生生的畫面」。賽斯也對涉及「對等人物」之理論提供了重要資料，他相當詳盡地解釋我們如何在同一時間過不只一個生活，「那更大的自己是如何『分割』它自己，而具體化成具血肉之軀的幾個個人，各有完全不同的背景——但每個都從事同類的創造性挑戰。」（不錯，我在這兒可以說，有時候對等人物會相遇。）

在第六部裡，賽斯更進一步發展第五部裡的資料，不可避免的，新的資料傳了過來，這也正是他的本意。舉例來說，他讓關於轉世與對等人物的概念導引出另一個主要觀念——那就是「意識家族」，如他稱呼它們的。珍和我選擇與之聯盟的蘇馬利家族是其中之一。賽斯命名每個家族，形容它們，而且說明其特性是如何與其他家族特性彼此關連。如此，意識家族合起來的行動造成了我們所知的世界。

第六部也包含了珍和我如何尋找在我們結束《未知的實相》之前買了並搬進去的「坡屋」，那資料是卷二之非常好的結尾。對珍和我而言，我們找房子的冒險，是遊經一個複雜「可能性團」之非常有趣的旅程，賽斯的資料及我自己的註，詳述了每個人選擇在裡面移動那互相依賴卻又自發的心靈及實質關係；它們透露了對這種關係——有些可能回溯到一個人的童年——之有意識瞭解如何能對實際的日常生活產生極大幫助。如賽斯在第六部第七四二節裡所說的：「顯而易見的，當你由一個地方搬到另一個地方，你做了一個空間上的轉變——但你也轉變了時間，而開始了某種心理上的推動力，那推動力向外伸出而影響到每個你所認識的人……你常常在夢境裡接觸這種訊息。空房子是渴望被填滿的心靈空房。當你搬家時，你搬進自己的另一個部分。」

愛的贊助

本書的順利出版，要感謝下列人士熱心贊助，新時代賽斯教育基金會在此獻上誠摯的祝福：

- ●陳美惠（三千元）　●廖全保（一萬元）　●顏彗雅（一萬元）
- ●徐麗娟（一千元）　●林玟君（一萬元）　●華鵬瀛（一萬元）
- ●吳秉誠（五千元）　●許朝盛（五千元）　●王馨卉（一萬元）
- ●陳倩慧（五萬元）　●涂清滿（一萬元）　●陳淑媛（一萬元）
- ●黃美玉（三萬元）　●許琦雷（一萬元）　●陳威穎（一千元）
- ●無名氏（一千元）　●柯玉玲（二千元）　●徐坤賜（五萬三千七百零七元）
- ●徐（坤賜）內科診所（二十萬元）　●陳淑芬（三萬元）

愛的推廣辦法

看完這本書，是否激盪出您內心世界的漣漪？

如果您喜歡我們的出版品，願意贊助給更多朋友們閱讀，下列方式建議給您：

1. 訂購出版品：如果您願意訂購一千本（印刷的最低印量）以上，我們將很樂意以商品「愛的推廣價」（原售價之65折）回饋給您。

2. 贊助行銷推廣費用：如果您認同賽斯文化的理念，願意贊助行銷推廣費用支持我們經營事業，金額達萬元以上者，我們將在下一本新書另闢專頁，標上您的大名以示感謝（每達一萬元以一名稱為限）。

請連絡賽斯文化或財團法人新時代賽斯教育基金會各地分處，我們將盡快為您處理。

●愛的連絡處

如果您認同本書的觀念及內容，想要接受我們的協助；如果您十分認同本書的理念，想依循本書的觀念成為一位助人者的角色；如果您樂見本書理念的推廣，而願意提供精神及實質的協助；請與財團法人新時代賽斯教育基金會各地分處連繫：

●台中總會　陳嘉珍　電話：04-22364612
E-mail: natseth337@gmail.com
台中市北屯區三光巷三十三之七號四樓

●董事長新店服務處　林娉如　電話：02-22197211, 0921378642
E-mail: sethxindian@gmail.com
新北市新店區中央四街八〇號五樓

●板橋辦事處　邱譯萱　電話：02-82524377, 0915878207
E-mail: seth.banciao@gmail.com
新北市板橋區仁化街四〇之二號八樓

●三鶯辦事處　陳志成　電話：02-26791780, 0988105054
E-mail: sanyin80@gmail.com
新北市鶯歌區文化路二一四號

●嘉義辦事處　邱牡丹　電話：05-2754886
E-mail: new1118@gmail.com
嘉義市民權路九〇號二樓

●台南辦事處　關倩芝　電話：06-2134563, 0939295509
E-mail: sethfamilyl@gmail.com
台南市中西區開山路二四五號八樓之一

●高雄辦事處　黃久芳　電話：07-5509312, 0921228948　傳真：07-5509313
E-mail: ksethnewage@gmail.com
高雄市左營區明華一路二二一號四樓

● 屏東辦事處　羅邦　電話：08-7212028　傳真：08-7214703
E-mail: sethpintong@gmail.com
屏東市廣東路一二〇巷二號

● 宜蘭辦事處　潘仁俊　電話：03-9325322, 0912296686
E-mail: sethyilun@gmail.com
宜蘭市宜中路一二〇號

● 鳳凰山莊賽斯村　陳紫涵　電話：03-8764797, 0928142899　傳真：03-8764317
E-mail: sethvillage@hotmail.com
花蓮縣鳳林鎮鳳凰路三〇〇號

● 香港聯絡處　董潔珊　電話：009-852-2398-9810
E-mail: seth_sda@yahoo.com.hk
香港九龍旺角花園街一二一號利興大樓5字樓D室

● 深圳聯絡處　田邁　電話：009-86-138288-18853　E-mail: tlll-job@163.com

● 洛杉磯聯絡處　Charles Chen　電話：002-1-714-928-5986　E-mail: newageusa@gmail.com

● 紐約聯絡處　謝麗玉　電話：002-1-718-878-5185　E-mail: healingseeds@yahoo.com

● 多倫多聯絡處　黃美雲　電話：002-1-416-444-4055　E-mail: tsaisun2k@yahoo.ca

賽斯文化 特約點

台北	佛化人生	台北市羅斯福路3段325號6樓之4	02-23632489
	政大書城台大店	台北市羅斯福路三段301號B1	02-33653118
	水準書局	台北市浦城街1號	02-23645726
中壢	墊腳石中壢店	桃園縣中壢市中正路89號	03-4228851
台中	唯讀書局	台中市北區館前路5號	04-23282380
斗六	新世紀書局	雲林縣斗六市慶生路91號	05-5326207
嘉義	鴻圖書店	嘉義市中山路370號	05-2232080
台南	金典書局	台南市前鋒路143號	06-2742711 ext13
高雄	明儀圖書	高雄市三民區明福街2號	07-3435387
	鳳山大書城	高雄縣鳳山市中山路138號B1	07-7432143
	青年書局	高雄市青年一路141號	07-3324910

依爾達 特約點

桃園	大湳鴻安藥局	桃園縣八德市介壽路二段368號	03-3669908
	賽斯花園	桃園縣中壢市中山路2巷49號	03-4225942
台南	賽斯生活花園	台南市南區夏林路399號	06-263-1927
馬來西亞	Reset/賽斯學苑	resetgarden@gmail.com	009-603-79608588(普悅)
	愛・活力心靈驛站	www.verve3833@gmail.com	009-601-25892733(陳麗貞)
	My Home(南馬)	myhome_01@hotmail.com	009-601-73641835(林秋蘭)
新加坡	LALOLN	elysia.teo@laloln.com	009-6591478972

賽斯文化

想完整閱讀賽斯文化的書籍嗎？
以上地點有我們全書系出版品喔！

賽斯心時代 2075

SethTV 賽斯網路電視台

www.sethtv.org.tw

當許多媒體傳遞帶著恐懼與限制的訊息，你是否問過究竟什麼才真能讓你我及孩子對未來、對生命充滿期待與喜悅，開心地想在地球上活出獨特與精彩？

「SethTV 賽斯網路電視台」在地球物質實相中，傳遞賽斯心法，幫助每一個人認識自己，找回自己，活出健康的身心靈，活得健康快樂、自由自在、成功富足、好運幸福！

這是一個24小時無國界的學習與成長，為了帶來科技網路與心靈網路連結的祝福！

說明

☑ 只要您贊助「賽斯心法媒體弘法」方案，並至基金會海內外據點或SethTV網站填妥申請表，就能獲贈收看全頻道。

・「免費頻道」---播映許添盛醫師、陳嘉珍執行長等老師的賽斯身心靈健康「公益講座」，進入網站即可完全免費收看！

・「贊助頻道」---播映許添盛醫師、陳嘉珍執行長等老師的「公益講座」、精采的「賽斯書課程、講座」及「癌友樂活分享、疾病心療法系列、教育心方向系列、金錢心能量系列、親密心關係系列...等用心製作的優質節目」。

註：詳細內容請查閱節目表；若有異動以SethTV網站公告為準。

方式

1. 台灣地區：就近至各地聯絡處，完成捐款贊助並填寫申請表。
2. 海外地區：就近向各地海外據點申辦。
3. 至 SethTV 網站：線上申辦（捐款至台中總會帳戶，由總會為您服務）。

註：詳細辦法請洽各地聯絡處，或上SethTV網站。

地點／捐款帳號

【匯款、ATM轉帳、現場皆可辦理，請於同一聯絡處捐款＆填寫申請表】

戶名-財團法人新時代賽斯教育基金會（銀行代號**017**）兆豐國際商銀 北台中分行

捐款帳號： 037-09-06766-9

台中總會：（04）2236-4612　台中市北屯區三光巷33-7號四樓

各地聯絡處：

・板橋 (02)8252-4377・新店 (02)2219-7211・三鶯 (02)2679-1780
・嘉義 (05)275-4886・台南 (06)213-4563・高雄 (07)550-9312・屏東 (08)721-2028
・宜蘭 (03)932-5322・賽斯村@花蓮 (03)876-4797・賽斯文化 (02)2219-0829
・海外聯絡處：「香港、洛杉磯、紐約、馬來西亞、深圳」之聯繫與申請，請上網查閱。

新書介紹

ancer Is Not An Incurable Disease

癌症不是絕症

0個威力強大的癌症療癒心法

添盛醫師/主講 周和君/執筆

1016/288頁/ISBN 978-986-6436-01-7

內容簡介】

世紀破解癌症密碼必讀寶典

個人的身、心、靈就像一家人，有樂同享、有難同當，沒有一方能夠置身事外。當身體有了癌細胞，唯有從心靈的源頭肇因探索起，繼而用愛感化它們，引導它們回家，恢復爲正常細胞，才是威力最強大、效果最究竟的抗癌方法。

譽海內外的癌症身心靈治療權威、多年來已幫助無數癌友重獲健康的許添盛醫師，在這本癌症不是絕症》當中，提出「你可以不生病」、「感化癌細胞」、「不讓癌症復發」、「鑽石開懷論」等20個徹底療癒癌症的心法，讓我們的每一顆細胞都樂於當正常的細胞，不再造反，創造和樂的身心靈整體健康之家。

許醫師有聲書 許添盛主講

ancer Is Not An Incurable Disease

癌症不是絕症

抗癌心法

1001/20CD/ EAN 4712755200029

內容簡介】

癌症身心靈治療的經典·無數癌友熱情強力推薦

癌症不應該只被視爲身體的疾病，它是透過身體而反映出來的人生現況。這個轉機不是教你去吃更多的健康食品，或是教你更多的抗癌方式，而是引導你重新檢討對生命的態度……

心情。筆記 Note

心情。筆記 Note

心情。筆記

Note

心情。筆記 Note

國家圖書館出版品預行編目(CIP)資料

未知的實相／Jane Roberts著；王季慶譯. --初版. --
新北市：賽斯文化, 2011.12-2012.01
冊；　　公分
譯自：The “unknown” reality
ISBN 978-986-6436-27-7（卷1：平裝）.--
ISBN 978-986-6436-29-1（卷2：平裝）

1. 心靈學

175.9　　100023854